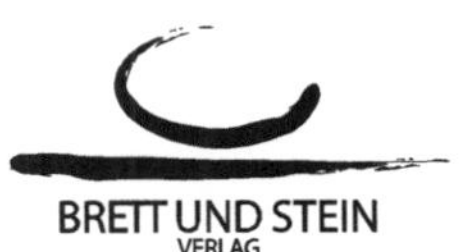
BRETT UND STEIN
VERLAG

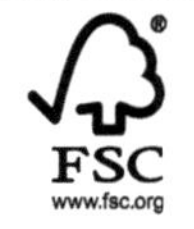
FSC
www.fsc.org
MIX
Papier aus verantwortungsvollen Quellen
Paper from responsible sources
FSC® C105338

Yoon Youngsun

100 Tipps für Amateure

Der Koreanische Stil des Baduk

1

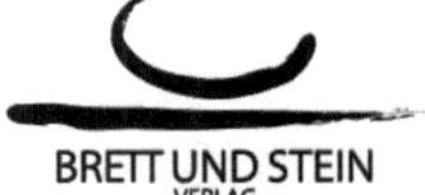

BRETT UND STEIN VERLAG

Titel der koreanischen Originalausgabe:
아마추어가 알아야 할 100가지 Tip.

Bibliografische Information der Deutschen Nationalbibliothek
Die Deutsche Nationalbibliothek verzeichnet diese Publikation in der Deutschen Nationalbibliografie; detaillierte bibliografische Daten sind im Internet über http://dnb.d-nb.de abrufbar.

Den koreanischen Gepflogenheiten und der in Ostasien üblichen Reihenfolge entsprechend, wird bei Personennamen stets der Familienname dem persönlichen Namen vorangestellt.

ISBN 978-3-940563-08-8

Übersetzung aus dem Englischen: Gunnar Dickfeld
Umschlaggestaltung: HAMMERGEIGEROT
Foto Buchrückseite: Joachim Beggerow
Druck: Books on Demand GmbH, Norderstedt

Printed in Germany

Inhalt

Vorwort

Seit länger als zwei Jahren lebe ich nun mehr in Deutschland und habe in dieser Zeit viele europäische Baduk-Turniere besucht und zahlreiche Baduk-Seminare organisiert, um Baduk in Europa bekannter zu machen. Zwei Jahre sind sicher keine lange Zeit, aber ich denke, dass ich erkannt habe, was Baduk-Freunde brauchen und ich möchte Ihnen helfen.

Dieses Land ist so anders als meine Heimat Korea. Es gibt nicht so viele Orte, wo Baduk gespielt wird, und nur wenig Unterichtsmaterial, um Baduk zu studieren und die Spielstärke zu verbessern. Insbesondere für Kinder ist es schwierig, Baduk zu lernen. Nicht zuletzt gibt es auch nur sehr wenige Baduk-Lehrer. Daher möchte ich den Spielern gute Bücher an die Hand geben.

Dieses Buch gibt den Amateurspielern 31 grundlegende Tipps. Es ist in drei Kapitel eingeteilt: Einfache Jeongseok und Fortsetzungen nach einem Jeongseok, einfache Eröffnungen und Baduk-Faustregeln, sowie ein Kapitel mit Übungen.
Ich glaube nicht, dass dieses Buch Ihnen alles über Baduk erklären kann, aber ich bin mir sicher, dass Sie aus ihm lernen können.

Danken möchte ich Cho Chang-sam, der mir stets geholfen und mich ermuntert hat, sowie dem Team von Oromedia, Kim Seongjune, sowie allen meinen Baduk-Freunden in Deutschland und Europa und nicht zuletzt meinen Lesern.

März 2009, Yoon Youngsun

머리말

독일 생활도 어느덧 2년이 넘었다.

그 동안 많은 토너먼트도 찾아 다녔고 여러 차례 세미나도 열어 바둑 보급에 힘을 기울여 왔 다. 아직 충분한 경험이라고 말하긴 이르지만, 그들에게 무엇이 부족한지 또 무엇이 필요한지감이 잡힌다.

이곳은 한국과는 현저히 다르다. 바둑TV, 바둑도장, 기원, 잡지나 신문 등 바둑을 배울 수 있는 공간이나 수단이 극히 드물다. 이들은 보통 대학교 강의실, 카페, 공공기관을 이용해 일주일에 한번 만나 수담을 나눈다. 특히 어린이들이 바둑을 배우기는 학교가 아니고서야 거의 힘든 상태다. 마땅한 선생이 없어서인지 처음 이들을 가르칠 때 기본기가 너무 없어 조금 놀랐다. 그들이 필요한 기본적인 것들을 책으로 만들어 도움을 주고 싶었다.

이번 책은 아마추어들이 알아야 할 기본적인 것들을 다루었다.

기본 정석 및 이후 변화, 기본 포석 및 격언, 실전 트레이닝 이렇게 세 부분으로 나누어 총31가지 항목으로 구성했다.

이 책 한 권으로 기본기를 다 다지기는 어렵겠지만, 그 동안 여러분들이 궁금해 해왔던 부분들을 어느 정도 해소해 줄 것으로 믿는다.

미흡한 부분은 필자에게 물어보면 친절히 대답하리라.

오로미디어 식구들과 사장님 그리고 김성준씨, 그 동안 많은 도움을 준 독일의 바둑친구들, 독자들에게 감사드린다.

Bitte fragt mich!

윤 영 선

Jeongseok

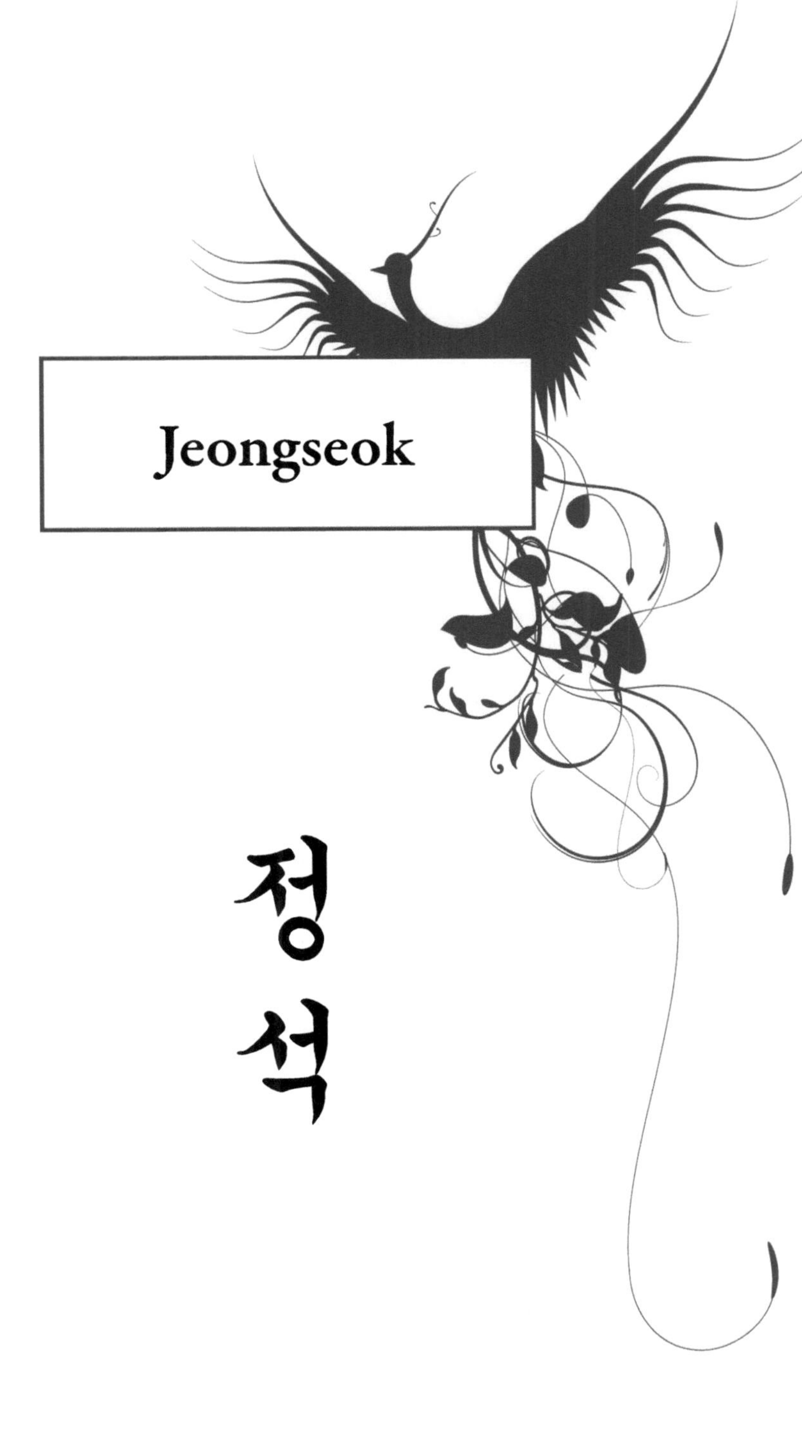

정석

A1. JEONGSEOK (정석)

4-4-PUNKT-JEONGSEOK – ANNÄHERUNG

기본 화점정석 - 날일자 걸침

Grundstellung

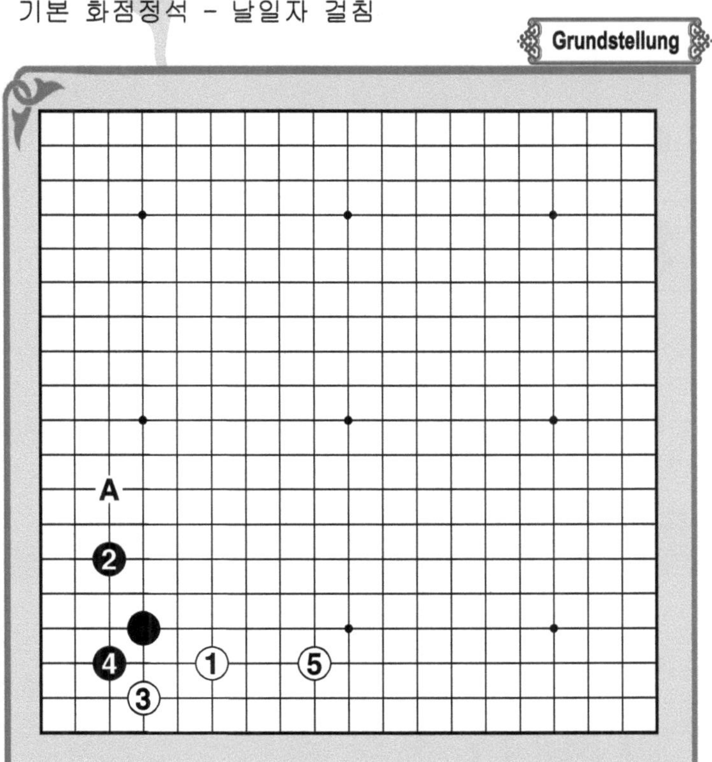

Dies ist eines der bekanntesten 4-4-Jeongseoks.
Nach dem Jeongseok kann sich Weiß mit A an die Ecke annähern.
Welche Absicht verfolgt dieser Zug?

유행에 변함없이 현대까지 가장 많이 쓰이는 화점 기본정석.
정석 이후 백이 A로 접근하는 경우가 많은데…. 백에게는 어떤 노림수가 숨어 있을까?

DIA. 01

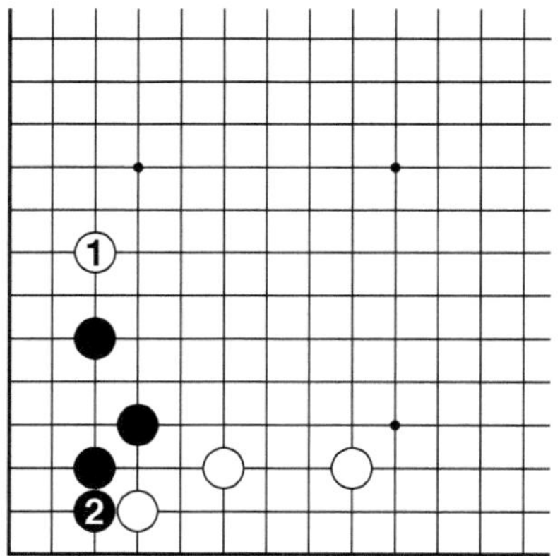

Nach Weiß 1
다가섬에는

Schwarz 2 ist eine einfache und gute Antwort. Sie ist als Endspiel etwa vierzehn Punkte wert.

흑2로 막아두는 것이 간명한 선택으로 이창호9단의 애용수법. 끝내기로도 약 14집에 해당 한다.

DIA. 02

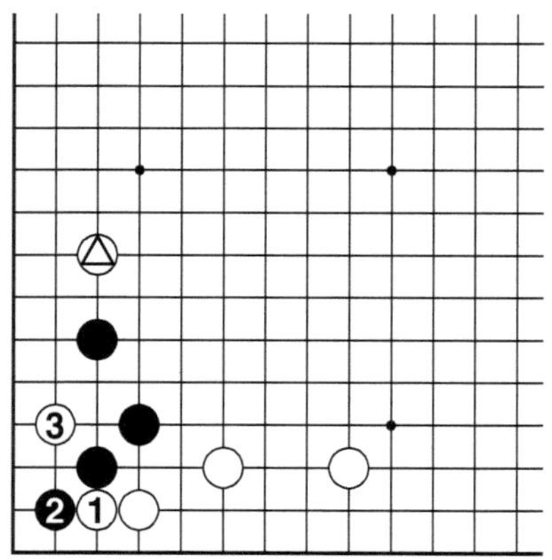

Absicht des Weißen
백의 노림

Wenn Schwarz den markierten, weißen Stein ignoriert, dann ist die weiße Fortsetzung mit 1 und 3 sehr schmerzlich für Schwarz.

△로 왔을 때 흑이 손 빼면 백1로 밀고 흑2로 막을 때 백3의 치중이 노림수.

DIA. 03

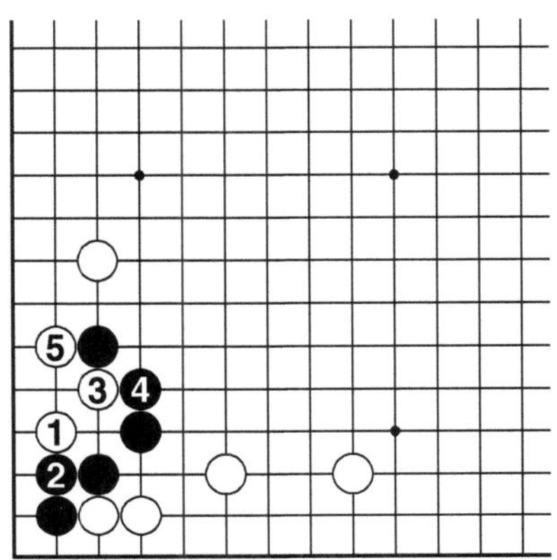

Desaster für Schwarz

흑 걸려듦

Schwarz 2 ist keine gute Antwort auf Weiß 1, denn das Ergebnis in der Abfolge bis Weiß 5 ist gut für Weiß.

백1에 흑2는 백3, 5로 알기 쉽게 넘어가 흑이 망한 결과.

DIA. 04

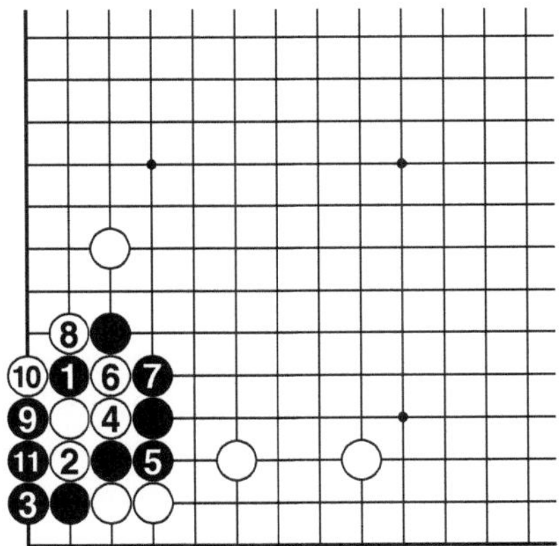

Stärkste Antwort

흑 버팀

Schwarz 1 ist ein sehr starker Zug (Maek). Nach Weiß 2 ist Schwarz 3 richtig. In der Abfolge bis Schwarz 11 sterben die weißen Steine.

흑1의 버팀이 만만치 않다. 백2의 차단에 흑3이 준비된 묘수. 백6, 8로 연결을 꾀하나 흑9, 11의 촉촉수로 백 사망.

DIA. 05

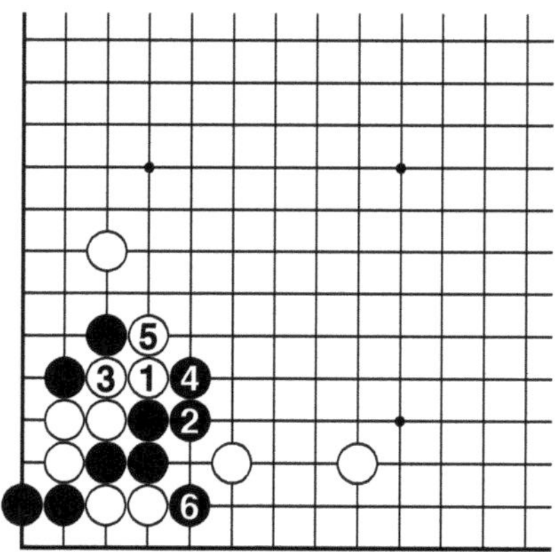

Austausch
바꿔치기

Das Umbiegen mit Weiß 1 statt Weiß 6 im letzten Diagramm ist richtig. Der Austausch bis Schwarz 6 ist spielbar für Schwarz.

전도 백6으로는 1의 젖힘이 정수. 흑6까지 바꿔치기가 이루어졌다. 흑은 백의 노림수를 잘막아내 불만 없는 결과.

DIA. 06

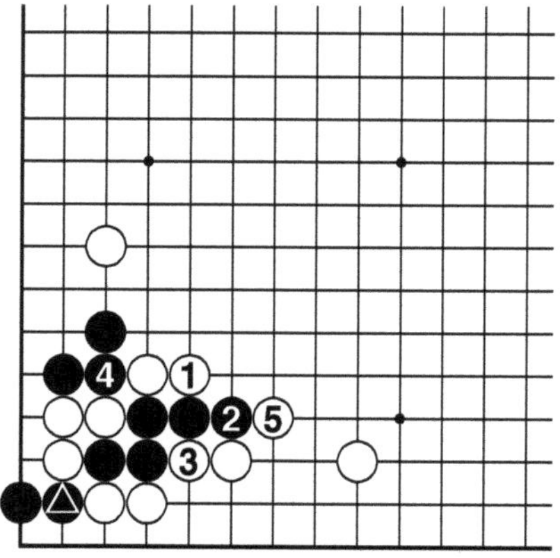

Treppe
축 관계

In dieser Situation gibt es eine Treppe zu beachten, denn nach Weiß 5 hat Schwarz ein Problem. Läuft diese Treppe für Weiß, dann darf Schwarz den markierten Stein nicht spielen.

백은 축이 유리하다면 1로 한번 더 밀고 3으로 꽉 메우는 수가 성립. 우상귀쪽에 누가 있느냐에 따라 문제가 달라진다. 백에게 축이 유리할 경우 흑은 애초 ▲ 에 막는 수가 성립이 안된다. 그렇다면….

DIA. 07

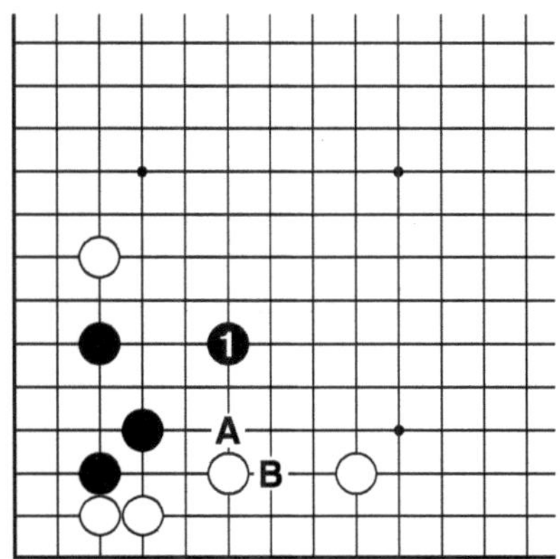

Einfach
간명

Schwarz 1 macht leichte und gute Form. Die schwarze Gruppe ist flexibel, denn ein schwarzer Zug auf A ist Vorhand. Weiß wird auf B antworten.

백이 귀로 밀고 들어왔을 때 흑1처럼 바깥으로 진출하는 것이 간명하다. 이후 흑A, 백B로 교환하는 것이 선수라 생각보다 탄력적인 형태.

DIA. 08

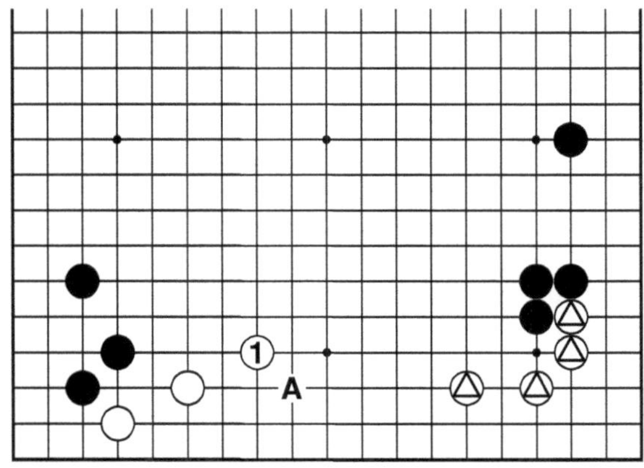

Ausgewogen
고저 장단

Statt Weiß 5 in der Grundstellung ist auch Weiß 1 möglich. Dieser Zug ist einer Ausdehnung auf A vorzuziehen, wenn Weiß rechts bereits auf der dritten Linie steht.

백1로 높게 벌리는 것도 정석의 한가지. 우하귀 △모양이 낮게 포진 되어있을 때는 백A보 다는 1의 벌림이 낫다.

A2. JEONGSEOK (정석)

4-4-PUNKT-JEONGSEOK – VERTEIDIGUNG

기본 화점정석2 - 한 칸 높은 굳힘

Grundstellung

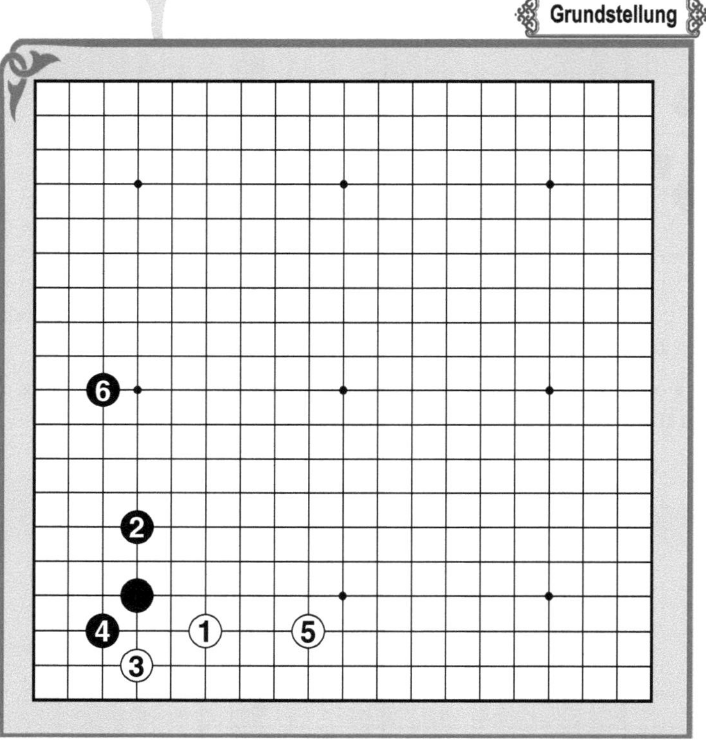

Im Vergleich zur Verteidigung mit dem Rösselsprung, legt die Verteidigung der Ecke mit dem 1-Punkt-Sprung auf 2 mehr Gewicht auf eine Ausdehnung und das Kämpfen.

날일자 굳힘보다 견실함은 덜 하지만 영역을 넓히거나 전투할 때 유리하게 작용한다.

DIA. 01

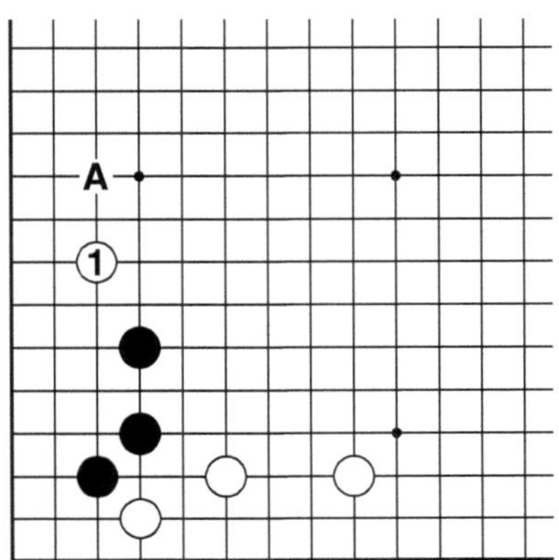

Ausdehnung notwendig
꼭 필요한 벌림

Unterläßt Schwarz die Ausdehnung auf A, dann kann Weiß den scharfen Angriff auf 1 spielen.

흑A로 벌리지 않으면 백1로 다가오는 수가 적격이다. 뒷문이 열려 기분 나쁘다.

DIA. 02

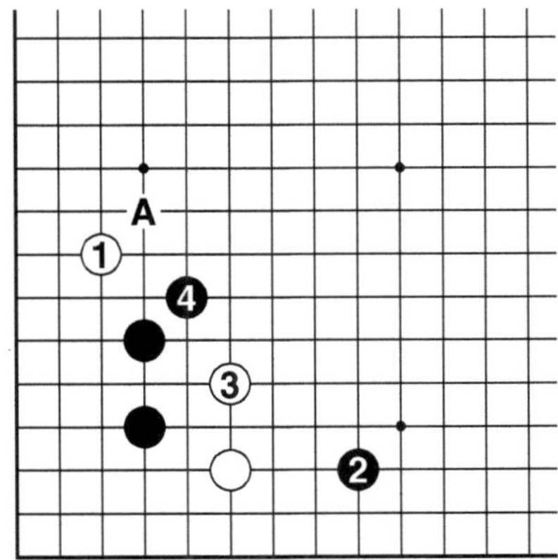

Ein alter Trick
상수들의 단골수법

Weiß 1 ist ein alter Trick, der gern von stärkeren Spielern hervorgeholt wird. Schwarz 2 und 4 sind eine ruhige und gute Antwort. Schwarz kann nun entweder die zwei Steine unten angreifen oder auf A spielen.

백1은 접바둑에서 상수들이 즐겨 쓰는 수법.

침착하게 먼저 흑2로 협공한 다음 백3으로 뛰면 슬그머니 4로 머리를 내민다. 이후 흑은 하변 백 두점을 공격하는 것과 A로 씌우는 것을 맞보아 충분.

DIA. 03

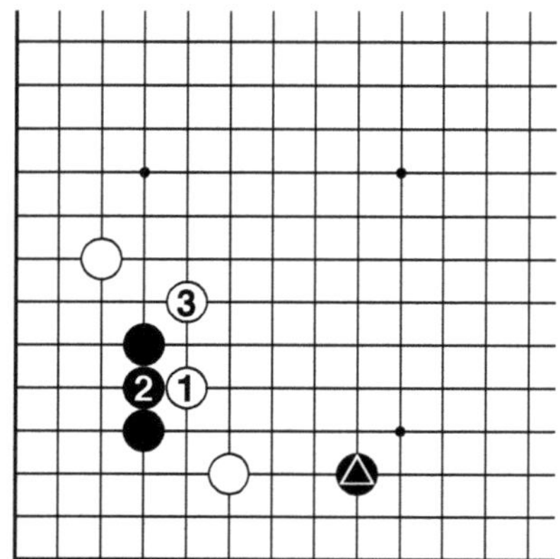

Unbegründet
교란작전

Weiß 1 und 3 sind in dieser Situation, wo der markierte Stein bereits gespielt wurde, unbegründet und viel zu aggressiv.

▲ 협공에 백1,3으로 무모하게 씌어오면 어떻게 할까. 일단 긴장을 풀고...

DIA. 04

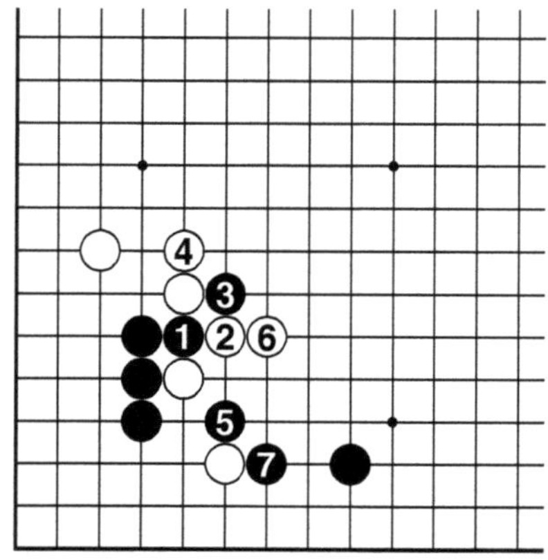

Gut für Schwarz
흑 충분

Schwarz 1 und 3 sind die korrekte Gegenwehr und Schwarz 5 ist Maek, ein sehr starker Zug. Nach Schwarz 7 ist das Ergebnis sehr gut für Schwarz.

흑1, 3으로 나가끊어 백의 약점을 추궁한다. 흑5로 건너 붙이는 맥점이 좋아 7까지 실리가 크다.

DIA. 05

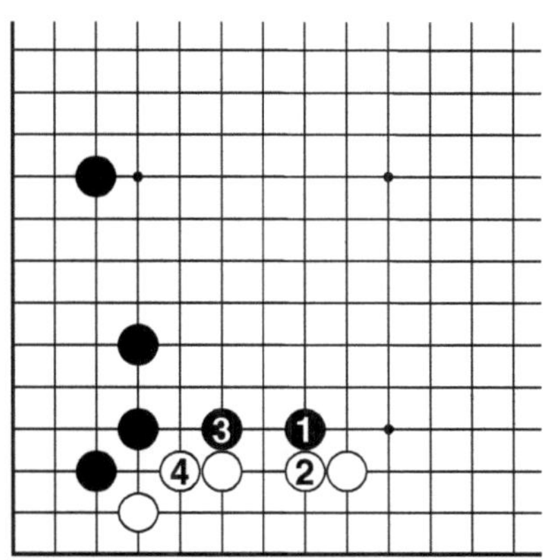

Starker Einfluss
세력 쌓기

Mit 1 und 3 kann Schwarz eine große Gebietsanlage (Moyang) aufbauen. Weiß 4 ist hier die typische Antwort.

정석 이후 흑은 1,3 으로 큰 모양을 만들 수 있다. 백은4로 받아두는 것이 보통.

DIA. 06

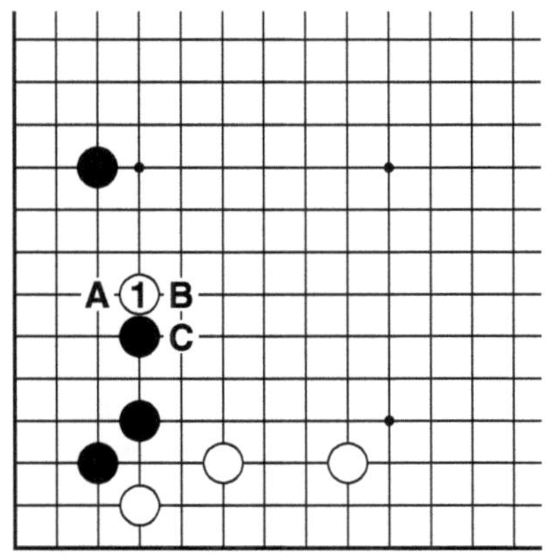

Noch ein Trickzug
백의 흔들기

Auf den Anleger von Weiß 1 gibt es drei mögliche Antworten: A, B und C (siehe *"Think like a Pro – Haengma"*).

실전에 자주 등장하는 백1의 옆구리 붙임수. 이에 A-C등 세가지 응수가 있다. 자세한 변화는 Think like a Pro Hengma 편에서 참고하시기를....

A3. JEONGSEOK (정석)

MODERNES JEONGSEOK – ANLEGEN AN DEN ANGRIFFSSTEIN

현대식 정석- 옆구리 붙임

Grundstellung

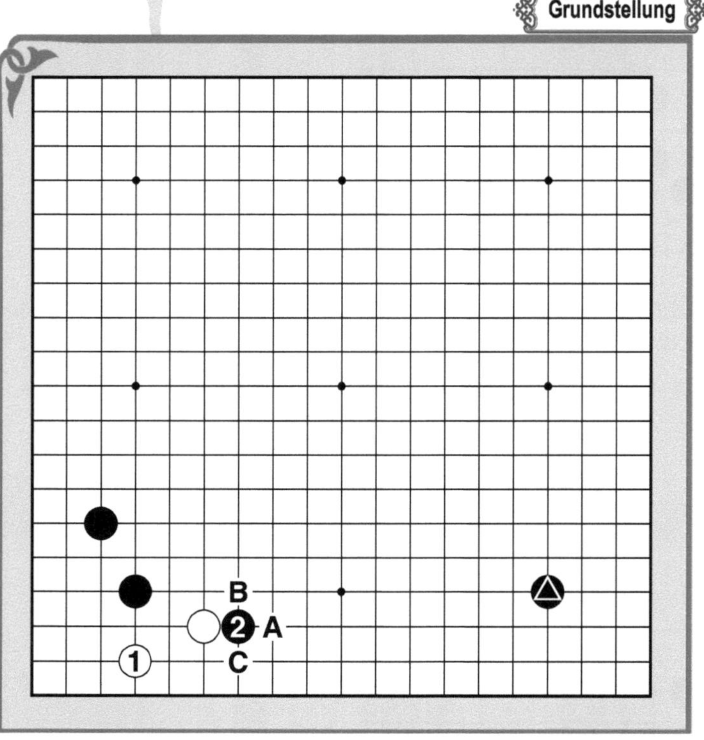

Auf Weiß 1 war das Einklemmen mit Schwarz A eine übliche Antwort. Heute ist auch das Anlegen mit Schwarz 2 sehr populär. Es wird in der Regel dann gespielt, wenn Schwarz eine Unterstützung in der rechten unteren Ecke hat. Der Zug zielt auf eine zügige Entwicklung am Rand und in die Mitte ab. Weiß kann hier mit A oder B antworten.

몇 년 전까지만 해도 A로 협공하는 정석이 유행했었다. 최근 바둑이 더 급박해 지면서 흑2로 붙이는 수가 인기를 끌고 있는데.... 우하귀에 #의 응원군이 있을 때 붙임수를 두는 것이 유력하다. 흑2의 변과 중앙을 중시한 속도감 있는 수로 백의 응수에는 B, C 등이 있다.

DIA. 01

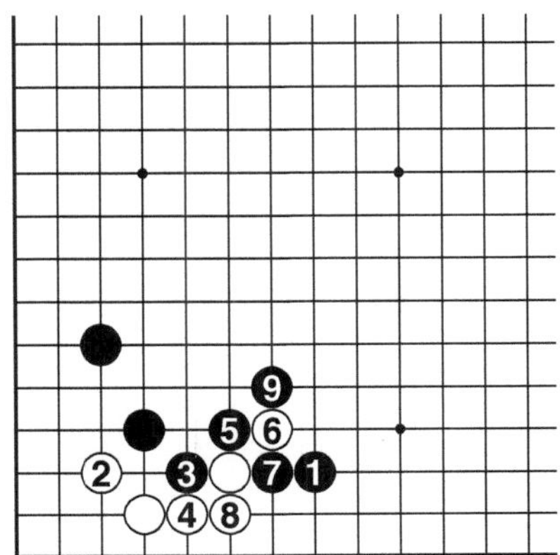

Jeongseok 1
정석1

Das Klemmen mit Schwarz 1 ist ein populäres Jeongseok.
Weiß nimmt Gebiet und Schwarz bekommt den Außeneinfluss. Beachten Sie, dass es hier eine Treppe zu berücksichtigen gibt!

흑1로 협공하는 것이 한때 유행했던 정석. 백은 실리를 흑은 두터움을 차지해 호각. 백6의 젖힘은 축머리를 활용하기 위함이다. 한가지 주의할 점은 흑이 협공할 때 축관계를 고려해야 한다는 것!

DIA. 02

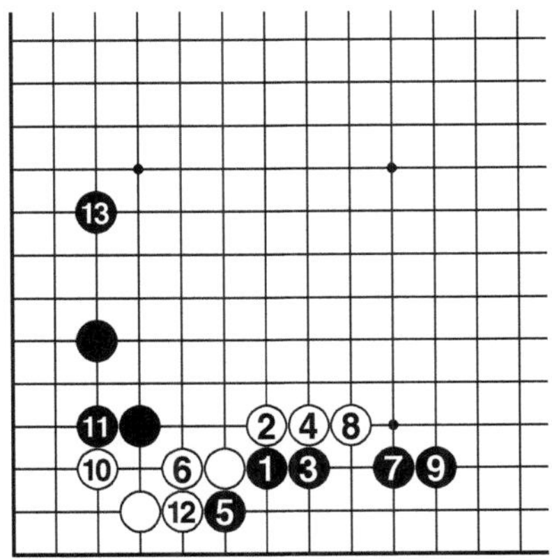

Jeongseok 2
정석2

Mit dem Umbiegen auf 2 möchte sich Weiß in Richtung Zentrum entwickeln. Die Abfolge bis 13 ist für Schwarz spielbar. Eine Alternative ist Schwarz 11 sofort auf 13 zu spielen.

흑1의 붙임에 백2위로 젖히는 것은 중앙을 중시한 수. 흑13까지 흑은 하변과 좌변을 차지해 만족스럽다. 흑은 11을 생략하고 그냥 13에 벌리는 것도 가능.

DIA. 03

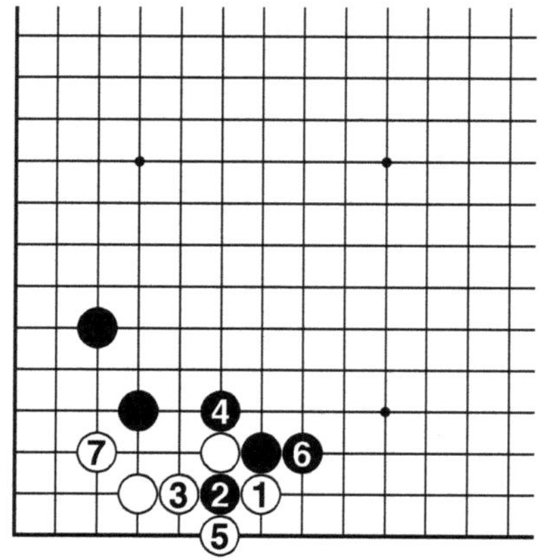

Jeongseok 3
정석 3

Weiß 1 ist die gebietsorientierte Antwort auf den Anleger. Der schwarze Kreuzschnitt auf 2 ist Maek und das Ergebnis sieht etwas besser für Schwarz aus.

백1 아래 젖힘은 실리를 중시한 수. 흑2로 맞끊는 것이 이 형태의 맥으로 백이 귀를 차지한 대신 흑은 중앙을 막게 된다. 기풍에 따라 다르겠지만 흑이 조금 두텁다는 평이다.

DIA. 04

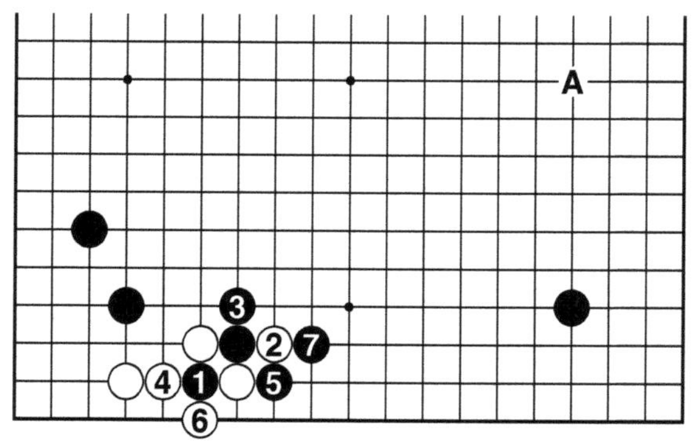

Treppe
축관계 주의

Weiß 2 auf Schwarz 1 ist sehr aggressiv. In der Abfolge bis 7 ist eine Treppe zu berücksichtigen. Sie müssen stets zuerst diese Treppe überprüfen, bevor Sie das Joseki mit dem Anlegen beginnen.

흑1로 맞끊어 왔을 때 백2의 반발에 유의. 흑은 5,7로 백 한점을 단수로 몰게 되는데 이때 A부근의 축관계가 발생한다. 즉 옆구림 붙임 정석을 쓸 때는 축머리를 살피고 시작해야 함을 알 수 있다.

A4. JEONGSEOK (정석)

EIN-PUNKT-KLEMMZUG-JEONGSEOK

한칸 협공 기본정석

Grundstellung

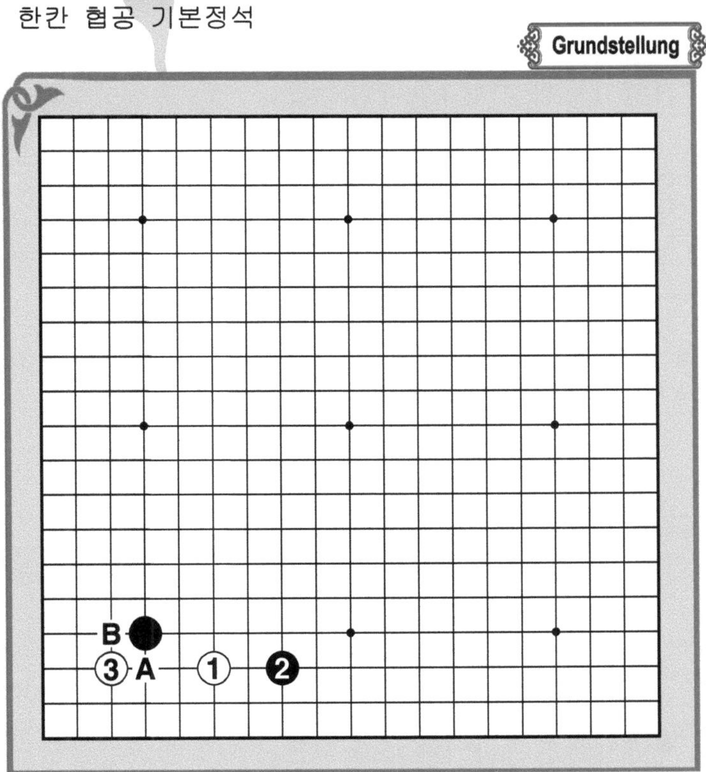

Dies ist eines der bekanntesten 4-4-Jeongseoks.
Nachdem Weiß mit 3 in die Ecke gesprungen ist, auf welcher Seite soll Schwarz antworten: auf A oder B?

날일자 걸침과 함께 가장 많이 등장하는 한칸 협공정석. 백3으로 귀를 파고 들었을 때 막는 방향은 A, B 중 어느 쪽일까? 이곳에서 실수가 잦다.

DIA. 01

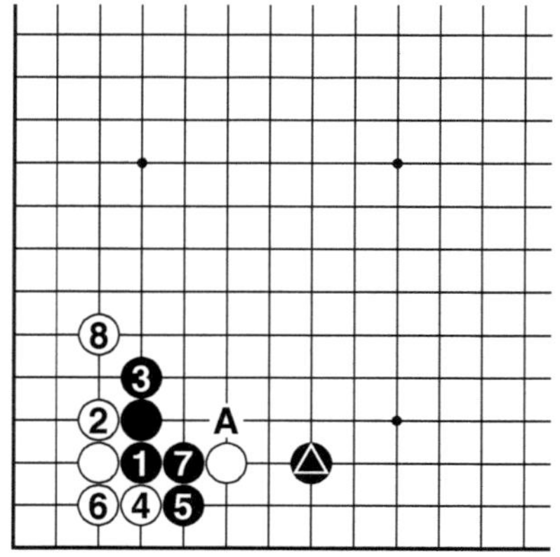

Jeongseok 1
정석 1

Schwarz 1 ist richtig. Die Sequenz bis 8 zeigt die Grundvariante dieses Jeongseoks. Schwarz muss nicht sofort auf A spielen, da dieser Zug noch nicht groß genug ist.

▲ 의 협공한 돌이 있는 쪽으로 막는 것이 정수. 백8까지 정석의 기본이다. 이후 흑이 A로 지키는 것은 발이 느리다.

DIA. 02

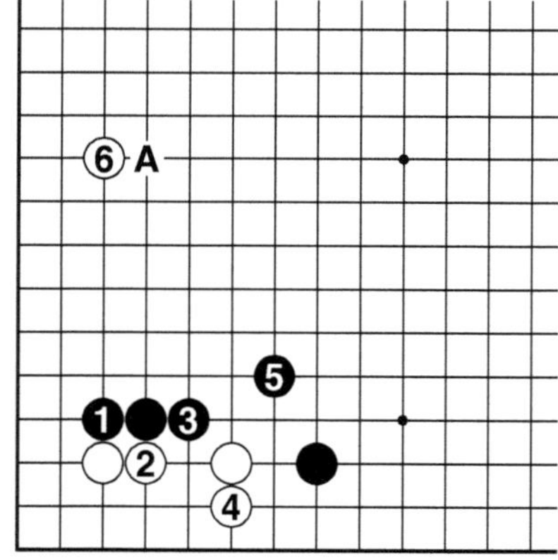

Falsche Richtung
방향착오

Die Abfolge bis Schwarz 5 sieht wie ein Jeongseok aus, aber Weiß 6 nimmt Schwarz die wichtige Ausdehnung weg. Wenn Schwarz bereits einen Stein auf A stehen hat, dann kann er diese Variante spielen und sie ist Jeongseok.

흑1에 막아 흑5까지 정석의 한 형태이긴 하지만 지금은 판단 미스. 백6으로 갈라쳐 오면 백의 세력이 반감되어 좋지 않다. 단 흑돌이 A의 자리에 있는 경우 가능한 선택이다.

DIA. 03

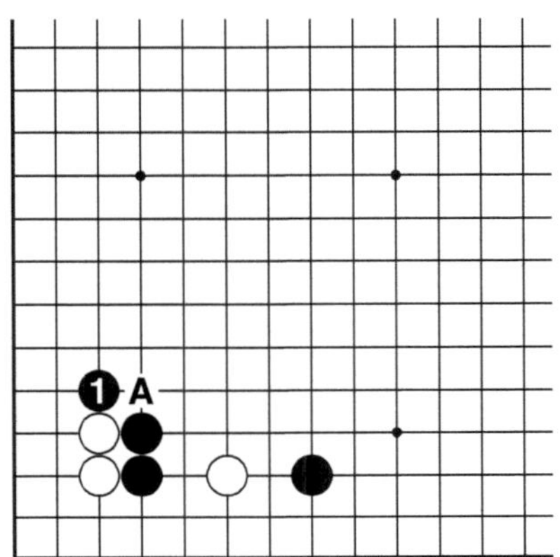

Schwarz ist gierig
흑 욕심

Statt dem Strecken auf A mit Schwarz auf 1 zu spielen, ist zu gierig.

만약 흑A로 늘지 않고 1로 막아 욕심을 부린다면?

DIA. 04

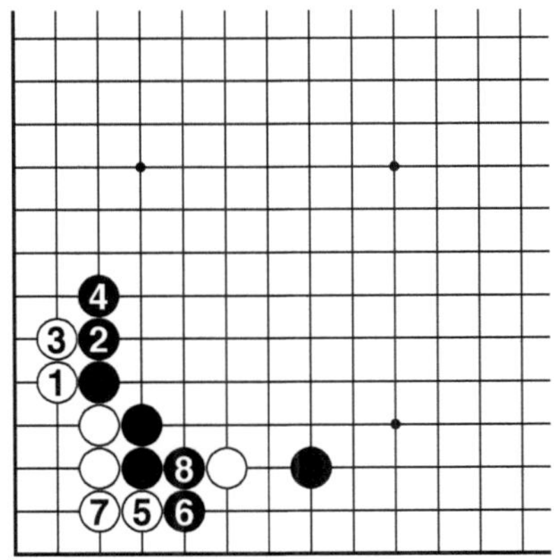

Absicht des Schwarzen
흑의 주문

Weiß 1 ist ein Fehler, denn Schwarz kann nun seinen Plan umsetzen, eine Moyang (große Gebietsanlage) zu errichten.

백1은 흑의 의도에 넘어간 수. 흑8까지 막강한 세력을 만들어 대만족이다.

DIA. 05

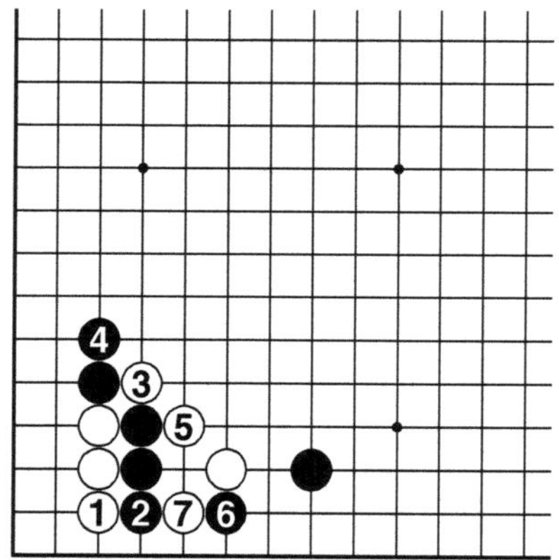

Weiße Gegenwehr 1
백의 대응책

Weiß 1 ist eine ruhige und gute Antwort auf Schwarz 1 im letzten Diagramm. Der weiße Schnitt auf 3 bringt Schwarz in Schwierigkeiten.

백1이 흑의 무리를 응징하는 침착한 한 수. 흑2에 백3이 통렬해 흑 석점이 백의 수중으로 들어온다.

DIA. 06

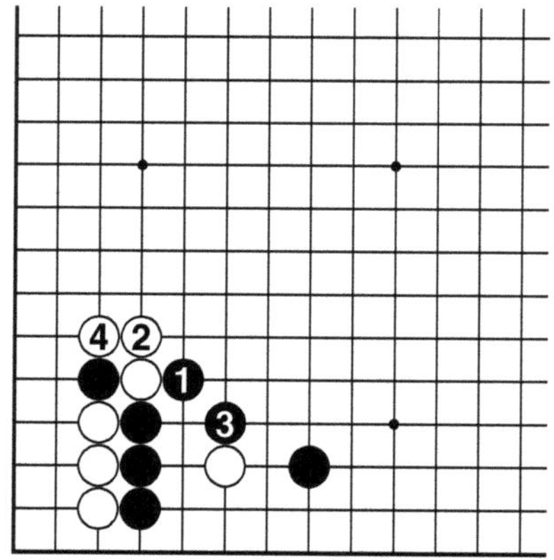

Gut für Weiß
백 충분

Schwarz 1 und 3 sind auch keine überzeugende Antwort auf den weißen Schnitt. Das Ergebnis nach Weiß 4 ist gut für Weiß.

전도 흑4로 아래쪽 석점을 보강하는 것은 백4로 흑 한점을 제압해 충분하다.

DIA. 07

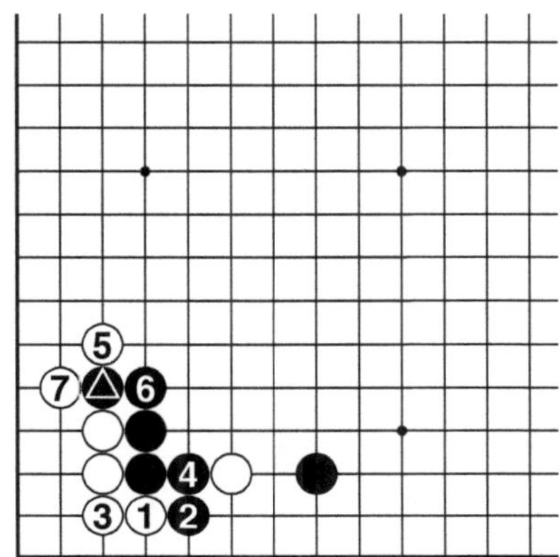

Weiße Gegenwehr 2

백의 대응책 2

Weiß 1 ist auch eine mögliche Variante der Gegenwehr, die mit den starken Zügen auf 3 und 5 fortgesetzt wird. Nach Weiß 7 ist das Ergebnis gut für Weiß und es zeigt sich, dass der markierte schwarze Stein schlecht dasteht.

▲ 젖힘에 백1 또한 가능한 응징법. 백3으로 이은 후 백5가 강력한 일격. 백7로 넘어 오히려 흑이 기본정석에서 #의 악수를 교환해 준 격이 되었다.

DIA. 08

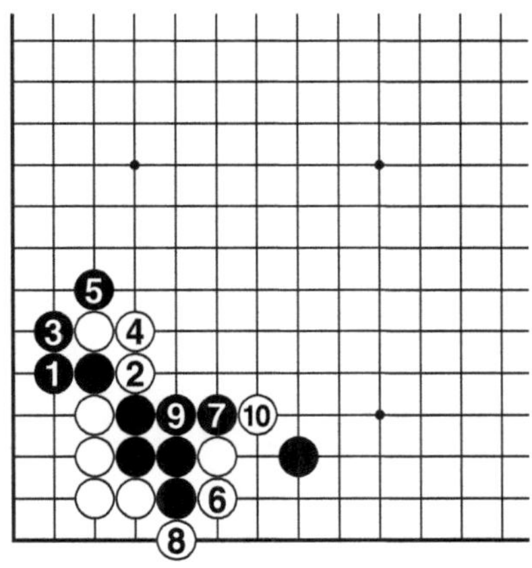

Weiße Gegenwehr 2

백의 대응책 2

Das Strecken mit Schwarz 1 nach Weiß 5 im letzten Diagramm führt nicht zum Erfolg. Nach Weiß 10 steckt Schwarz tief in Schwierigkeiten.

흑1은 얼핏 강력해 보이나 백2로 끊고 4로 이은 후 백6으로 막아 흑이 곤란한 모습이다.

A5. JEONGSEOK (정석)

EIN-PUNKT-SPRUNG-JEONGSEOK

세력을 중시한 한칸 뜀

Grundstellung

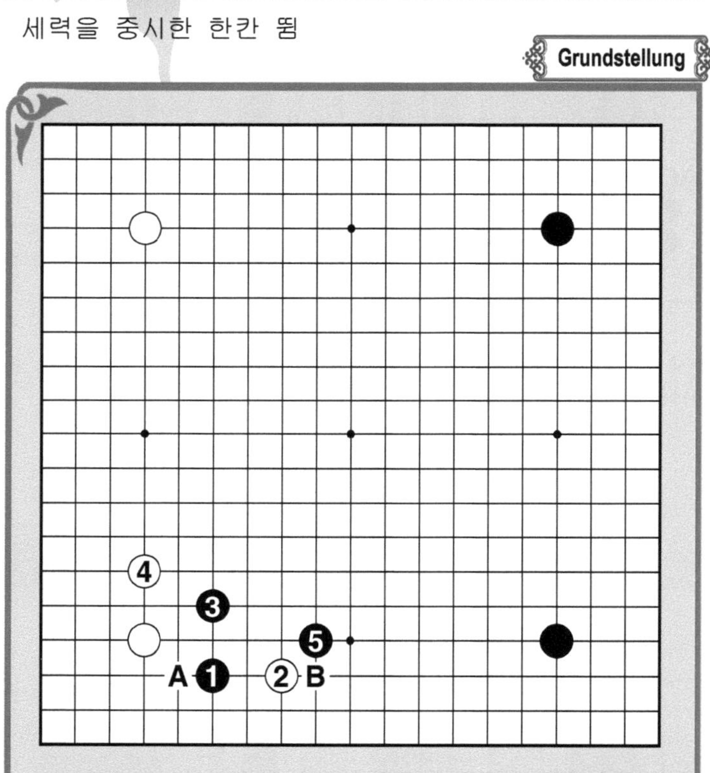

Mit den Zügen 3 und 5 als Antwort auf Weiß 2 und 4 zielt Schwarz auf Einfluss ab. Als Fortsetzung wird nun Weiß A oder B erwartet.

백2로 협공했을 때 흑3,5는 세력작전을 펼치겠다는 의도이다. 이에 백의 응수로 A, B를 예상할 수 있다.

DIA. 01

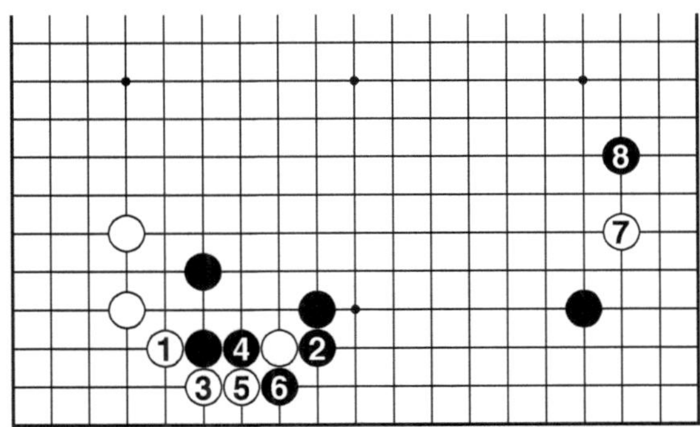

Jeongseok 1
정석 1

Weiß 1 hält die Situation einfach und übersichtlich. Schwarz 2 ist normal hier und die Abfolge bis Schwarz 6 ist Jeongseok. Schwarz 8 ist eine gute Antwort auf den Angriff von Weiß 7.

백1 입구자 붙임은 간명한 처리법. 흑2로 막는 것이 보통이며 흑6까지 정석. 이후 백7로 걸쳐오면 흑8의 협공이 자연스러운 흐름.

DIA. 02

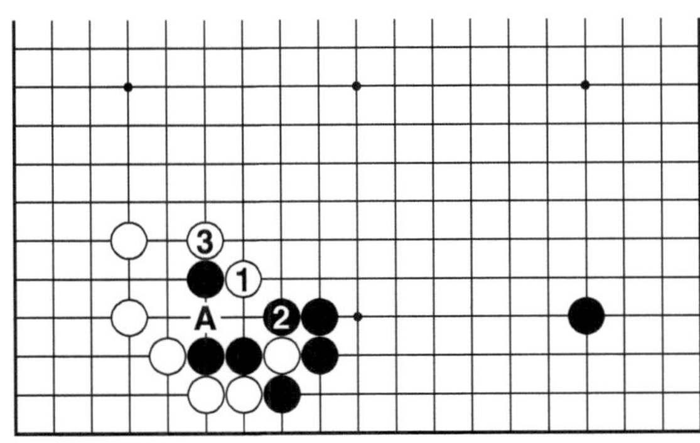

Fortsetzung für Weiß
백의 활용

Weiß 1 und 3 sind eine gute Fortsetzung. Schwarz kann mit 2 nicht auf 3 strecken, da Weiß dann auf A spielt.

정석 이후 백1로 붙여서 활용해 중앙을 막을 수 있다. 흑2로 백3의 곳에 뻗는 것은 A의 차단이 있어 곤란.

DIA. 03

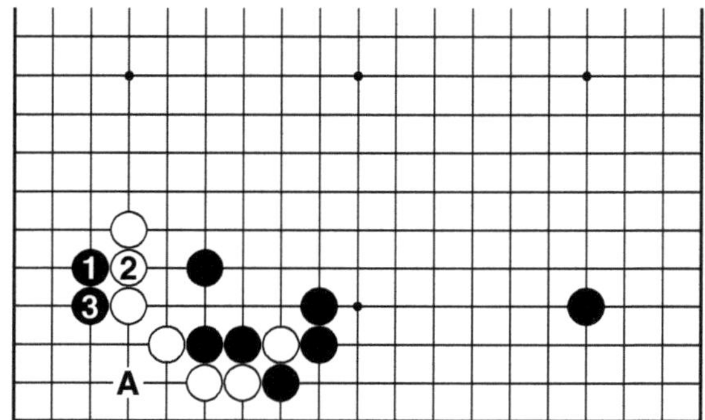

Plan von Schwarz
흑의 노림

In diesem Jeongseok plant Schwarz eine spätere Invasion auf 1 und 3. Aufgrund der Schwäche auf A hat Weiß kaum eine Hoffnung, die zwei schwarzen Steine zu fangen.

좌하귀에는 흑1로 들여다 보고 3으로 밀고 들어가는 뒷맛이 있다. 흑A로 들여다보는 수가 선수로 듣기 때문에 쉽사리 잡히지 않는 형태.

DIA. 04

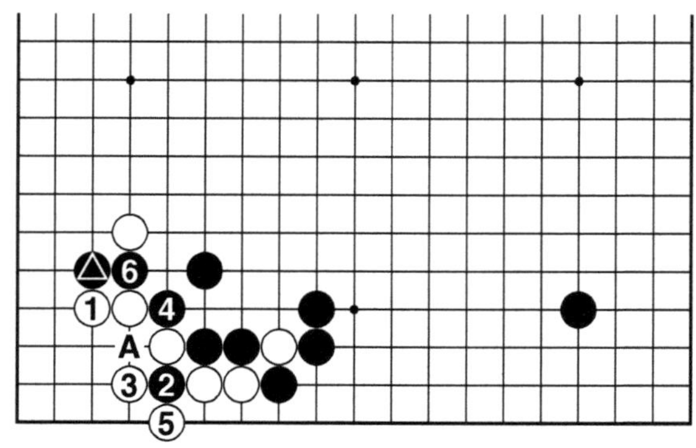

Testzug
절호의 응수타진

Weiß 1 als Antwort auf den schwarzen Testzug ▲ ist ein Fehler. Schwarz 2, 4 und 6 sind eine hervorragende Kombination und das Ergebnis ist ein Desaster für Weiß.

▲ 들여다봄에 백1은 흑2의 끊음에 응수곤란. 흑6으로 뚫어 통쾌하다. 흑2에 A로 후퇴하는 것 역시 흑이 백 두점을 잡아 실리가 크다.

DIA. 05

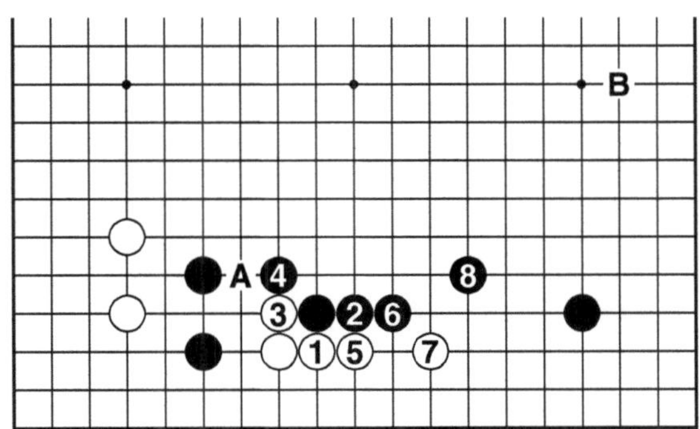

Jeongseok 2
정석 2

Wählt Weiß stattdessen das Strecken auf 1, dann gibt es nach der Abfolge bis Schwarz 8 ein ausgeglichenes Ergebnis. Der nächste Zug von Weiß ist sehr wichtig: soll er auf A oder B spielen?

백1로 움직이면 흑8까지 세력 대 실리로 호각인데, 다음 백의 한 수가 중요하다. A과 B 중 백의 선택은?

DIA. 06

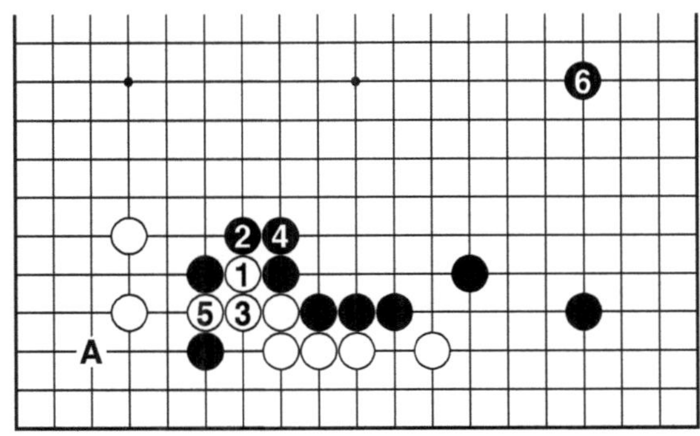

Fehler
소탐대실

Weiß 1 ist die falsche Richtung. Das Ergebnis nach Schwarz 6 ist gut für Schwarz. Später hat Schwarz noch die Möglichkeit, auf A zu invadieren.

백1은 잘못된 방향. 흑 한점을 끊는 데 성공했지만 흑은 대세의 요처를 차지해 만족. 여전히 귀에는 A의 맛이 남아있다.

DIA. 07

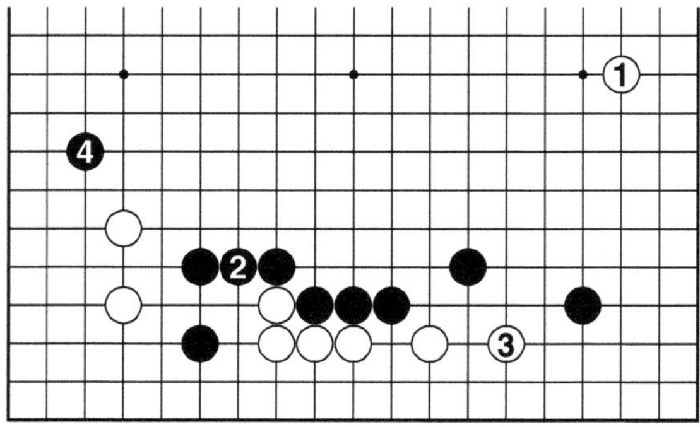

Richtige Antwort
백의 정수

Weiß 1 am rechten Rand ist richtig. Danach sind Schwarz 2 und Weiß 3 eine übliche Fortsetzung. Schließlich ist der Angriff mit Schwarz 4 ein guter Zug.

우변을 갈라쳐 흑 세력을 견제하는 것이 옳은 방향. 흑2로 보강할 때 백3으로 안형을 확보한다. 이후 흑4로 다가서는 자리가 좋다.

DIA. 08

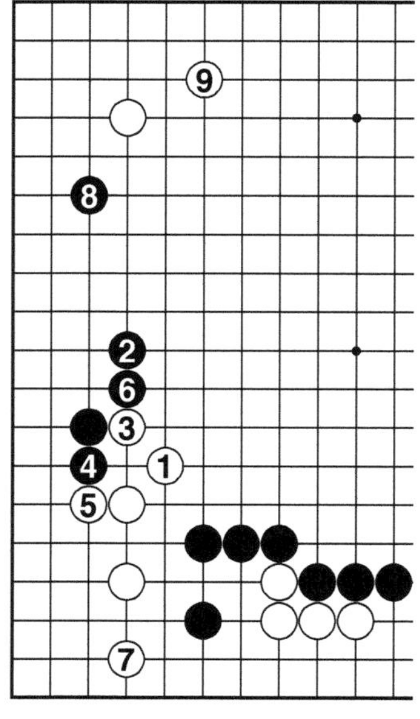

Ausgeglichen
호각

Weiß 1 ist der Schlüsselzug in dieser Situation. Weiß 3 macht gute Form und nach Weiß 9 ist das Ergebnis recht ausgeglichen.

백1은 쌍방간의 요처. 흑2에 백3이 모양을 정비하는 맥으로 백9까지 피차 둘만한 결과이다. 좌변에는 어려운 변화들이 많은데, 이 변화가 가장 알기 쉽고 간명하다.

A6. JEONGSEOK (정석)

WEISSER DOPPELANGRIFF

백의 양협공

Grundstellung

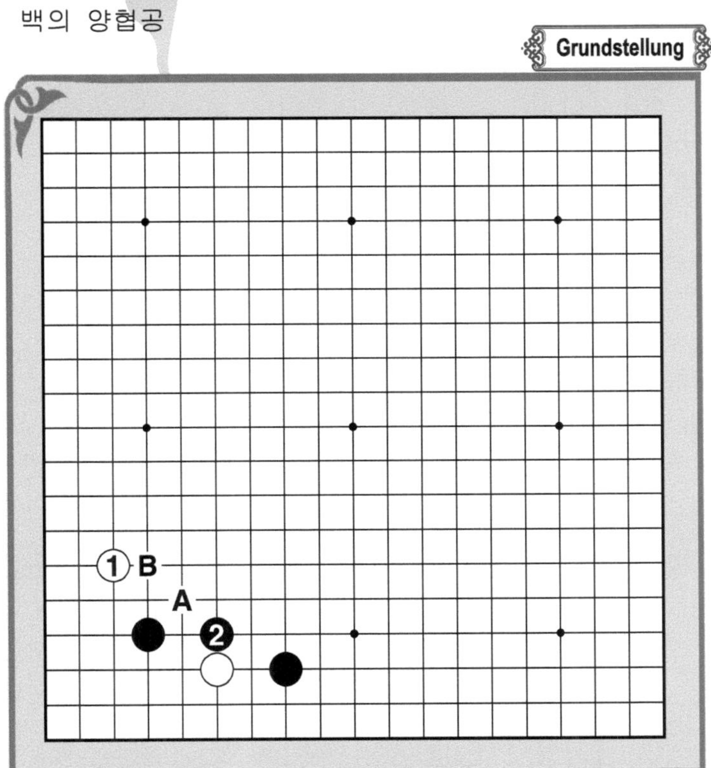

In letzter Zeit sieht man häufig den Doppelangriff mit Weiß 1. Schwarz 2 ist die richtige Antwort, aber auch Schwarz A oder B sind möglich. Studieren Sie die Varianten dieses Jeongseoks!

흑의 한칸협공에 백1의 양걸침은 최근 자주 등장하는 형태로 변화가 복잡하다. 흑2로 받는 것이 정수이며 흑이 A, B 등으로 둬 왔을 때의 대응법을 알아보자.

DIA. 01

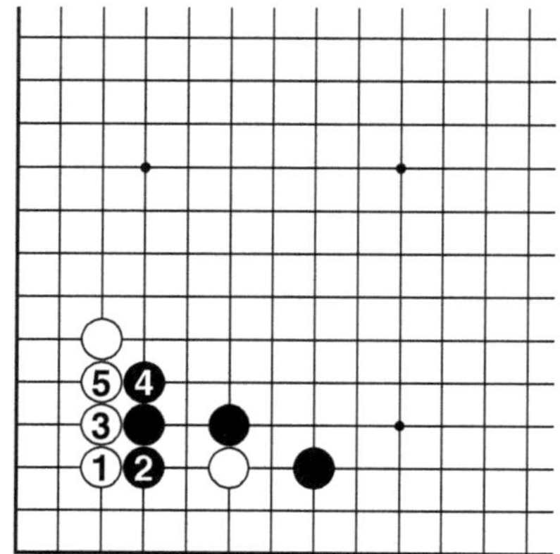

Jeongseok 1
정석 1

Weiß 1 ist erste Wahl. Die Sequenz bis 5 ist Jeongseok. Weiß hat Nachhand, aber die schwarze Form ist etwas dünn.

백1의 3.3 침입이 제일감. 흑2의 막음은 하변을 중시한 것으로 백5까지가 정석형. 백은 후수를 잡은 대신 단단하며 나중에 흑의 모양에서 뒷맛을 노릴 수 있다.

DIA. 02

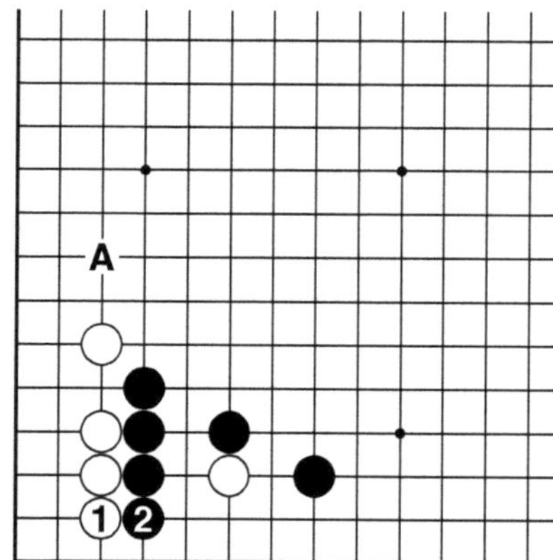

Jeongseok 2
정석 2

Weiß 1 statt 5 im letzten Diagramm ist ebenfalls möglich. Später kann Schwarz auf A angreifen.

전도 백5 대신 귀에 1로 내려설 수도 있다. 백은 발 빠르게 선수를 잡는 대신 이후 흑A의 다가섬이 좋다.

Beide Varianten sind Jeongseok. Wenn Sie Stärke und Einfluss bevorzugen, dann wählen Sie Jeongseok 1. Legen Sie mehr Wert auf Gebiet und Vorhand, dann spielen Sie Jeongseok 2.
둘 다 정석으로 어느 하나가 더 낫다고 말하기 어렵다. 두텁고 공격형의 바둑을 좋아한다면 정석1을, 발 빠르고 실리를 추구한다면 정석2를 추천하고 싶다.

DIA. 03

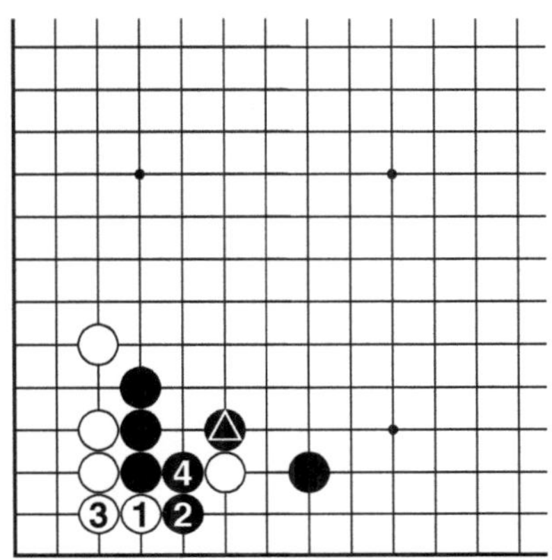

Absicht des Weißen
백의 의도

Mit Schwarz 2 auf Weiß 1 zu antworten ist ein Fehler. Der markierte schwarze Stein ist jetzt überflüssig.

백1의 젖힘에 무심코 받는 것은 백의 의도에 걸리는 격. ▲가 불필요한 곳에 위치해 있음을 알 수 있다.

DIA. 04

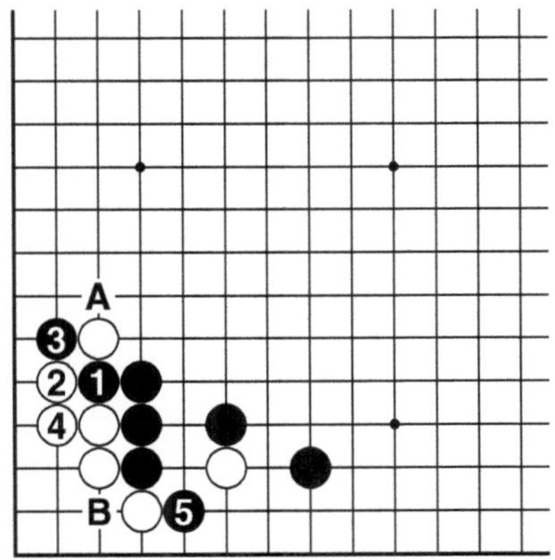

Richtige Antwort 1
흑의 대응책1

Schwarz 1 und 3 sind eine gute Kombination. Deckt Weiß auf 4, dann blockt Schwarz mit 5. Die Punkte A und B sind jetzt zwei gleichwertige Fortsetzungen (Matbogi).

흑1,3으로 나와 끊어 응수를 물어보는 것이 중요한 타이밍. 백4로 이으면 그때 5로 막아 A와 B를 맞봐 백이 오히려 당했다.

DIA. 05

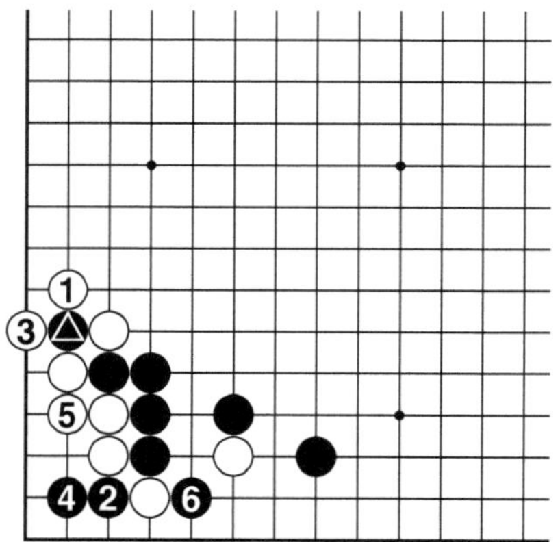

Richtige Antwort 2
흑의 대응책 2

Weiß 1 als Antwort auf den markierten Stein ist ein Fehler, denn nach der Abfolge bis Schwarz 6 ist das Ergebnis sehr gut für Schwarz.

▲ 끊음에 백1로 한점을 잡으면 흑2가 통렬하다. 흑6까지 백의 손해가 크다.

DIA. 06

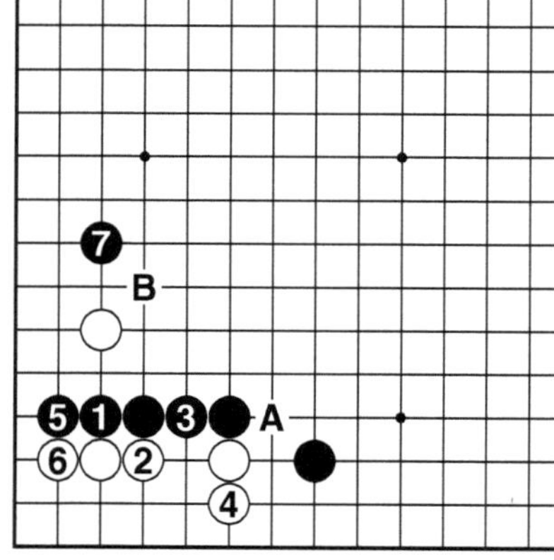

Kompliziertes Jeongseok
어려운 정석

Schwarz 1 legt den Fokus auf den linken Rand. Schwarz 7 ist heutzutage ein beliebter Zug, wohingegen Schwarz 7 auf A eher altmodisch ist. Schwarz 7 auf B ist ebenfalls möglich. Weiß hat später die Option, auf A zu spielen.

흑1의 막음은 좌변을 중시한 선택. 흑7로 바짝 협공하는 것이 최근 추세. 예전에는 A로 그냥 늘어두었으나 발이 느리다. 흑7로는 B로 씌워가는 것도 가능. 정석 이후 백은 A로 젖히는 수를 노릴 수 있다.

DIA. 07

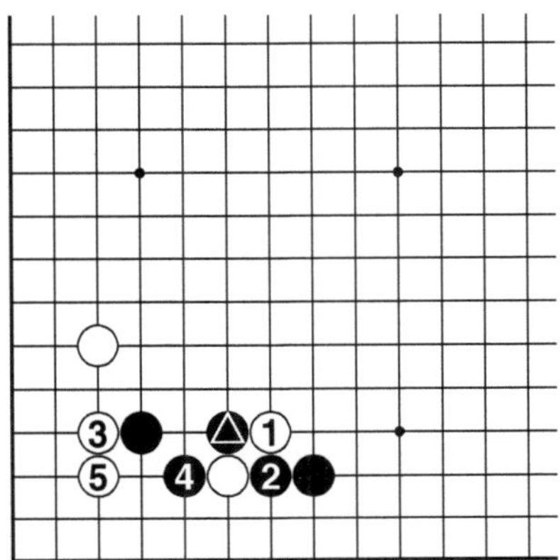

Modernes Jeongseok

현대정석

Nach dem Abtausch Weiß 1 für Schwarz 2 sind Weiß 3 und 5 eine moderne Variante des Jeongseoks. Auf dieses Jeongseok kommen wir später noch einmal zurück.

▲ 붙임에 백은1로 먼저 젖혀 희생타를 날린 후 3, 5로 귀를 차지하는 것이 현대 정석. 흑4로는 5에 막아 버틸 수 있으나 다음 수순이 꽤 복잡하다. 다음 기회에 다루기로 하자.

DIA. 08

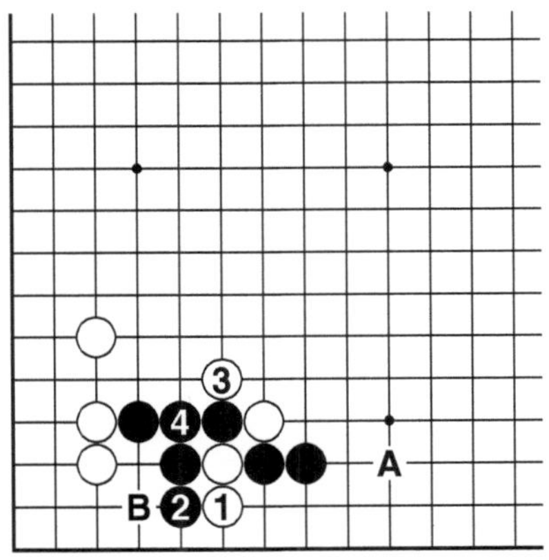

Fortsetzung

정석 이후 변화

Weiß 1 ist ein gutes Opfer, denn Weiß schafft so die Möglichkeit, später mit Zügen auf A oder B eine Drohung zu spielen.

정석 후 백은 1로 한점을 키워 활용하는 것이 고수다운 수법. 이후 백A로 다가서거나 B로 선수 활용을 할 수 있다.

DIA. 09

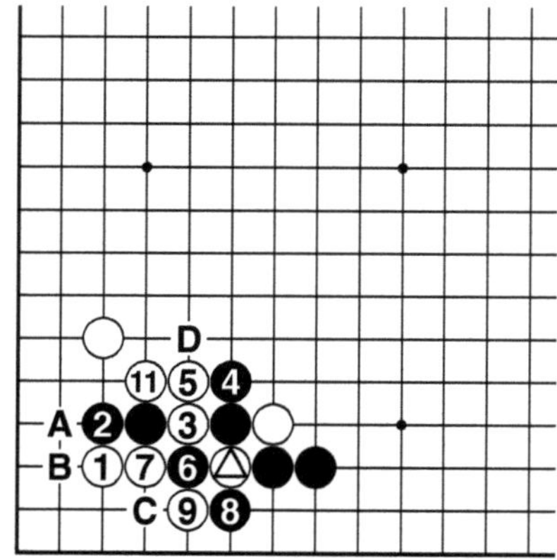

Altes Jeongseok

구형정석

Weiß 1 ist ebenfalls möglich. Die Sequenz bis Weiß 11 (Schwarz 10 deckt) ist ein altmodisches Jeongseok, in dem Schwarz eine starke Stellung gewinnt (später kann Schwarz die Abfolge Schwarz A, Weiß B, Schwarz C spielen oder einfach auf D umbiegen).

7도 백으로 3.||| 에 들어가는 수도 가능. 백11까지 구형정석으로 최근에는 흑이 두터워 잘 두어지지 않는다. 이후 흑은 A- C 수순으로 흑 한점을 선수로 잡는 수, 또는 D로 젖혀 활용하는 수 등이 있어 두텁다. 10...△

DIA. 10

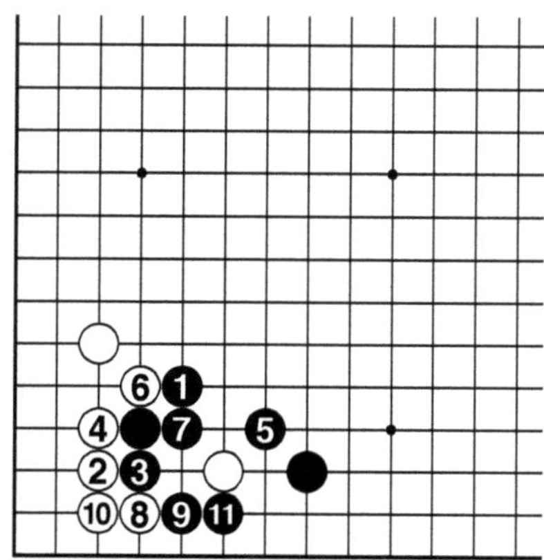

Schwarz ist überkonzentriert

흑 중벅

Schwarz 1 ist ein Fehler, denn nach der Abfolge bis Schwarz 11 ist Schwarz deutlich überkonzentriert.

아마추어들이 가장 많이 실수하는 흑1의 입구자. 귀를 파이고 난 후 백6, 8의 수순으로 활용 당해 중복을 피할 수 없다.

DIA. 11

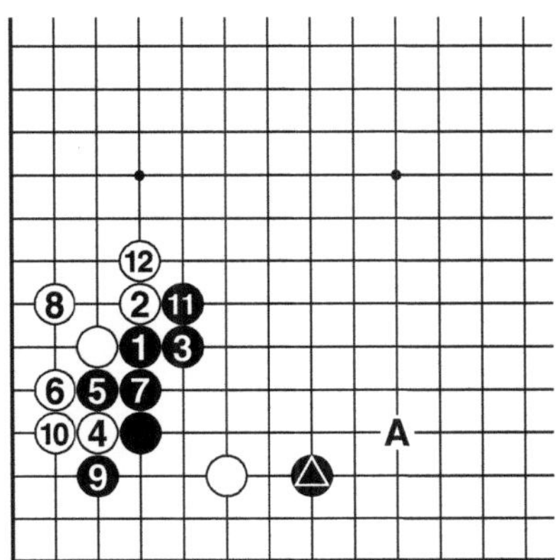

Falsche Richtung
잘못된 방향

Schwarz 1 ist die falsche Richtung, denn nach Weiß 12 steht der markierte schwarze Stein zu dicht an der schwarzen Stärke (auf A wäre er richtig platziert).

백의 양걸침에 흑1의 붙임은 방향착오. ▲ 협공이 너무 가까워 중복이다. 흑이 A 자리에 벌려져 있는 것과는 큰 차이.

DIA. 12

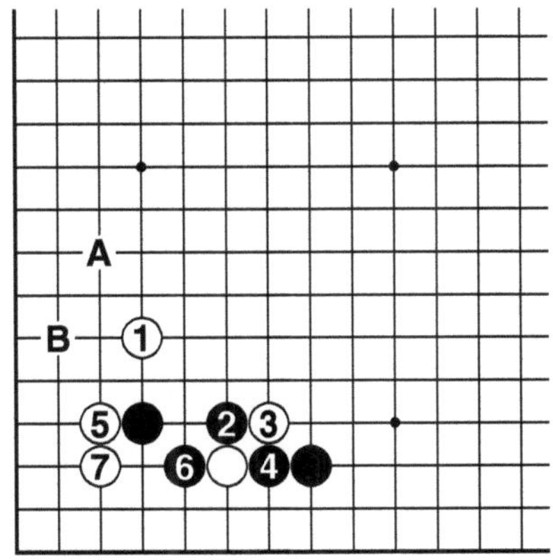

Modernes Jeongseok 2
현대정석2

Der Doppelangriff mit der hohen Annäherung auf Weiß 1 ist ebenfalls möglich. In der Abfolge bis Weiß 7 ist diese Variante ähnlich dem Modernen Jeongseok 1. Einem schwarzen Angriff auf A begegnet Weiß mit B.

백1로 높게 양걸침할 수도 있다. 백7까지 현대정석1과 흡사하다. 이후 흑A의 다가섬이 선수로 백은 B 정도로 받아야 한다.

A7. JEONGSEOK (정석)

3-4-PUNKT-JEONGSEOK – ANLEGEN UND STRECKEN

기본 소목정석- 붙여 끌기

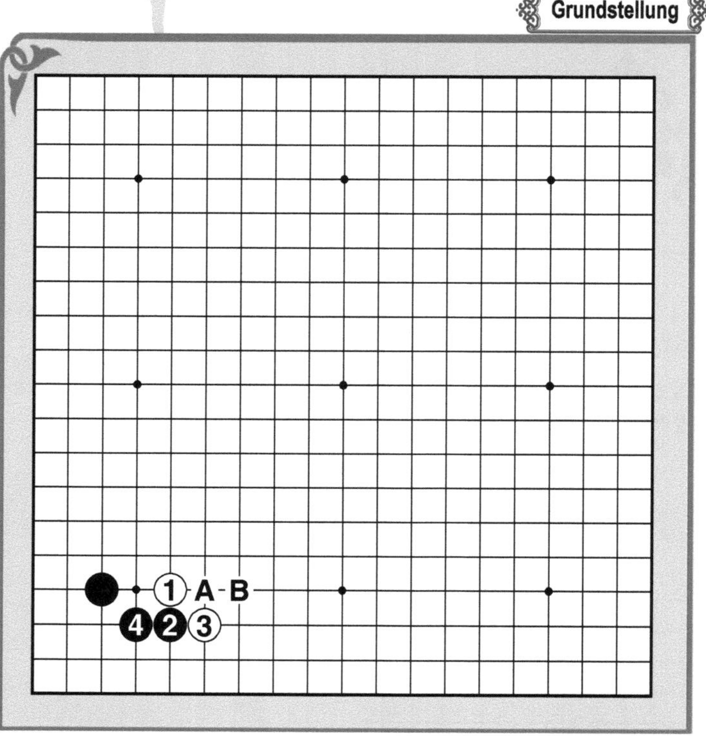

Schwarz 2 und 4 sind eine einfache und klare Antwort auf den weißen Angriff mit 1. Das Jeongseok ist recht einfach, verfügt aber über einige kompliziertere Abweichungen. Studieren Sie die Varianten, die nach Weiß A und B folgen!

백1의 높은 걸침에 흑2,4로 붙여 끄는 정석은 비교적 간단하나 정석 이후가 어렵다. 백의 응수 A, B를 자세히 살펴보자.

DIA. 01

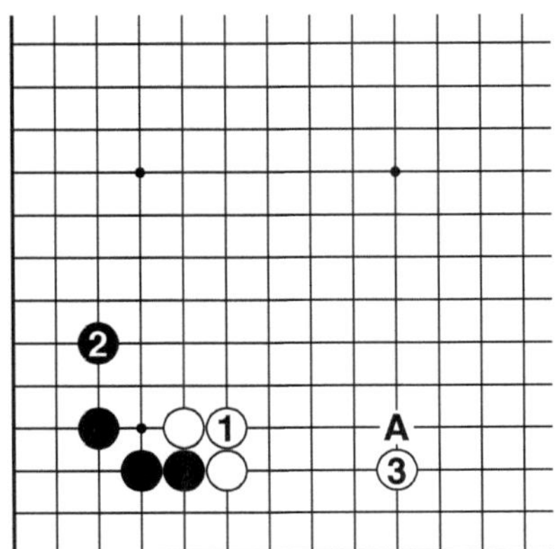

Jeongseok 1
정석 1

Die Züge Weiß 1 bis Weiß 3 zeigen die Grundvariante des Jeongseoks. Weiß 3 auf A ist ebenfalls möglich.

백1에 잇고 흑도 견실하게 한칸 벌리면 백은 세칸 벌림이 보통. 백3으로는 A로 높게 벌릴 수도 있다.

DIA. 02

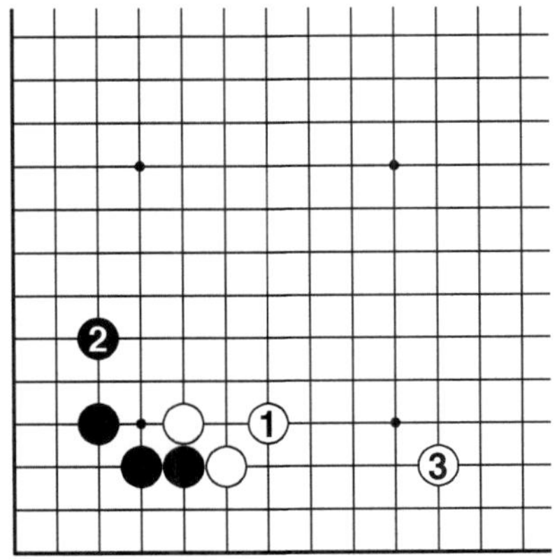

Jeongseok 2
정석 2

Dies ist die zweite Grundvariante des Jeongseoks. Weiß springt hier eine Linie weiter als in der oben gezeigten Variante. Die Form ist daher etwas dünn.

호구치고 벌리는 것도 정석. 전도보다 한칸 더 벌릴 수 있지만 엷음은 감수해야 한다.

DIA. 03

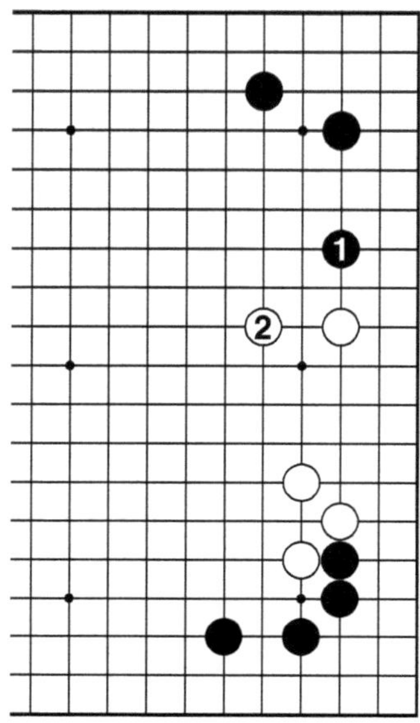

Nach dem Jeongseok
정석 이후

Weiß 2 ist eine normale Antwort auf die schwarze Annäherung. Sie verhindert eine schwarze Invasion.

정석 이후 흑1로 벌려왔을 때 흑의 침입이 거슬린다면 백은 지키는 것이 무난하다.

DIA. 04

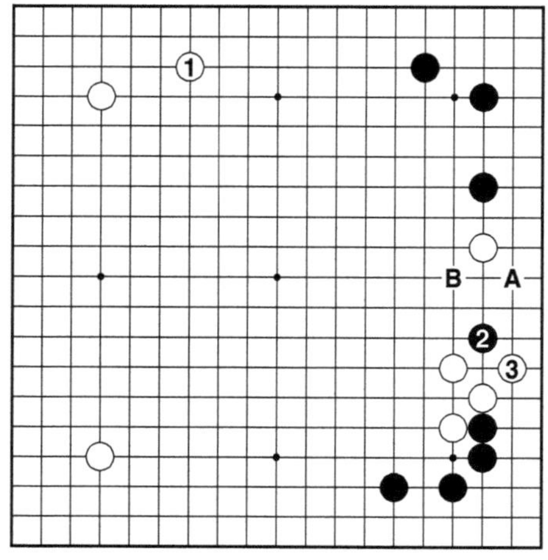

Invasion
흑 침입

Schwarz 2 ist der Schlüsselpunkt für eine Invasion. Weiß muss mit 3 die Verbindung verhindern. Schwarz kann jetzt zwischen A und B als Fortsetzung wählen.

백이 손을 뺀다면 흑2가 침입의 급소. 백은 3으로 흑의 연결을 차단하는 것이 급선무. 여기서 흑은 A와 B 두 가지 선택이 있다.

DIA. 05

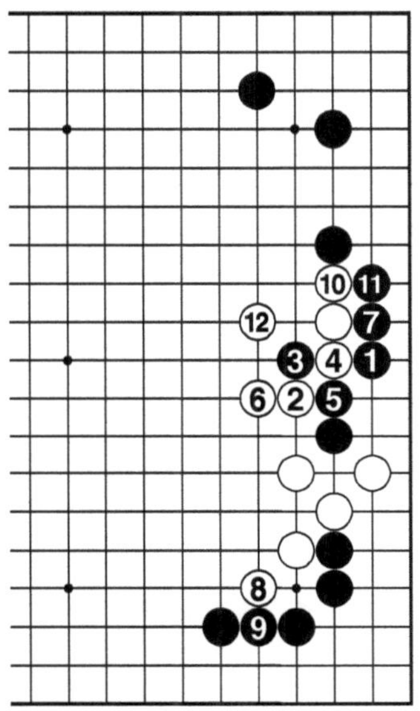

Gebiet
실리작전

Schwarz spielt 1, wenn er mehr an Gebiet interessiert ist. Schwarz 3 ist Maek und nach der Abfolge bis Weiß 12 ist das Ergebnis in etwa ausgeglichen.

흑1은 실리를 벌어들이겠다는 의도. 백2에 흑3의 건너붙임이 수순. 흑7로 넘어갈 때 백8은 중요한 교환. 백12까지 쌍방 최선의 결과이다.

DIA. 06

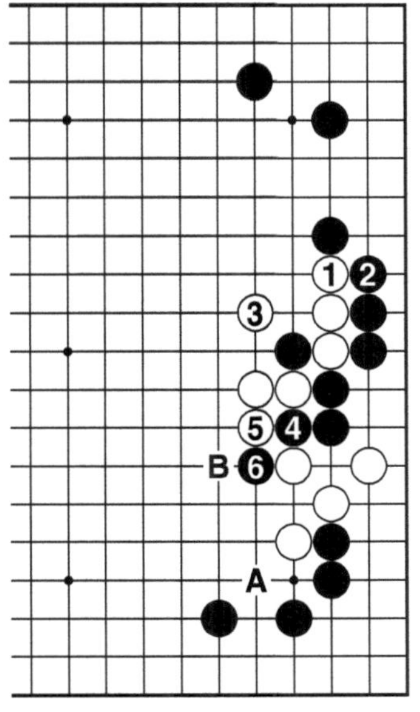

Abgeschnitten
백 끊김

Der Abtausch von Weiß 8 und Schwarz 9 im vorherigen Diagramm ist sehr wichtig. Wenn Weiß diesen ignoriert, dann sind Schwarz 4 und 6 sehr schmerzhaft für ihn, denn Weiß kann ohne einen Stein auf A den schwarzen Stein auf 6 nicht fangen.

전도 8의 교환을 빠뜨리면 흑4, 6 으로 당장 나와 끊어 백이 곤란해진다. A의 교환이 있다면 B로 몰아 잡을 수 있음을 확인해 보자.

DIA. 07

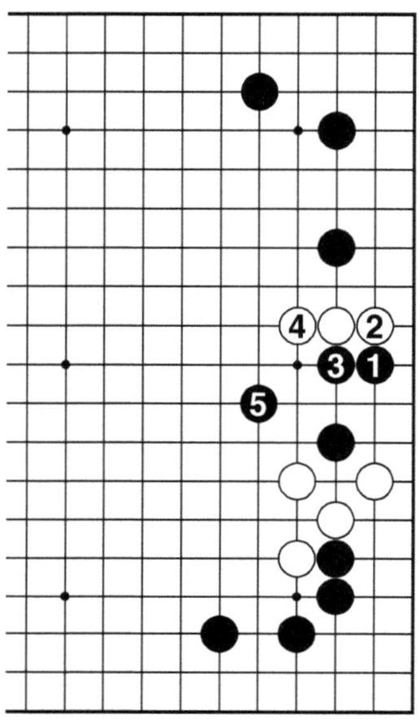

Zwei schwache Gruppen
백 양곤마

Weiß 2 als Antwort auf Schwarz 1 ist ein Fehler, denn nach Schwarz 5 hat Weiß gleich zwei schwache Gruppen.

흑1에 무심코 막는 것은 고생을 자초한다. 흑5로 훌쩍 달아나 졸지에 백이 양곤마가 되었다.

DIA. 08

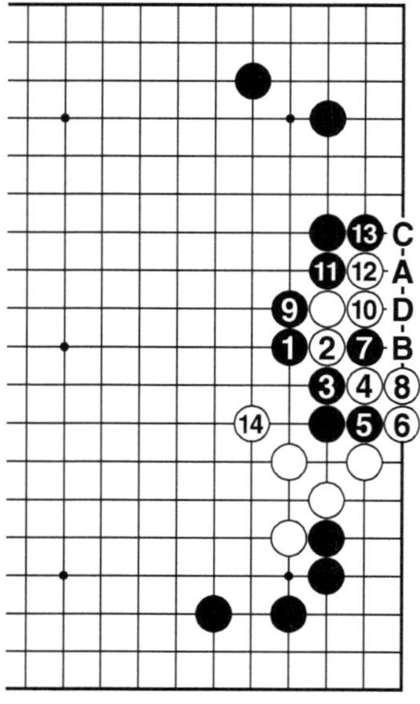

Einfluss
세력작전

Wenn Schwarz Einfluss bevorzugt, dann spielt er 1 hier. In der Abfolge bis Schwarz 13 ist das Ergebnis recht ausgeglichen. Schließlich ist noch Weiß 14 notwendig.

두터움을 선호한다면 흑1 위로 날일자 하는 것이 좋다. 백은 2, 4로 넘어가야 하는데 흑5,7,9로 눌러 막아 중앙을 두텁게 만들었다. 백14는 필요한 지킴이며 흑은 A- D까지 절대선수이다. 이것 역시 쌍방최선.

A8. JEONGSEOK (정석)

3-4-PUNKT-JEONGSEOK – RÖSSELSPRUNG

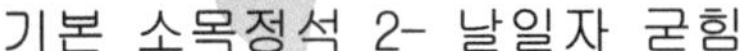

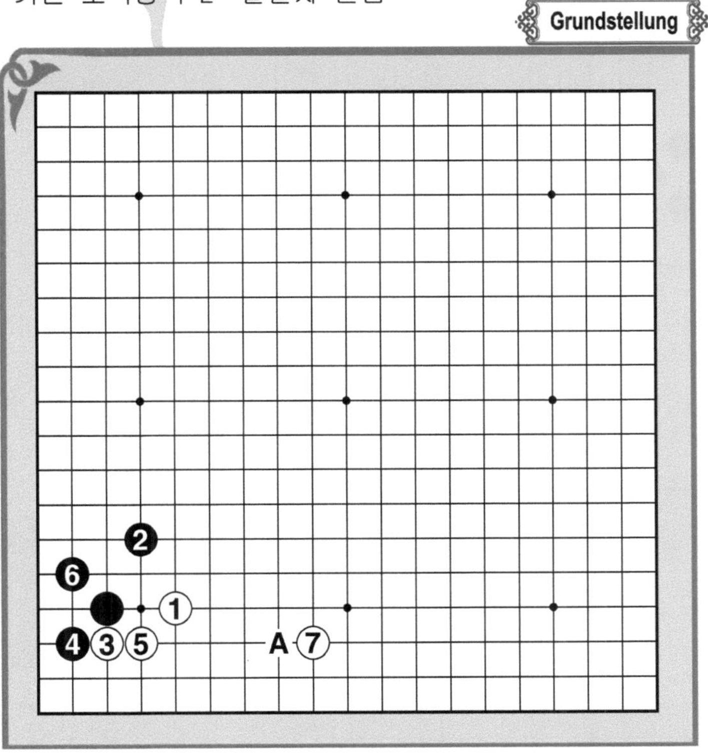

Dies ist eines der einfachsten 3-4-Punkt-Jeongseoks. Weiß 7 auf A ist hier ebenfalls denkbar.

소목정석 중 가장 변화가 적은 정석으로 부담 없이 선택할 수 있다. 백7로는 한칸 적게 A로 벌리는 것도 한가지 방법.

DIA. 01

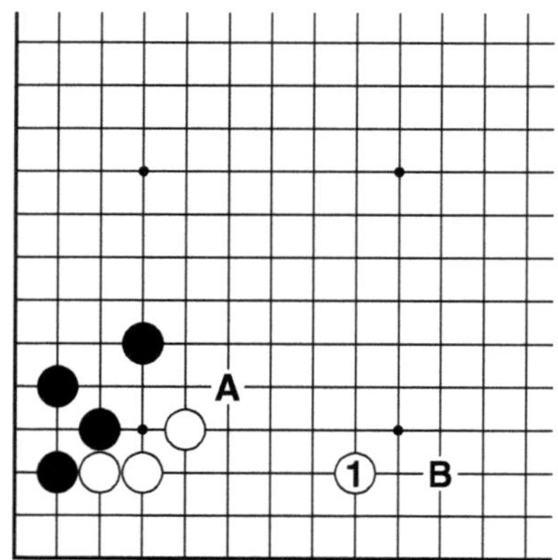

Eine Linie weiter
넓게 벌림

Weiß 1 ist Jeongseok, aber Schwarz kann jederzeit die Punkte A und B in Vorhand spielen.

백1은 한칸 넓게 벌린 대신 흑의 활용을 감수해야 한다. 흑A로 씌우는 수 흑B로 다가오는 수 등의 활용을 당하게 된다.

DIA. 02

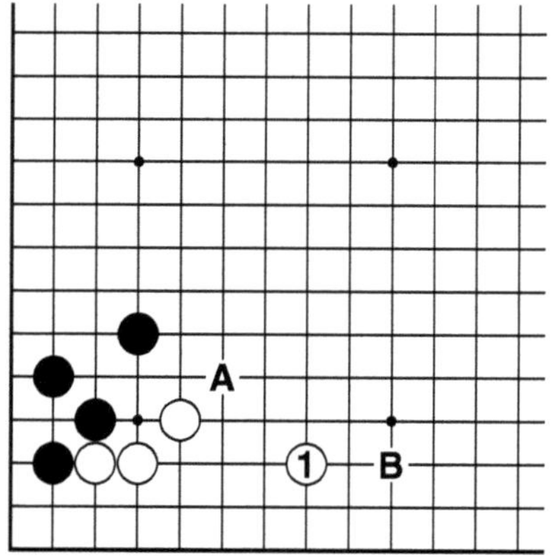

Solide Ausdehnung
좁게 벌림

Mit Blick auf Gebiet stellt Weiß 1 ein kleines Minus dar, aber Schwarz A und B sind jetzt keine Vorhand.

실리 면에서 조금 손해 보는 대신 흑A, B 등의 활용은 당하지 않는다. 주위상황에 따라 잘 선택해서 두시기를....

DIA. 03

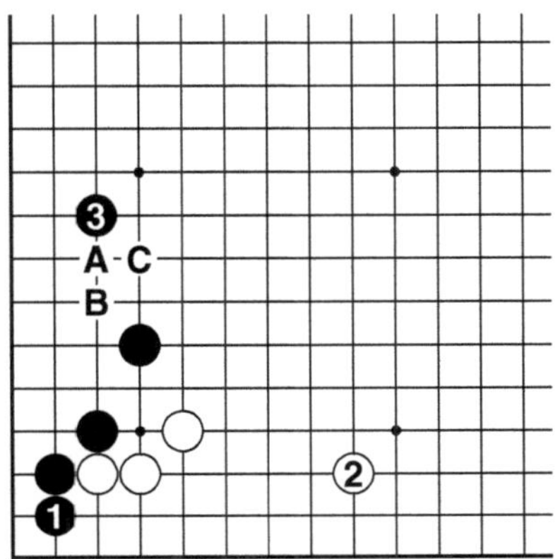

Variante
때에 따라서는

Das Strecken mit Schwarz 1 ist ebenfalls eine spielbare Variante. Schwarz 3 ist danach jedoch unverzichtbar. Verteidigt Schwarz hier nicht, dann ist die folgende Sequenz Weiß A, Schwarz B und Weiß C gut für Weiß.

흑1로 뻗어 둘 수도 있다. 하지만 이후 3의 보강이 필요하다는 단점이 있다. 손을 빼면 백A의 다가섬이 기분 좋다. 흑B로 지켜야 하는데 C의 느는 자세가 좋다.

DIA. 04

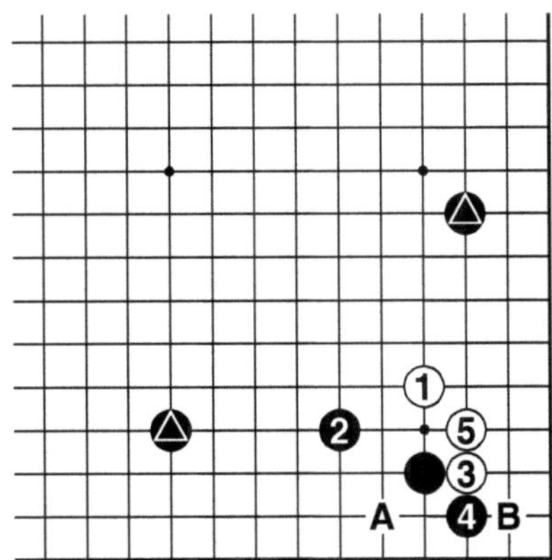

Chinesische Eröffnung
중국식 포석

Der Rösselsprung mit Schwarz 2 wird typischer Weise in der Chinesischen Eröffnung gespielt. Schwarz kann hier auf die Unterstützung der zwei markierten Steine bauen. Soll er nach Weiß 5 auf A oder B spielen?

중국식 포석의 단골정석 날일자 응수!
▲의 응원군이 있는 이 장면에서 A, B 중 흑의 올바른 선택은?

DIA. 05

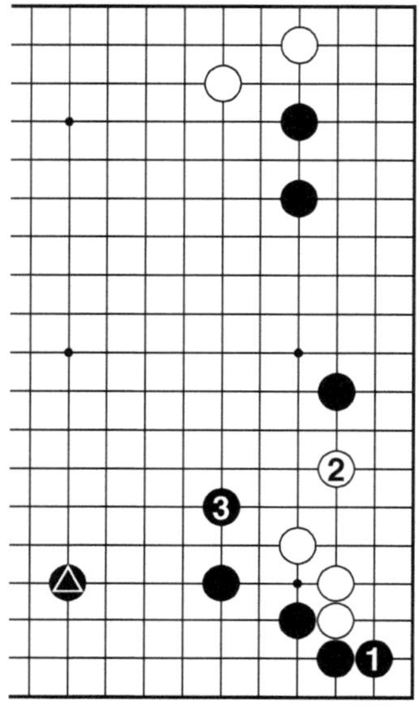

Schlüsselpunkt für einen Angriff
공격을 위한 뻗음

Schwarz 1 ist richtig, denn er greift die weiße Gruppe an. Schwarz braucht einen Angriff von der linken Seite nicht befürchten, denn hier steht bereits der markierte Stein. Schwarz 3 ist die richtige Fortsetzung.

흑1로 뻗는 것이 정답. 하변은 이미 ▲가 와 있기 때문에 걱정할 필요가 없다. 백의 근거를 빼앗고 공격을 위한 뻗음을 잘 기억해 두자. 백2로 벌릴 때 흑3이 올바른 방향.

DIA. 06

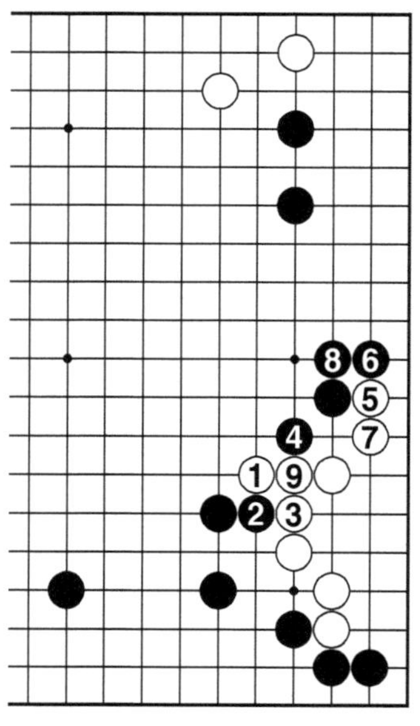

Chinesisches Jeongseok
중국식 정식

Dieses Jeongseok ist der moderne chinesische Stil. Weiß 1 ist der natürliche Zug und Weiß 5 und 7 als Antwort auf Schwarz 2 und 4 sind richtig. Spielt Weiß statt 5 gleich auf 9, dann kontert Schwarz mit 6 auf 7 und Weiß ist in Schwierigkeiten.

중국식 포석의 현대판 정석!

전도에 이어 백1로 봉쇄를 피하는 것은 당연. 흑2,4의 응수타진에 백5,7의 붙여 끌어 안형을 갖추는 것이 중요. 그냥 9로 이으면 7의 마늘모를 당해 아프다.

DIA. 07

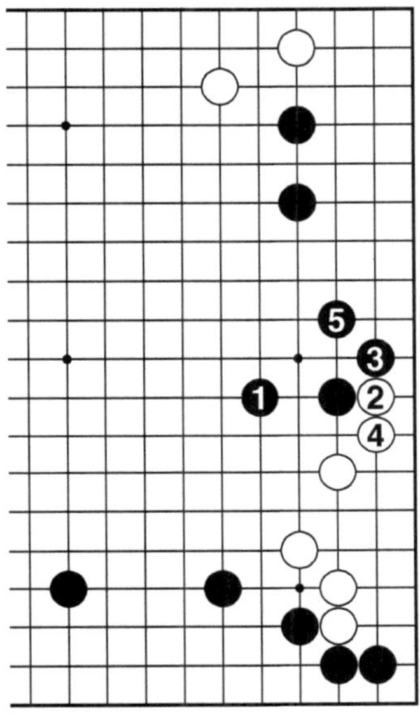

Schlecht für Schwarz

필자의 아픈 기억

Vor einigen Jahren spielte ich mit Schwarz in einem Profi-Turnier auf 1. Das war die falsche Richtung, denn Weiß 2 und 4 sicherten die Gruppe in Vorhand und schließlich verlor ich die Partie. Wann immer ich dieses Jeongseok sehe, werde ich an meinen Fehler erinnert.

몇 년 전 필자가 공식 시합에서 흑1로 반대방향으로 한칸 뛰었는데, 이 수가 방향착오였다. 백2,4로 붙여 끌고 나니 백이 선수로 안정을 취했을 뿐더러 하변도 전도보다 허약하다. (결국 그 대국을 망쳤다. 항상 이 정석이 나오면 그때의 악몽이 떠오른다.)

DIA. 08

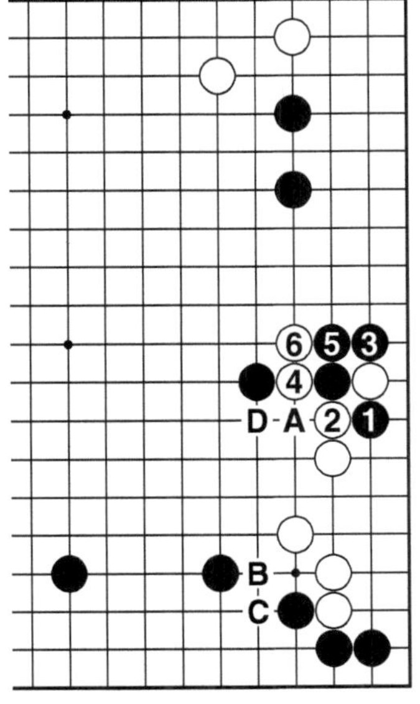

Gut für Weiß

백 뚫음

Schwarz 1 führt hier nicht zum Erfolg. Nach der Abfolge bis Weiß 6 steckt Schwarz in der Klemme. Schneidet Schwarz auf A, dann folgen Weiß B, Schwarz C und schließlich fängt Weiß D den schwarzen Schnittstein.

흑1의 반발은 어떨까? 백2,4로 끊고 6까지 나와 걱정할 것이 없다. 흑A의 끊음에는 B-D 수순으로 축이다.

A9. JEONGSEOK (정석)

3-4-PUNKT-JEONGSEOK – DAS FLACHE KLEMMEN

소목 날일자 협공

Grundstellung

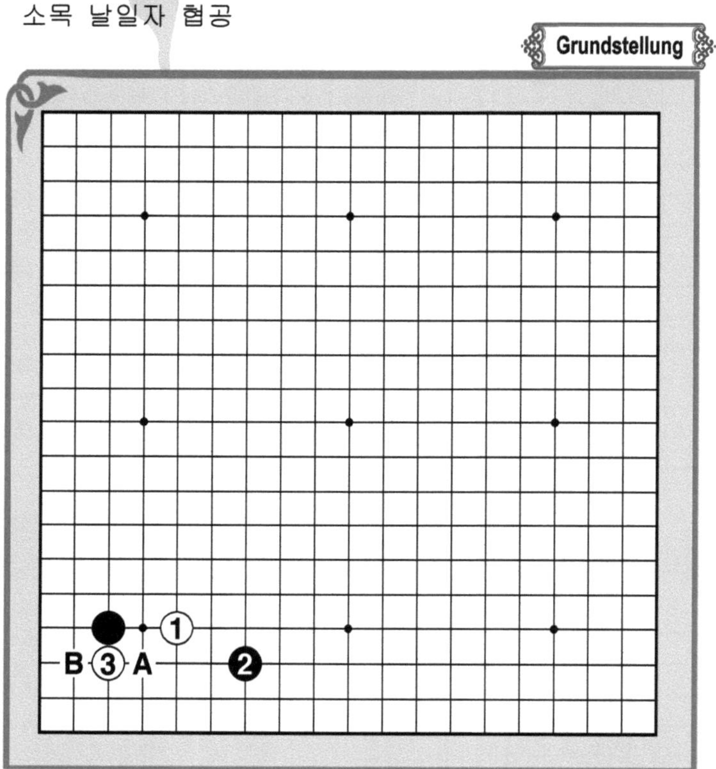

Das Gegenklemmen mit Schwarz 2 ist eine moderne, aggressive Spielweise. Nach Weiß 3 kann Schwarz A oder B als Fortsetzung wählen, wobei B die üblichere Variante darstellt.

현대바둑의 성향에 잘 맞는 적극적인 날일자 협공정석. 백3의 붙임에 두가지 응수가 있는데 최근에는 B의 바깥 젖힘이 더 많이 두어진다.

DIA. 01

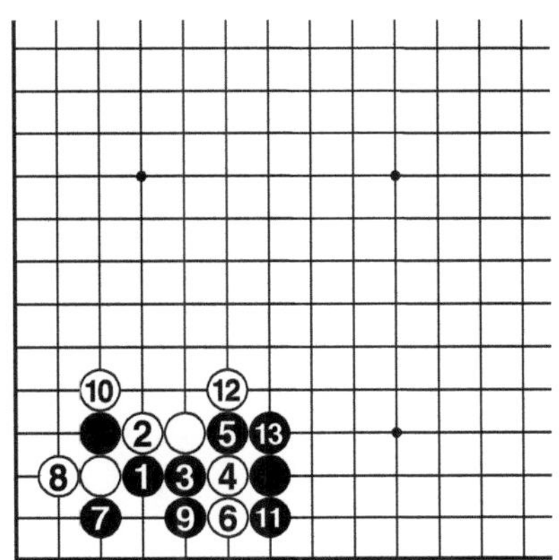

Grundvariante des Jeongseoks
안쪽 젖힘 정석

Weiß 4 und 6 sind ein gutes Beispiel für die Anwendung der Opfertechnik. Das Ergebnis nach Schwarz 13 ist ausgeglichen.

백4에 끼워 6으로 키워버리는 것이 이 정석의 포인트. 흑13까지는 정석. 흑은 두터움을, 백은 선수를 얻어 호각이다.

DIA. 02

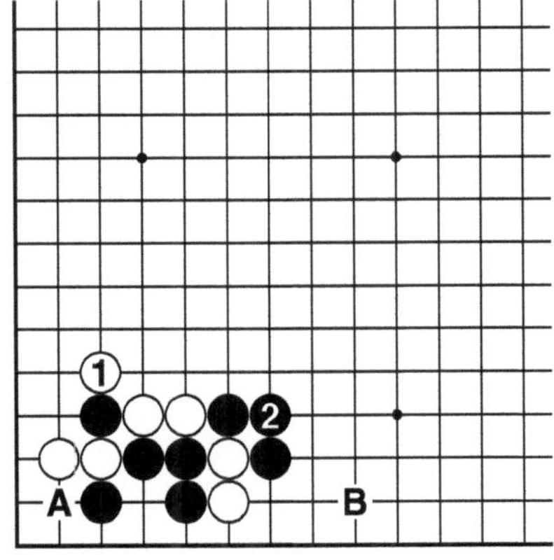

Falsche Antwort
잘못된 응수

Schwarz 2 ist ein Fehler, denn Weiß kann später A oder B als Vorhand spielen.

백1때 흑2로 잇는 실수는 실전에 자주 나오는 형태이다. 얼핏 더 단단해 보이지만 백 A, B 등이 선수로 듣고 있어 득이라 보기 힘들다.

DIA. 03

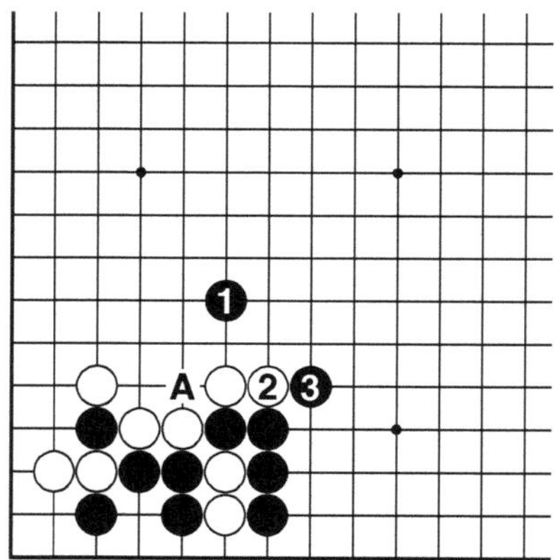

Nach dem Jeongseok 1

정석 이후 1

Schwarz 1 ist der Schlüsselpunkt. Der Austausch Weiß 2 und Schwarz 3 bringt Weiß nicht viel, da ihm die unangenehme Schwäche auf A bleibt.

흑이 하변의 세력을 키우고자 할 때 흑1이 모양의 급소. 백2에는 3으로 머리를 두들겨 다음 백의 행마가 어렵다. 백은 A의 단점이 신경 쓰인다.

DIA. 04

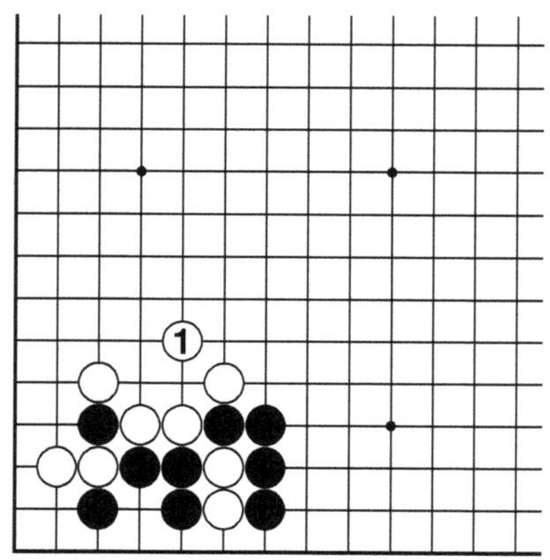

Nach dem Jeongseok 2

정석 이후 2

Weiß 1 ist daher der Schlüsselpunkt, um gute Form zu machen.

백이 좌변을 지키거나 하면을 견제할 때 백1의 호구가 모양의 급소.

DIA. 05

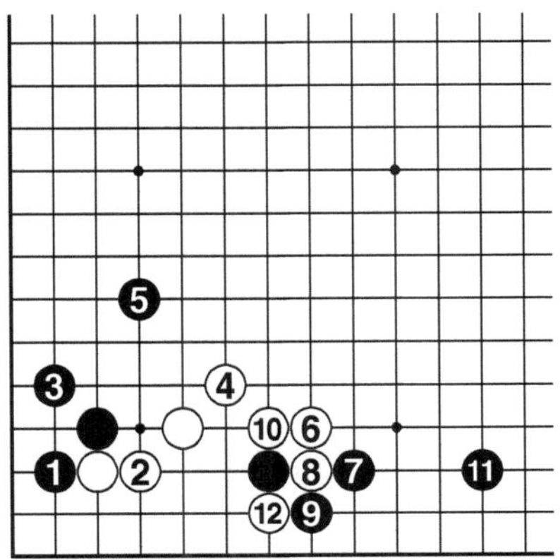

Altes Jeongseok 1
구형 정석1

Dies ist eine alte Variante des Jeongseoks, die heute nahezu vollständig verschwunden ist, da man meint, dass Weiß hier zu sehr gestärkt wird.

흑1은 바깥 젖힘의 대표적인 정석으로 백이 조금 두텁다고 하여 현대에 와서는 거의 자취를 감추고 있다.

DIA. 06

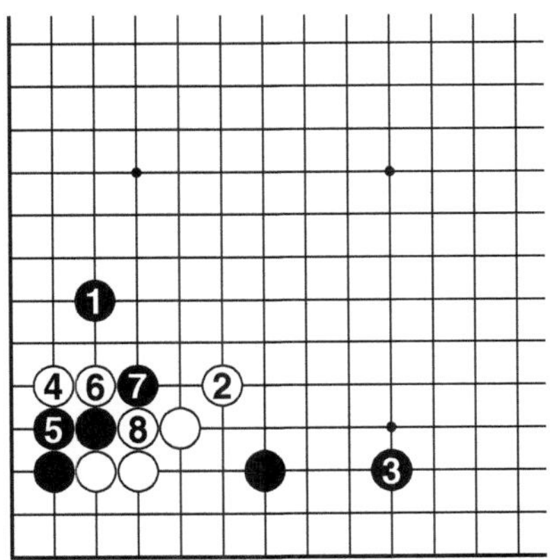

Moderne Variante
현대식 두칸 벌림

Schwarz 1 und 3 sind eine moderne Variante. Auf Weiß 4 sind Schwarz 5 und 7 unerlässlich. Wie soll Schwarz nach Weiß 8 fortsetzen?

전도 흑3 대신 두칸 벌려 두는 것이 최근 경향. 백2에는 흑3으로 발빠르게 전개한다. 백4의 치중에 흑은 5,7은 생략할 수 없는 수순. 문제는 백8로 끊어 왔을 때이다.

DIA. 07

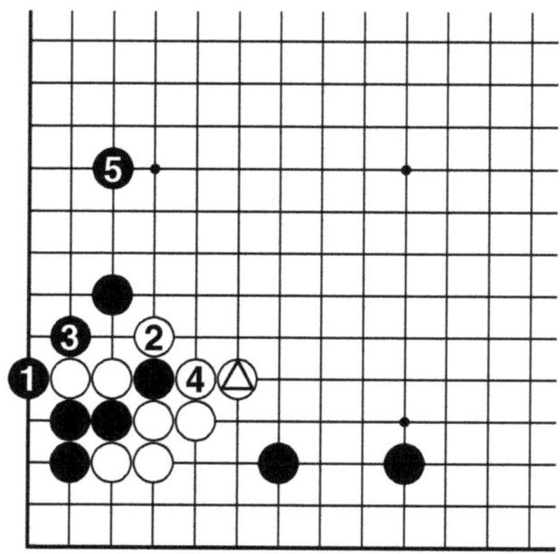

Altes Jeongseok 2
구형 정석 2

Schwarz 1 ist der einzige Zug. Die Sequenz bis 5 zeigt eine alte Variante des Jeongseoks, denn der markierte Stein steht nach Schwarz 5 nicht optimal da.

흑1이 유일한 탈출구. 흑5까지 벌리는 것이 구형정석. 그러나 △의 위치가 우형인데다 어정쩡하다. 그렇다면....

DIA. 08

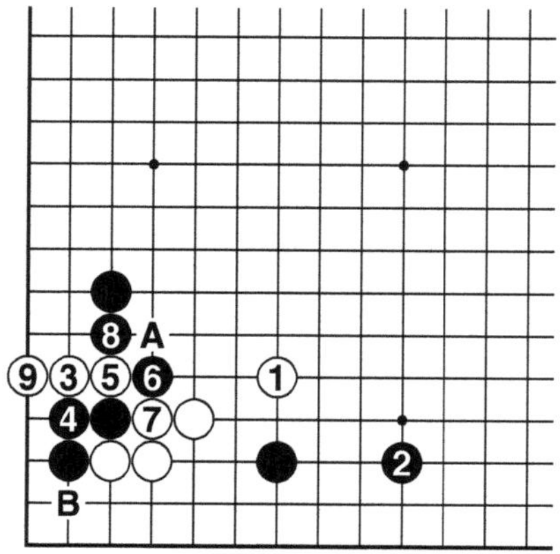

Moderne Variante
현대식 날일자

Weiß 1 ist daher richtig. Wenn die Treppe auf A für Weiß läuft, dann ist Weiß 9 ein starker Zug. Danach sind A und B Matbogi (gleichwertige Fortsetzungen).

백1의 날일자가 현대판으로 축관계가 있으니 주의. 백7까지는 전도와 같은데, 흑8로 버텨왔을 때 백은 축이 유리하다면 9로 1선으로 뻗어 A와 B를 맞볼 수 있다.

DIA. 09

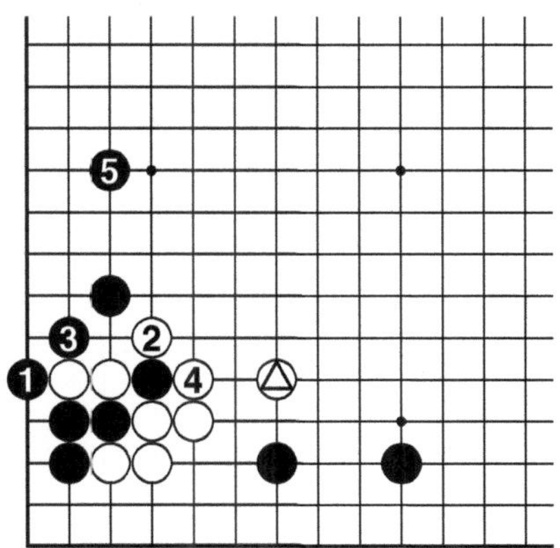

Populäres Jeongseok
유행 정석

Läuft die Treppe für Weiß nicht, dann bringt die Abfolge Schwarz 1 bis 5 ein ausgeglichenes Ergebnis. Der markierte Stein ist jetzt deutlich besser positioniert als im Dia. 7.

축이 불리할 경우 전도 흑8은 실수. 흑1로 젖혀 5까지 벌리는 것이 최근 유행하는 형이다. 7도와 비교했을 때 △의 위치가 능률적이지 않는가.

DIA. 10

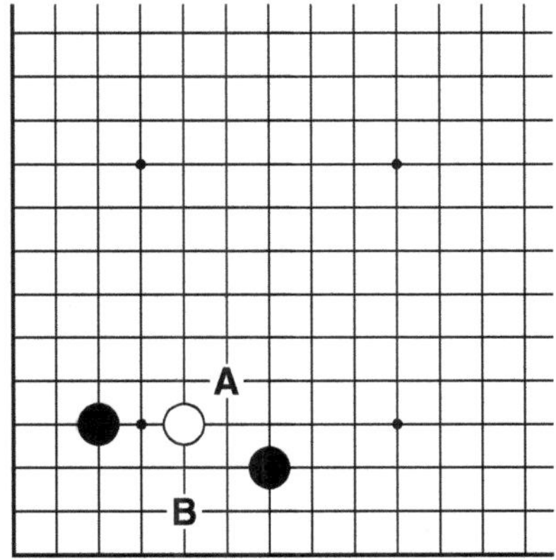

Moderne Variante
다른 선택

Statt dem Anlegen an den 3-4-Stein kann Weiß auch einen der Punkte A oder B wählen.

백은 A, B 등의 다른 형태를 선택할 수 있다.

A10. JEONGSEOK (정석)

3-4-PUNKT-JEONGSEOK – DAS HOHE KLEMMEN

소목 두칸높은 협공

Grundstellung

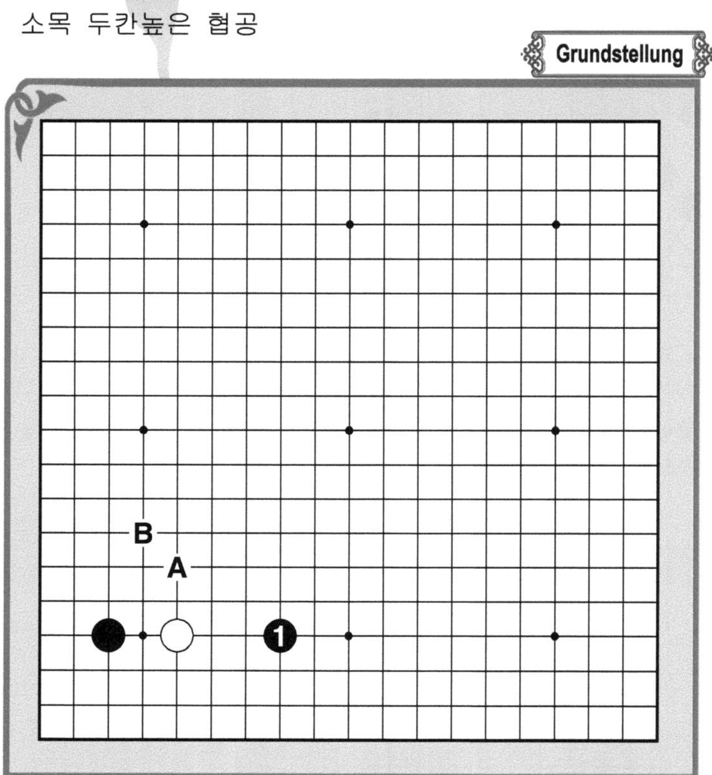

Das ist eine moderne Jeongseok-Variante. Nach dem schwarzen Klemmen mit 1 kann Weiß für eine Fortsetzung zwischen den Zügen A und B wählen.

현대에 자주 등장하는 정석 중 하나. 백의 응수에는 A, B 가 일반적이다. 특히 백B의 눈목자에는 복잡한 변화가 숨겨져 있다.

DIA. 01

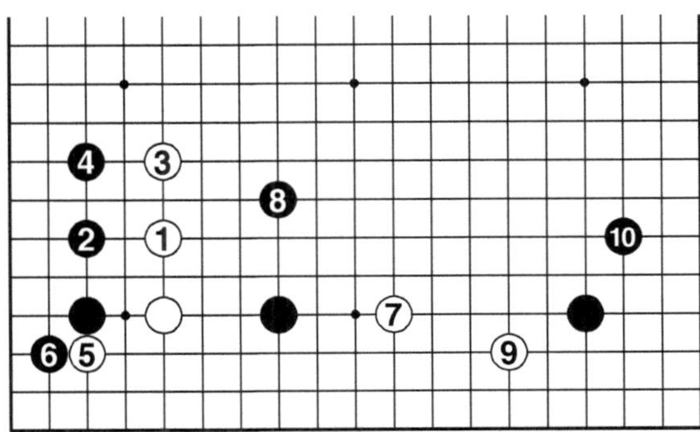

Ein-Punkt-Sprung
한칸 뜀

Diese Variante ist einfach und überschaubar. Weiß 5 und 7 sind wichtig und nach Schwarz 10 ist das Ergebnis ausgeglichen.

복잡한 변화가 싫다면 한칸뜀이 간명하다. 백5 이후 7로 협공하는 것이 중요. 흑10까지 순조로운 진행이다.

DIA. 02

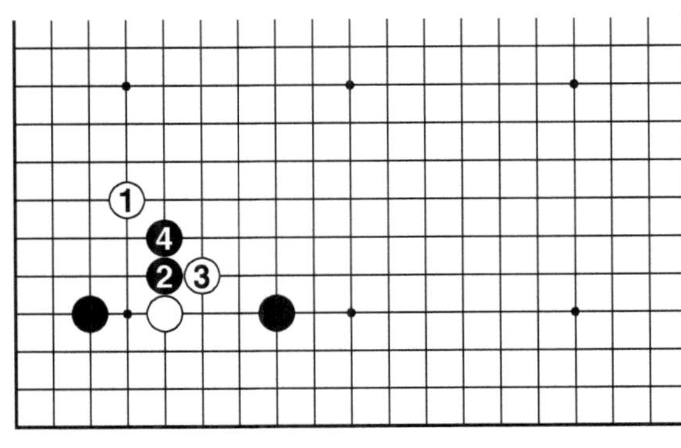

Großer Rösselsprung
눈목자 협공

Weiß 1 ist sehr populär zur Zeit. Schwarz 2 und 4 sind die richtige Antwort.

최근에는 1의 씌움이 더 많이 두어진다. 흑은 2,4로 붙여 늘어 백을 가르게 되는데....

DIA. 03

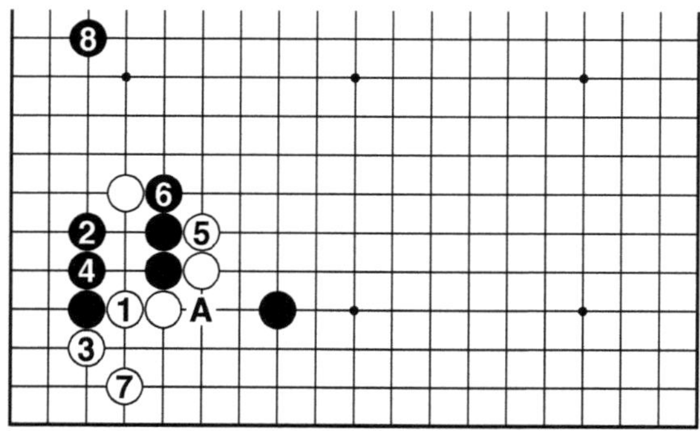

Fortsetzung
정석 이후 변화

Mit Weiß 1 und Schwarz 2 wird das Jeongseok fortgesetzt. Erst Weiß 3 und dann Weiß 5 sind die korrekte Zugfolge. Verzichtet Weiß auf 5, dann ist ein schwarzer Schnitt auf A sehr schmerzlich. Nach Schwarz 8 ist das Ergebnis ausgeglichen.

백1 치받음에 흑2의 한칸뜀이 정수. 백3에 막고 5로 미는 수순이 중요. 백5를 교환하지 않으면 흑A로 백 한점이 끊긴다. 흑8까지 그나마 간단한 절충.

DIA. 04

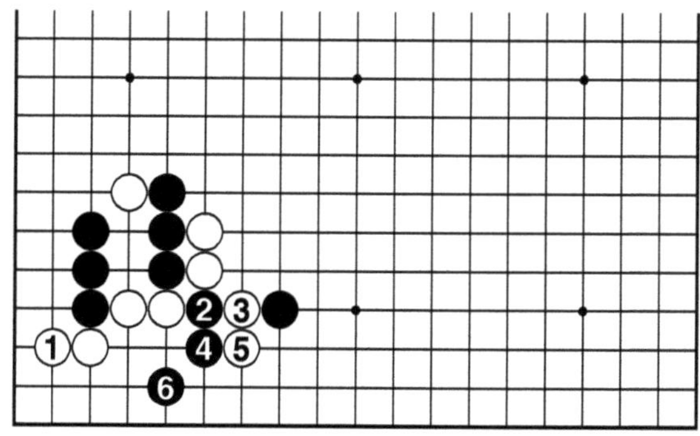

Strecken und Schneiden
귀 뻗음

Wenn die Treppe für Weiß läuft, dann ist das Strecken auf 1 ein starker Zug. Auch wenn die Treppe nicht für Schwarz läuft, kann Schwarz den Schnitt mit 2 bis 6 spielen.

백1의 뻗음은 축이 유리할 때 쓰는 강력한 수법. 흑은 축이 불리해도 2처럼 끊어갈 수 있는데....

DIA. 05

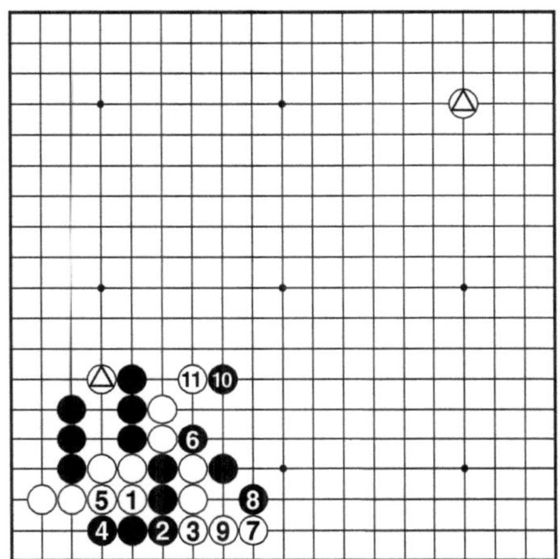

Treppe
축 관계

Weiß 1 und 3 sind die korrekte Reihenfolge. Weiß 7 als Antwort auf Schwarz 6 ist wichtig. Weiß 11 ist eine geniale Lösung, denn die markierten Steine dienen als Treppenbrecher.

백1은 3으로 막기 위해 필요한 교환. 흑6에 끊었을 때 백7의 아래 한칸 뜀에 유의. 흑10의 장문에 백11이 유일한 탈출구로 우상귀, 좌하귀 △가 절묘하게 축머리이다.

DIA. 06

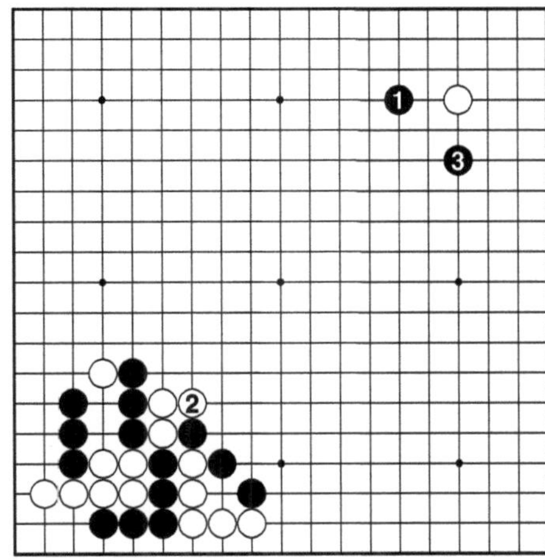

Variante
변화

Schwarz kann auch einen Treppenbrecher in der rechten oberen Ecke spielen. Nun folgt ein komplizierter Kampf.

전도 흑10으로는 축머리를 이용할 수 있다. 우상귀 흑1 걸침에 백은 보강이 필요. 흑3으로 양걸침 해 쌍방간 어려운 싸움이 예상된다.

DIA. 07

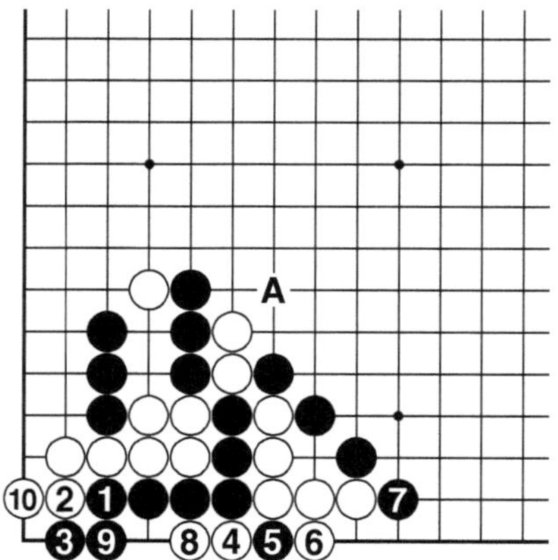

Variante
변화

In dieser Variante opfert Schwarz die Ecke für Außeneinfluss. Nach Weiß 10 kann er entweder auf A spielen oder einen anderen interessanten Punkt auf dem Brett wählen.

흑은 축머리 대신 흑 다섯점을 이용할 수도 있다. 백10까지가 흑이 귀를 버릴 때 쓰는 수법. 이후 흑A로 중앙을 막거나 뒷맛을 노린 채 방향을 전환할 수 있다.

DIA. 08

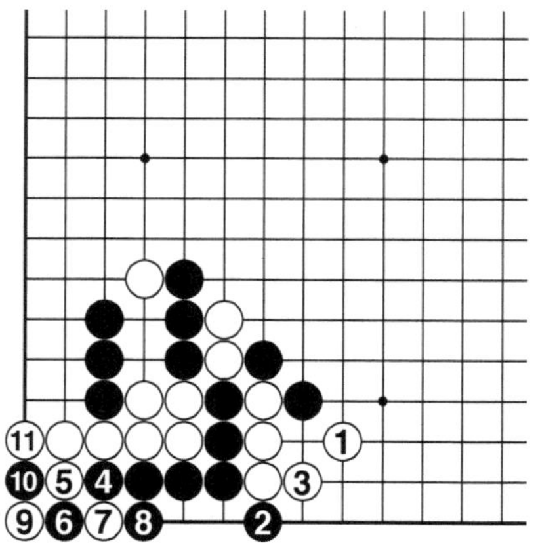

Desaster für Weiß
백, 큰일남

Weiß 1 ist ein Fehler. Das Umbiegen mit Schwarz 2 ist Vorhand und nach Weiß 11 gibt es ein großes Ko (Pae).

5도의 백7로 한칸 위로 뛰는 것은 위험한 발상. 흑2의 젖힘이 선수로 흑이 한수 늘어난다. 백11까지 패가 나 망한 모습.

A11. JEONGSEOK (정석)

3-4-PUNKT-JEONGSEOK – ANGRIFF MIT DEM RÖSSELSPRUNG

소목 날일자 낮은 걸침

Grundstellung

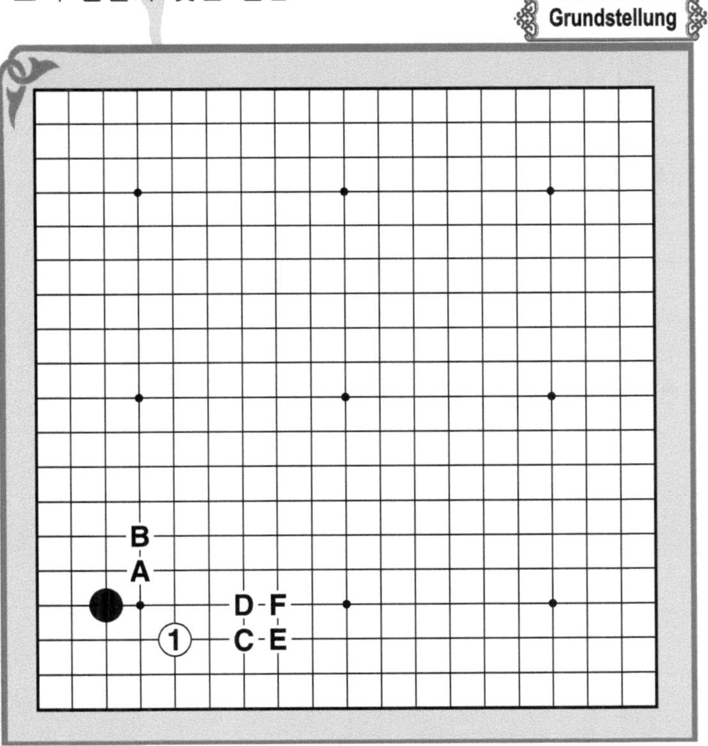

Dieser Angriff gegen den 3-4-Stein war früher sehr populär. Schwarz kann für seine Reaktion einen der Punkte A bis F wählen. Studieren Sie die Varianten dieses grundlegenden Jeongseoks!

날일자 걸침은 정석의 역사가 가장 오래된 수로 옛 기보에서 흔히 찾아 볼 수 있다. 흑의 응수가 A-F까지 다양한데 기본형만 알아보기로 하자.

DIA. 01

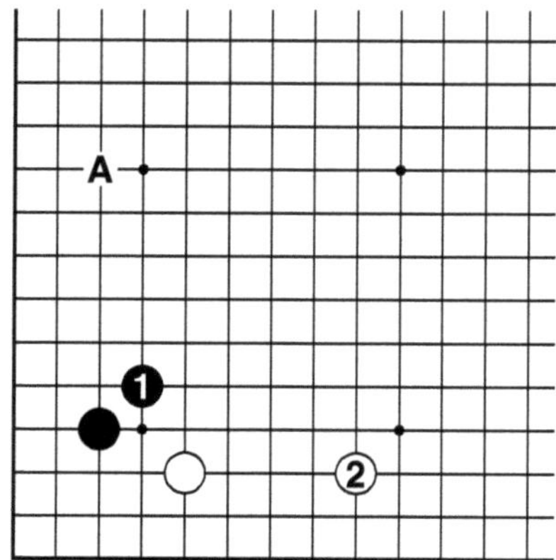

Einfaches Jeongseok
기본정석

Schwarz 1 ist die einfachste Variante des Jeongseoks. Die weiße Ausdehnung mit einem 3-Punkte-Sprung ist normal. Später kann Schwarz sich auf A ausdehnen.

흑1의 마늘모가 가장 쉽고 간명한 대응. 슈사쿠가 애용했던 이 수는 고대에서부터 지금까지 변함없이 쓰여지고 있다. 백2로 세칸벌림이 보통이며 흑은 A로 벌리거나 손을 빼게 된다.

DIA. 02

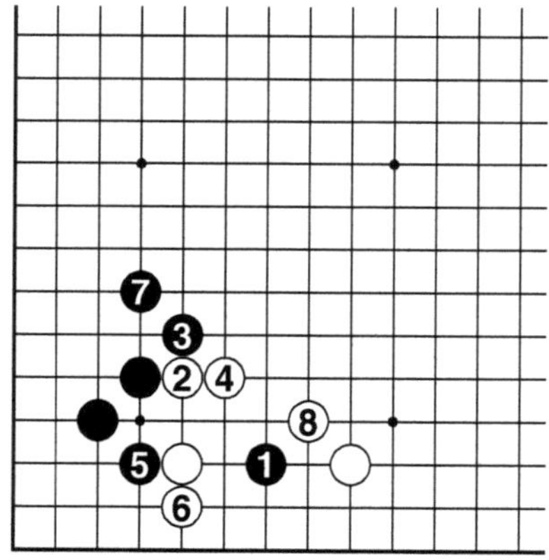

Invasion
침입 이후

Auf die Invasion mit Schwarz 1 hält Weiß das Anlegen mit 2 parat. Die Sequenz bis 8 ist ein normales Jeongseok.

세칸벌림을 두려워하지 말라! 흑1의 침입에는 백2가 준비되어 있다. 흑이 자신의 돌을 돌보는 동안 백은 8로 지켜 문제없다.

DIA. 03

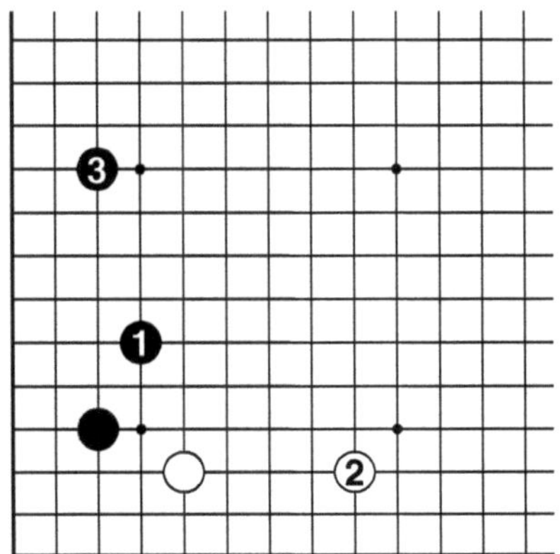

Jeongseok 2
장석 2

Schwarz 1 und 3 sind ebenfalls eine einfache und weit verbreitete Jeongseok-Variante.

흑1의 날일자는 마늘모보다 유연한 대신 견고함은 적다.

DIA. 04

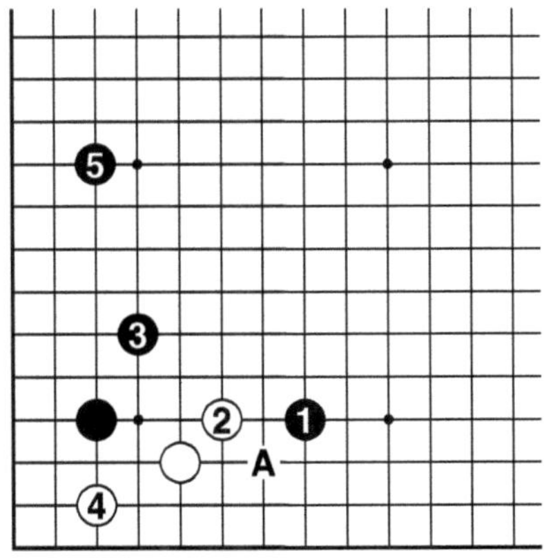

Altes Jeongseok
구형정석

Schwarz 1 wurde früher gern gespielt. Heute hält man diesen Zug für etwas zu langsam, daher ist er fast verschwunden. Schwarz A ist ein Schlüsselpunkt, um die weißen Steine später anzugreifen.

흑1의 두칸높은 협공은 60-70년대에 전성기를 누렸던 정석으로 현대에 와서는 느리다는 이유로 잘 안 두어다. 흑5까지가 기본형으로 이후 흑은 A로 압박해 가는 수가 좋다.

DIA. 05

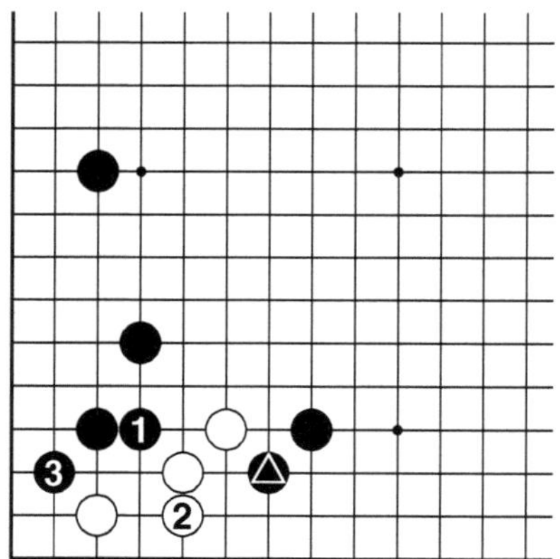

Schlüsselpunkt
공격의 급소

Ignoriert Weiß den markierten Stein, dann greift Schwarz mit 1 an. Nach Schwarz 3 steckt Weiß in großen Schwierigkeiten.

▲에 백이 손을 뺀다면 흑1이 공격의 급소. 백2의 수비가 최선이나 흑3으로 전체를 위협할 수 있다.

DIA. 06

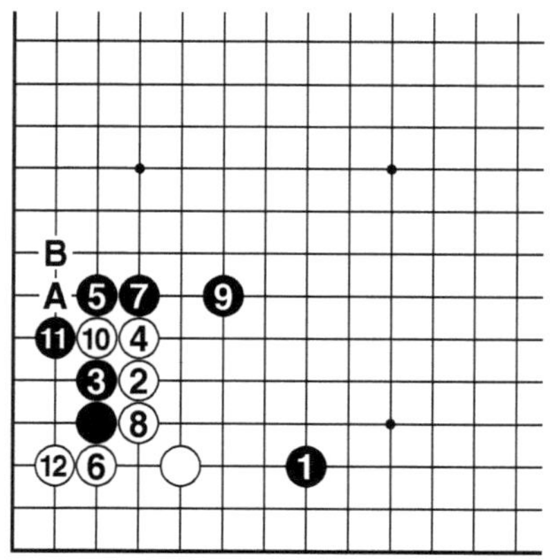

Moderne Variante
현대정석- 낮은 세칸협공

In Korea wird gern Weiß 2 gespielt. Statt Weiß 12 kann Weiß auch mit dem Abtausch Weiß A und Schwarz B Vorhand nehmen.

낮은 세칸협공에 백2로 씌움은 최근 한국에서 유행했던 정석. 백12로는 백A, 흑B를 교환한 후 선수를 잡을 수도 있다.

A12. JEONGSEOK (정석)

3-4-PUNKT-JEONGSEOK – SANFTER ANGRIFF

소목 눈목자 걸침

Grundstellung

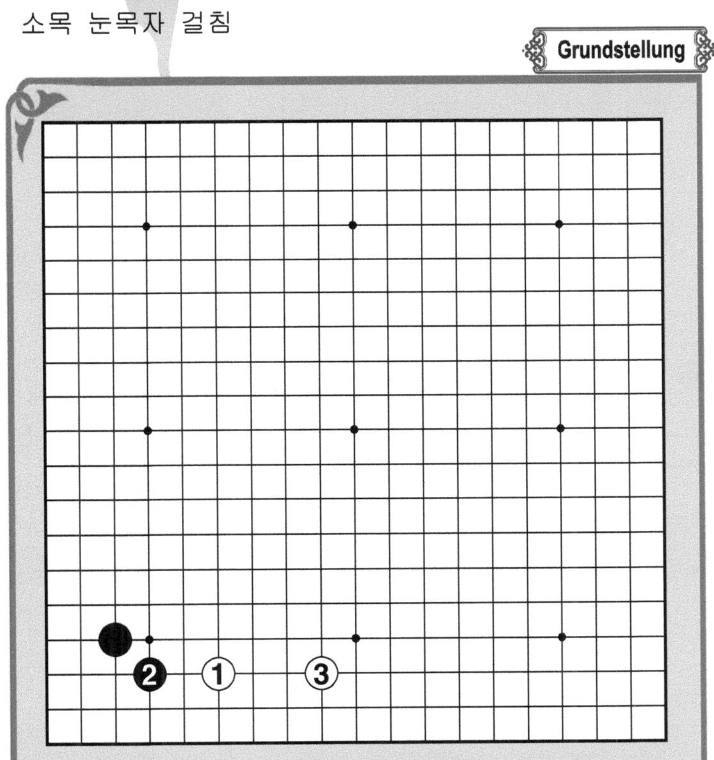

Weiß 1 ist ein sanfter Angriff gegen den 3-4-Stein, um eine starke Gegenreaktion zu vermeiden. Schwarz 2 und Weiß 3 sind normal hier. Studieren Sie die Varianten dieses Jeongseoks!

백1은 주변 배석을 고려한 완만한 걸침으로 속도를 늦추거나 급전을 피하고자 할 때 쓰인다. 흑2의 마늘모에 백3의 두칸 벌림이 견실. 어느 상황에서 눈목자 걸침이 적절한지 알아보자.

DIA. 01

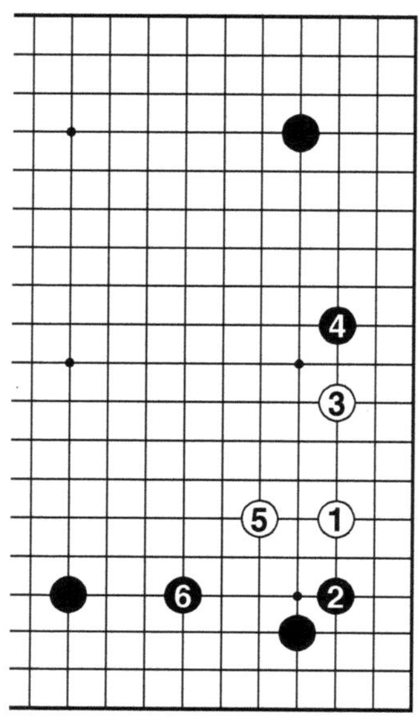

Kobayashi-Eröffnung
고바야시류 포진

Weiß 1 ist typisch in dieser Konstellation (Kobayashi-Eröffnung). Nach Schwarz 6 ist das Ergebnis ausgeglichen.

고바야시 포석으로 유명한 이 형태에서 백1은 정형화된 걸침. 흑6까지 서로 호각의 흐름.

DIA. 02

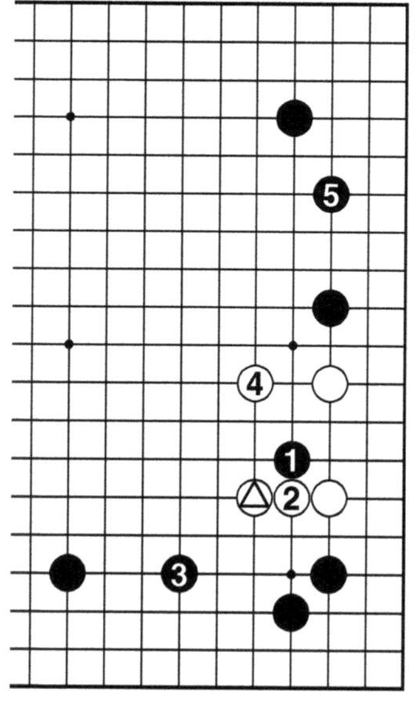

Testzug
응수타진

Nachdem Weiß den markierten Stein gespielt hat, ist Schwarz 1 eine guter Testzug. Die Sequenz bis Schwarz 5 ist Jeongseok.

△ 한칸뜀에 흑1은 선수를 잡기 위한 응수타진. 백2로 잇고 흑이 하변을 지키면 백도 4의 보강이 필요하다. 흑5까지 정석화된 수순.

DIA. 03

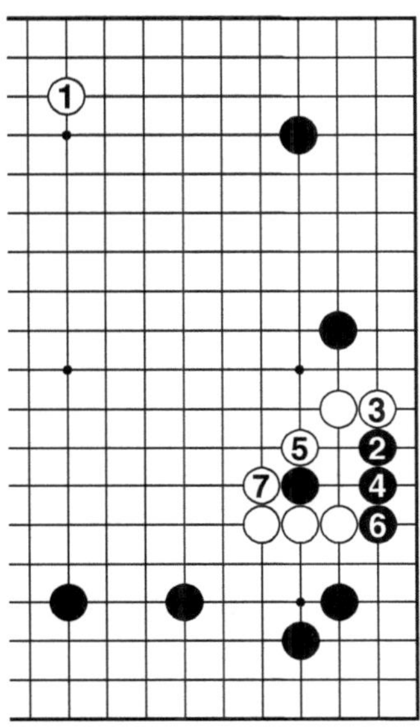

Absicht des Schwarzen
흑의 노림

Verzichtet Weiß auf 4 im letzten Diagramm, dann kann Schwarz mit 2 und 4 angreifen. Das Ergebnis nach Weiß 7 ist sehr gut für Schwarz.

전도 백4로 손을 빼면 흑2의 날일자가 통렬하다. 백3에 흑4가 침착한 응수. 흑은 백의 안형을 없애고 선수로 우변을 넘어가 대만족.

DIA. 04

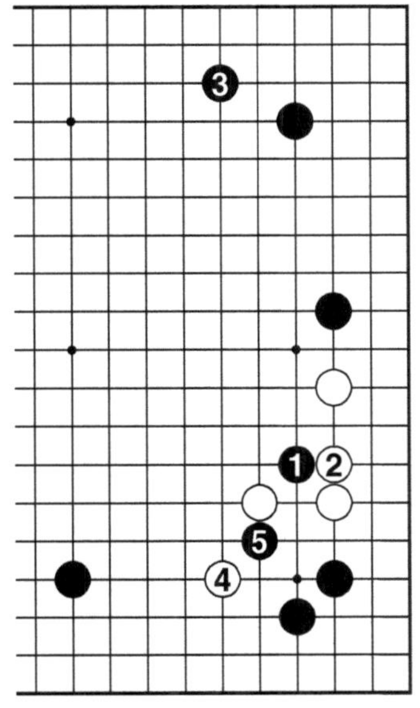

Vorhand für Schwarz
흑 선수

Weiß 2 ist auch eine Möglichkeit, auf Schwarz 1 zu antworten. Auf Weiß 4 kontert Schwarz mit 5.

흑1의 응수타진에 백2도 가능하다. 그러면 흑도 선수를 뽑아 3으로 벌릴 수 있다. 이후 백4로 갈라오는 것은 흑5가 준비되어 있다. 계속해서....

DIA. 05

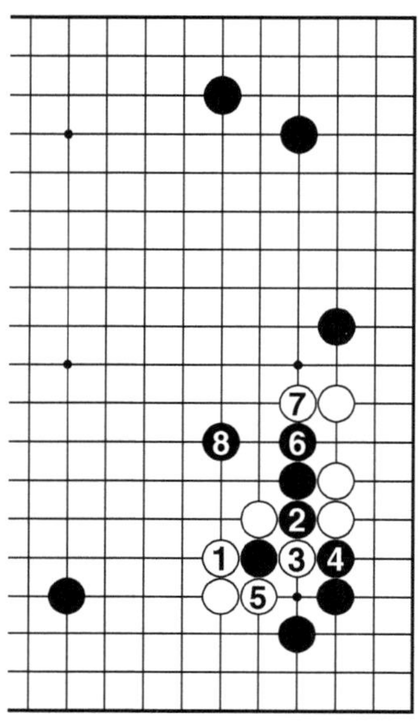

Gut für Schwarz
흑 유리한 싸움

Die hier gezeigte Sequenz ist mehr oder weniger erzwungen. Der Kampf ist gut für Schwarz.

흑8까지 쌍방 필연의 수순으로 진행되는데 백은 양쪽 대마를 수습해야 하는 부담감이 있어 곤란하다.

DIA. 06

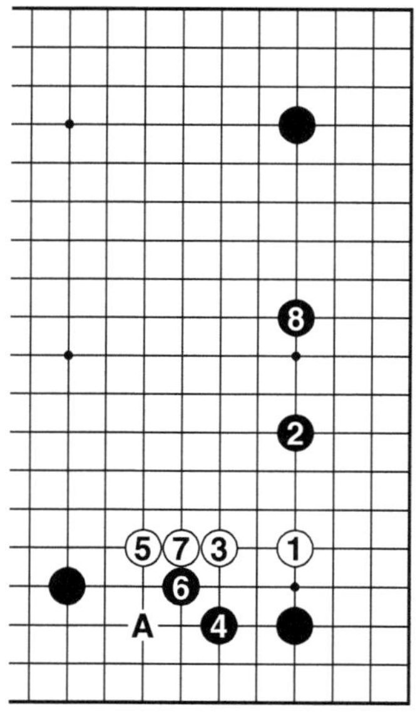

Absicht des Schwarzen
흑의 주문

Weiß 1 ist nicht gut hier. Schwarz 2 und 6 (anstatt A) nehmen Weiß die Basis und sind daher die Schlüsselpunkte im Plan des Schwarzen. Das Ergebnis nach Schwarz 8 ist gut für Schwarz.

고바야시 포진에서 백1의 걸침은 흑2의 협공을 당해 좋지 않다. 백3, 5로 될 때 흑은 A에 받지 않고 6으로 들여다 보는 것이 포인트. 흑8까지 흑이 양쪽을 차지해 성공한 모습.

A13. JEONGSEOK (정석)

SCHULTERZUG – FOKUS AUF EINFLUSS

세력을 의식한 어깨 짚음

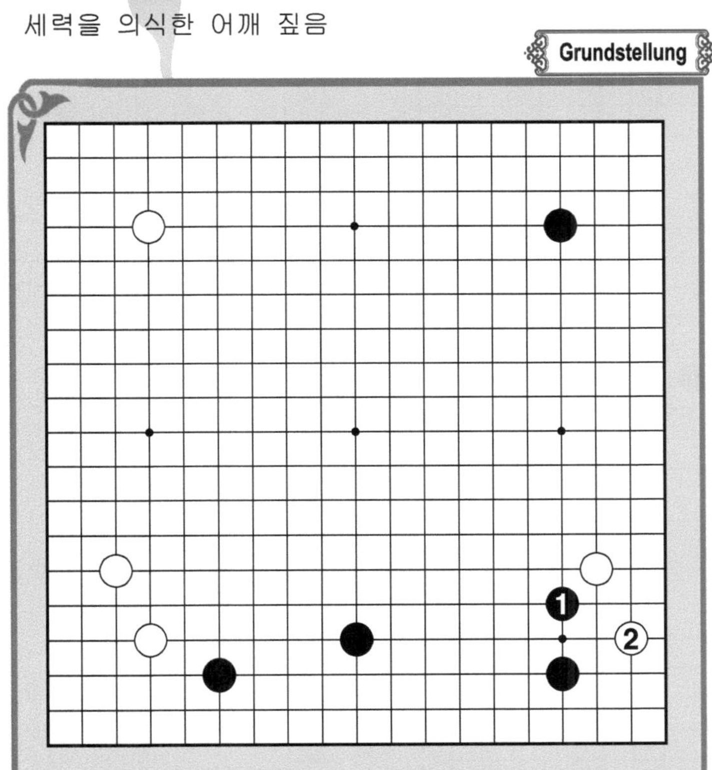

Schwarz legt mit dem Zug 1 auf die weiße Schulter Wert auf den unteren Brettrand. Neuerdings wird daraufhin häufig Weiß 2 gespielt.

백의 완만한 걸침에 흑1은 하변을 키우고자 할 때 쓰는 전법. 다음 백은 2로 귀를 파고 드는 것이 최근 경향.

DIA. 01

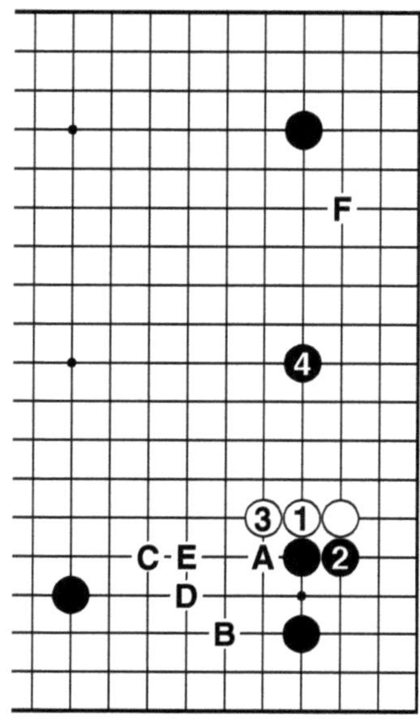

Weiß ist zu langsam
백 발이 느림

Weiß 1 ist die alte Art, das Jeongseok zu spielen. Das schwarze Einklemmen mit 4 ist ein sehr guter Zug. Weiß hat danach die freie Wahl, auf einem der Punkte A bis F fortzusetzen. Das Jeongseok ist eine sehr aktive Spielweise für Schwarz.

백1로 미는 것은 구형으로 흑4의 협공이 좋아 최근에는 사라지고 있는 추세. 이후 A-F 수순이 예상되는데 흑이 활발하다.

DIA. 02

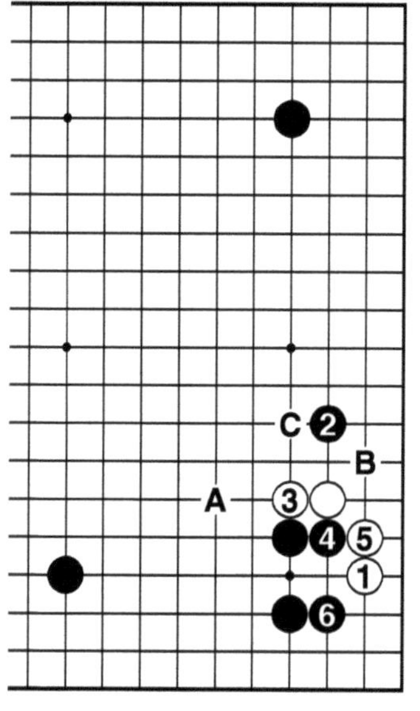

Drei mögliche Antworten
세가지 갈림길

Schwarz 2 ist eine übliche Antwort auf Weiß 1. Die Fortsetzung mit Schwarz 4 und 6 ist ruhig und gut. Nun hat Weiß drei Möglichkeiten: A, B oder C.

백1의 날일자에 흑2의 협공이 가장 보편적이다. 백3으로 머리를 내밀 때 흑4,6이 침착한 대응. 이후 백은 A-C 세가지 응수를 생각할 수 있다.

DIA. 03

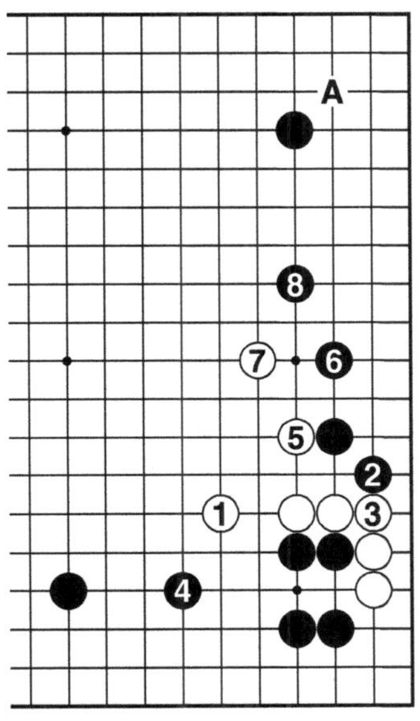

Jeongseok 1
Ein-Punkt-Sprung
정석 1 - 한칸 뜀

Wählt Weiß den Zug auf 1, dann muss er Schwarz 2 zulassen, was unangenehm ist. Nach Schwarz 8 ist das Ergebnis ausgeglichen und Weiß wird auf A invadieren.

백1로 뛰는 것이 제일감. 그러나 흑2의 들여다봄 한방이 아프다. 흑8까지 호각으로, 이후 백은 A의 3.3에 침입하는 것이 보통이다.

DIA. 04

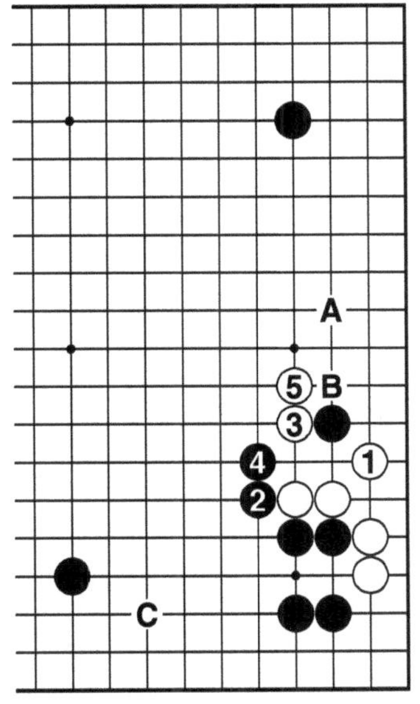

Jeongseok 2
Moderne Variante
정석 2 - 현대형

Weiß 1 ist ebenfalls möglich. Nach der Sequenz bis Weiß 5 ist das Ergebnis ausgeglichen. Danach kann Schwarz auf A spielen (Weiß muss auf B verteidigen) und Weiß zielt auf eine Invasion auf C.

백1로 흑의 들여다봄을 방지하는 것도 한가지 방법. 백5까지 최근 보편적으로 두어지는 형태. 흑은 A의 선수활용 (백B의 응수가 필요)이 듣고, 백은 C로 침입하는 맛이 있다.

DIA. 05

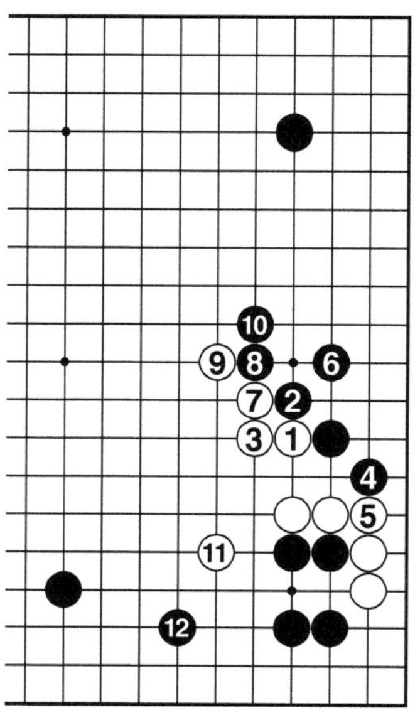

Jeongseok 3
Neueste Variante
정석 3 – 최신형

Das Anlegen mit Weiß 1 ist die neueste Variante dieses Jeongseoks. Die Abfolge bis Schwarz 12 ist für beide Seiten spielbar.

백1의 붙임은 최근 연구된 수로 12까지의 절충은 서로 해볼 만하다.

DIA. 06

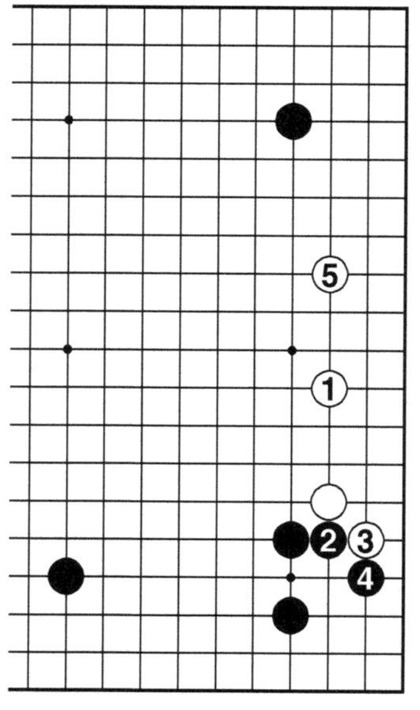

Leichte Entwicklung
가볍게

Auf den schwarzen Schulterzug in der Grundstellung kann Weiß auch eine einfache Ausdehnung auf 1 spielen. Nach Schwarz 2, Weiß 3 und Schwarz 4 ist Weiß 5 eine leichte und gute Entwicklung.

정석이 복잡하다면 백1로 벌려 전환하는 것도 가능하다. 흑이 막을 때 백5로 한번 더 벌려 가볍게 처리한다.

A14. JEONGSEOK (정석)

GEGENKLEMMEN – FOKUS AUF DEN RECHTEN RAND

변을 중시한 한칸 협공

Grundstellung

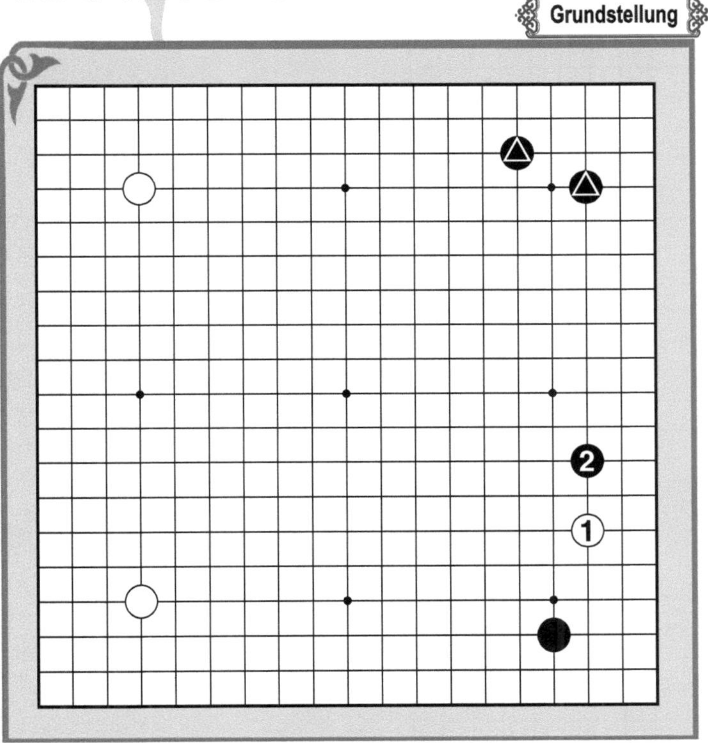

Das Einklemmen mit Schwarz 2 legt den Fokus auf den rechten Brettrand. Dieser Zug wird gewöhnlich dann gewählt, wenn Schwarz eine starke Stellung in der rechten oberen Ecke hat.

백1의 걸침에 흑2 협공은 우상귀에 응원군 ▲ 가 있을 때 쓰는 것이 일반적이며 우변을 중시하겠다는 의도이다.

DIA. 01

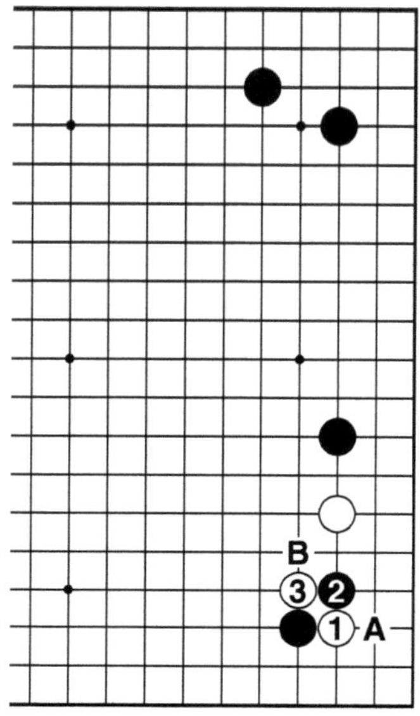

Welchen Zug zuerst?
어느 쪽이 먼저?

Weiß 1 und Schwarz 2 beginnen das Jeongseok. Aber dann, wie soll Schwarz mit 3 fortsetzen? Mit A oder B?

백1로 붙여가고 흑2로 젖히는 것이 정석의 시작. 여기서 흑은 A, B 중 어느 한쪽을 단수 치게 되는데.... 어느 쪽이 먼저일까?

DIA. 02

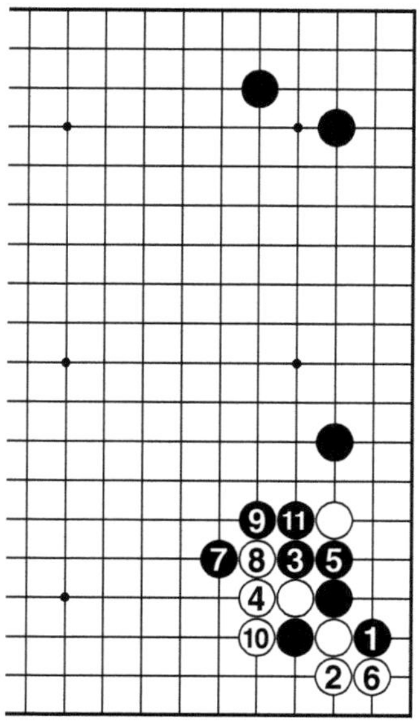

Jeongseok
정석

Schwarz 1 ist richtig und die Entwicklung bis Schwarz 11 ist ausgeglichen und Jeongseok.

밑으로 먼저 단수치는 것이 옳은 수순. 백6으로 귀를 막을 때 흑7로 씌워 중앙을 막아 실리 대세력으로 호각.

DIA. 03

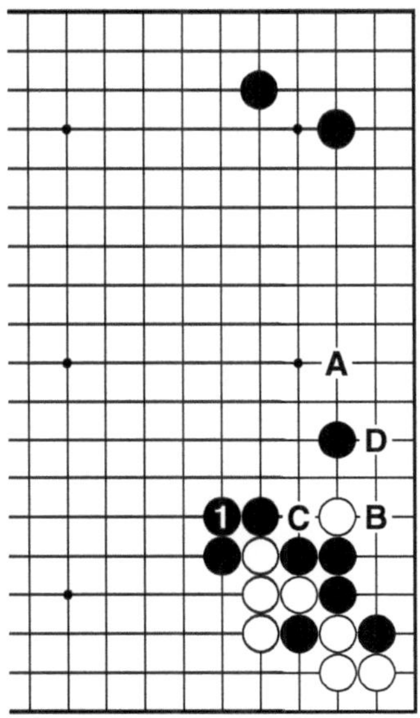

Altes Jeongseok
구형 정석

Schwarz 1 ist altmodisch. Ein weißer Zug auf A ist fast Vorhand, denn er zielt auf die Abfolge Weiß B, Schwarz C und Weiß D ab.
Eine weitere Option für Schwarz 1 ist, den Schnitt auf C sofort zu spielen.

전도 흑11로 중앙을 잇는 것은 구형을 우변에 맛이 고약하다. 백A에 다가선 후 B-D로 넘어가는 맛이 남는다. 또는 C로 끊어 싸우는 것을 노릴 수 있다.

DIA. 04

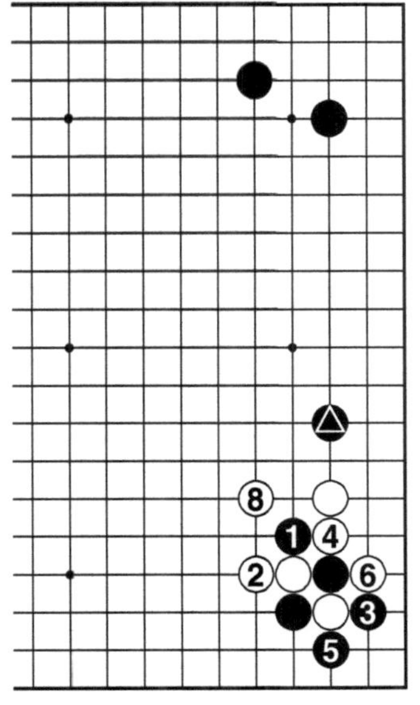

Falsche Reihenfolge
흑 수순탁오

Schwarz 1 ist falsch, denn Weiß kontert auf Schwarz 3 mit dem Schnitt auf 4. Das Ergebnis nach Weiß 8 (Schwarz 7 deckt) ist schlecht für Schwarz. Der markierte Stein steht zu nah an der weißen Stärke.

흑1로 먼저 단수치는 것은 흑3때 늘지 않고 백4로 끊어 흑 한점을 잡는다. ▲ 한점이 강한곳에 접근해 있어 좋지 않다. 7...△

DIA. 05

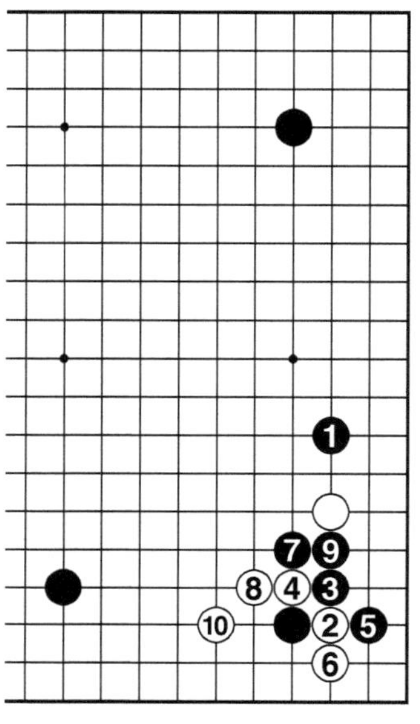

Schlechte Wahl
정석 실패

In der Kobayashi-Eröffnung ist dieses Jeongseok eine schlechte Wahl. Weiß 10 besetzt den Schlüsselpunkt für gute Form.

고바야시 포진에서 이 정석은 흑의 잘못된 선택이다. 흑9 다음 백은 쉽게 10으로 안형을 갖춰 흑의 포진을 무너뜨리고 있다.

DIA. 06

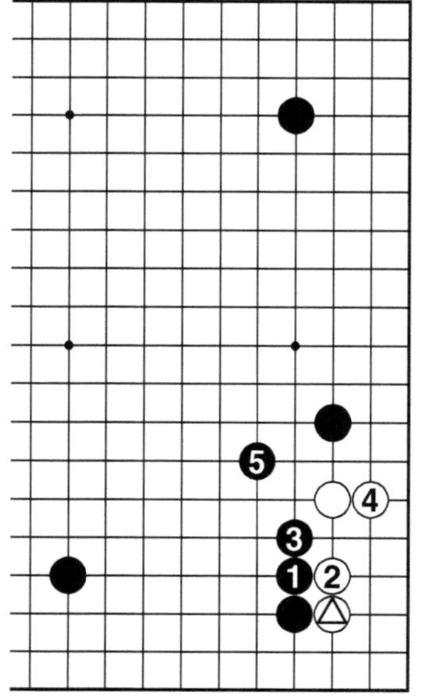

Alternative
방향전환

Schwarz 1 als Antwort auf den markierten Stein ist auch möglich. Die Abfolge bis Schwarz 5 entspricht einem 4-4-Punkt-Jeongseok.

△붙임에 흑은 1로 가만히 늘어 화점정석으로 전환하는 것도 가능하다.

Eröffnung

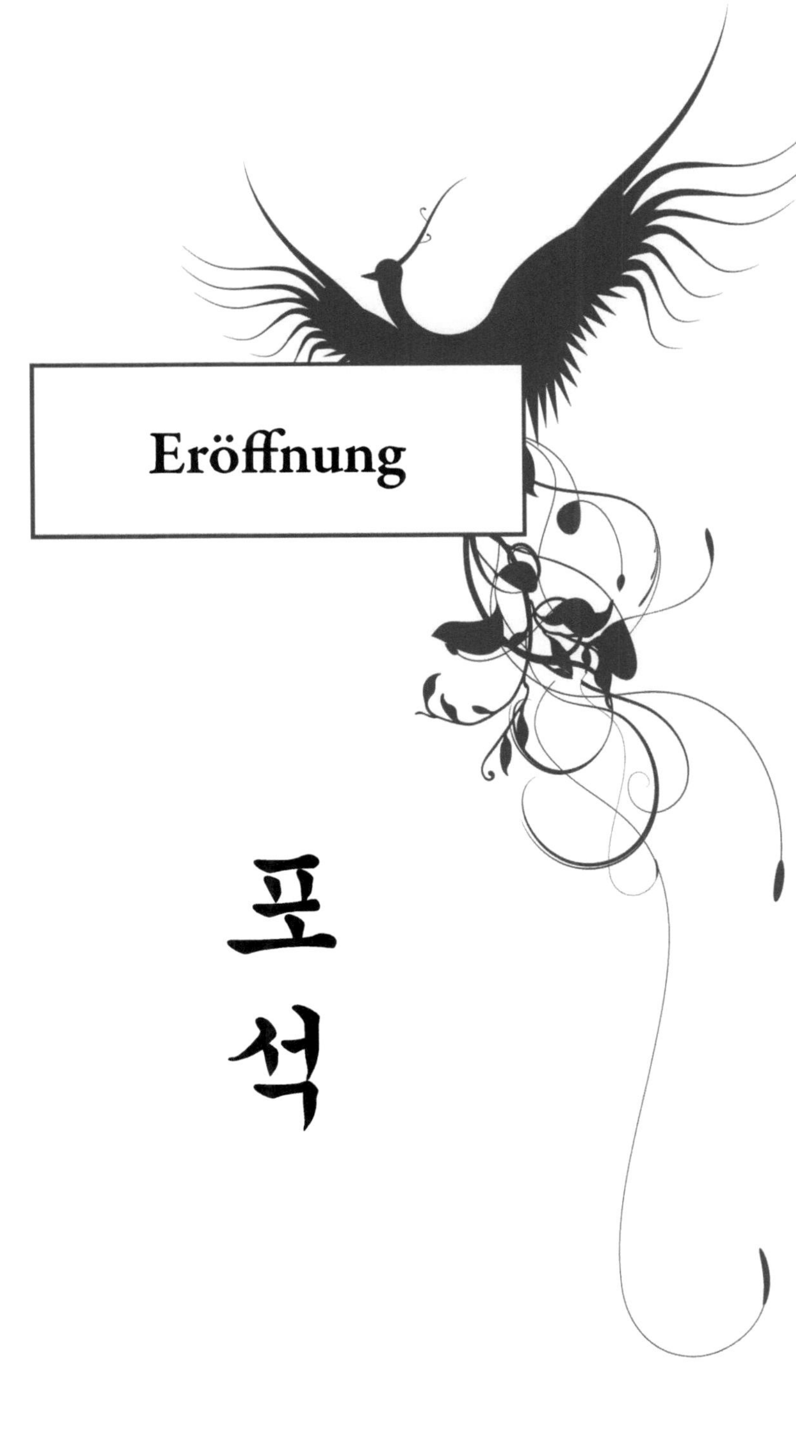

포석

B1. ERÖFFNUNG (포석)

ANNÄHERUNG – VON DER WEITEN SEITE

걸침- 넓은 쪽에서 걸쳐라!

Grundstellung

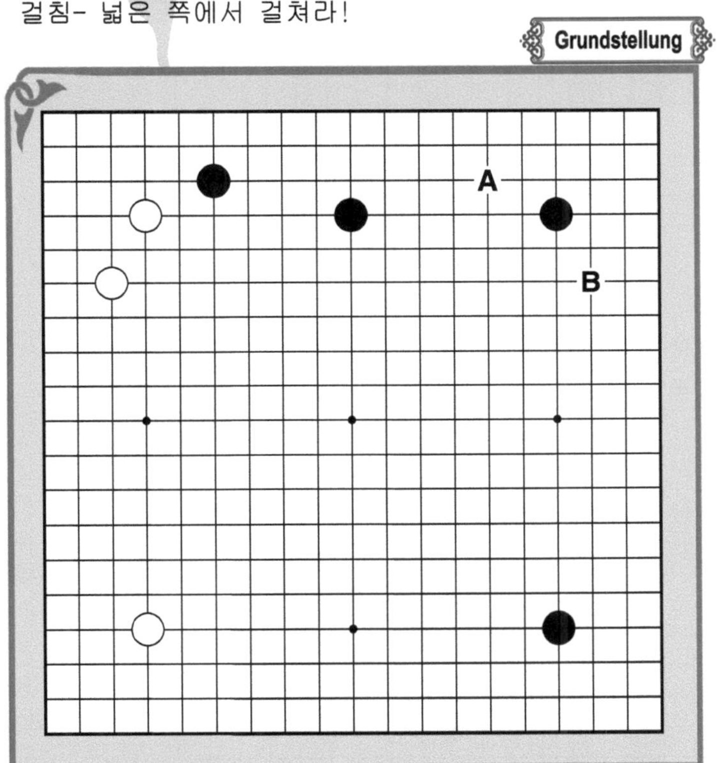

Weiß am Zug. Welcher Zug ist in dieser Stellung richtig: A oder B?

백차례. 백이 우상귀에 걸친다면 A와 B중 어느 쪽일까?

DIA. 01

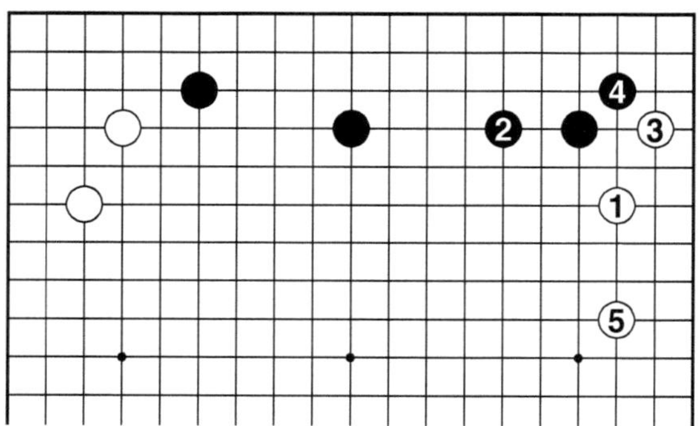

Richtige Richtung
옳은 방향

Weiß 1 ist der richtige Zug und nach dem Jeongseok bis Weiß 5 ist das Ergebnis ausgeglichen für beide Seiten.

넓은 쪽인 우변쪽에서 걸치는 것이 순리. 백5까지 서로 불만없는 진행이다.

DIA. 02

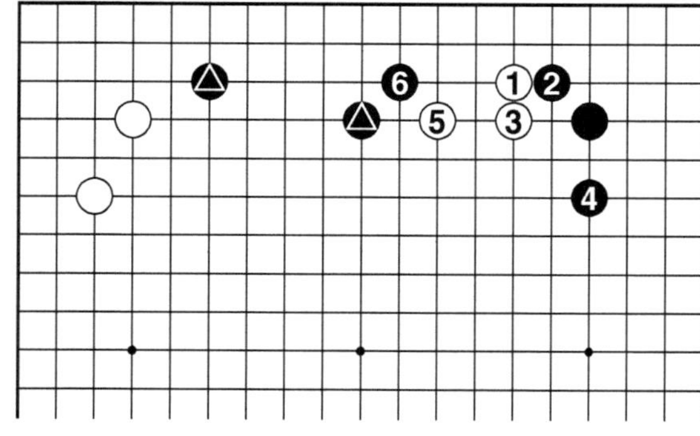

Falsche Richtung
무리한 걸침

Weiß 1 ist aufgrund der markierten Steine die falsche Richtung. Nach Schwarz 6 hat Weiß Schwierigkeiten, er hat keine Basis.

상변 ▲의 기착점들이 있는 장면에서 백1은 방향착오. 흑2는 백돌을 무겁게 만들어 공격하겠다는 의도이다. 흑6까지 백은 근거없이 쫓기는 모습.

DIA. 03

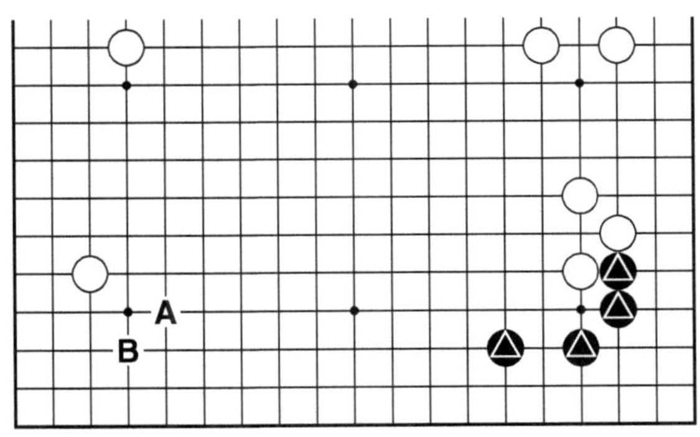

Sich nicht an den Rand drücken lassen
한쪽으로 편재되지 말라!

Schwarz am Zug. Die markierten Steine rechts stehen niedrig. Wählen Sie aus A und B den richtigen Zug!

흑차례. 우하귀 흑 돌들이 낮게 깔려 있다. 이를 고려한 걸침은?

DIA. 04

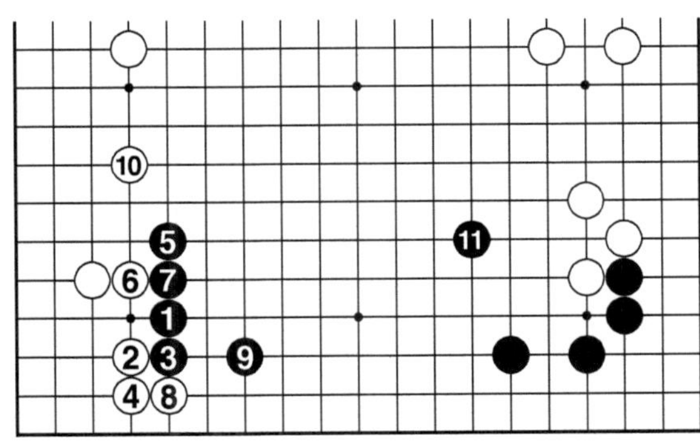

Die richtige Balance finden
균형을 고려

Schwarz 1 ist richtig. Betrachtet man die Balance der Steine, dann ist die Partie nach Schwarz 11 recht ausgewogen.

흑1의 높은 걸침이 우하귀 흑돌을 고려한 걸침. 이후 흑11로 하변을 키우는 것이 좋다.

DIA. 05

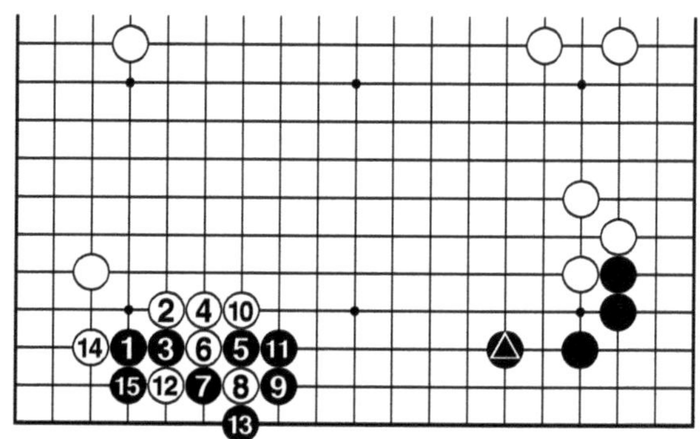

Flach gedrückt

부분에 치우침

Schwarz 1 ist nicht gut, denn Weiß drückt Schwarz mit den Zügen 2 bis 14 flach an den Rand. Die schwarze Gesamtstellung ist nun viel zu niedrig.

흑1의 낮은 걸침은 백2로 눌림을 당해 좋지 않다. 흑돌들이 3선으로 낮게 깔려 발전성이 없다.

DIA. 06

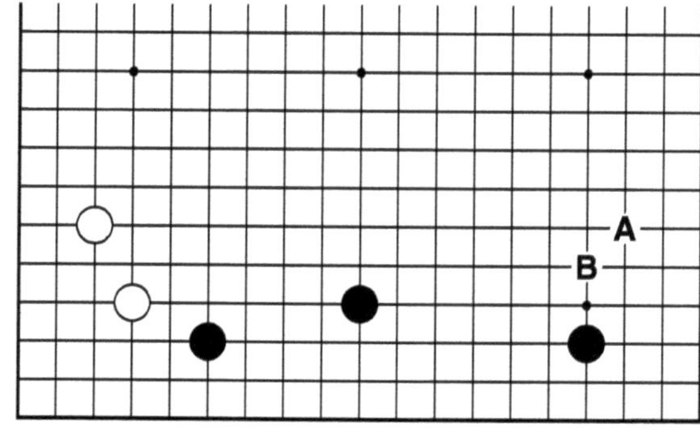

Der gegnerischen Stärke nicht zu nah kommen

상대바이 강하면 가까이 가지 말라!

Weiß am Zug. Welcher Zug ist die richtige Annäherung in der Kobayashi-Eröffnung: A oder B?

백차례. 고바야시 포석에서 백의 올바른 걸침은?

DIA. 07

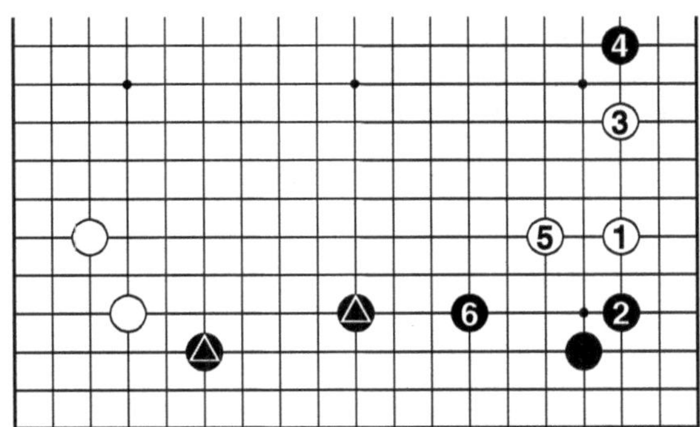

Richtige Antwort
완만한 걸침

Weiß 1 ist hier mit den markierten Steinen der flexiblere Zug. Nach der Sequenz bis Schwarz 6 ist das Ergebnis ausgeglichen.

하변 ▲이 포진되어 있는 고바야시 포석에서 백1의 완만한 걸침이 유연한 착상. 흑6까지 쌍방 불만 없다.

DIA. 08

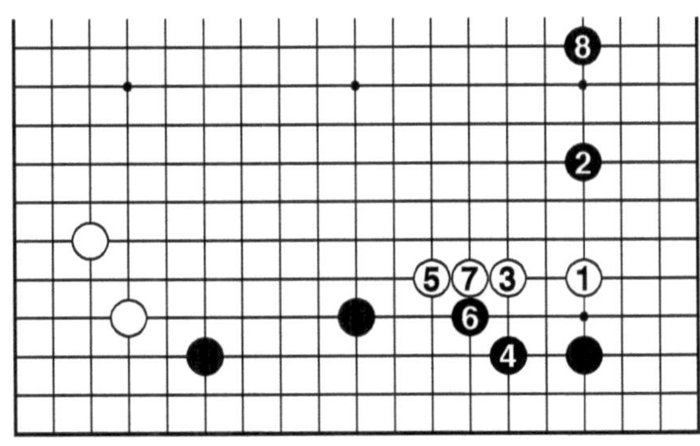

Ungeduldig
급한 걸침

Weiß 1 ist nicht gut, denn nach Schwarz 8 hat sich Schwarz auf beiden Seiten positionieren können. Zudem hat die weiße Gruppe noch keine sichere Basis.

백1의 걸침은 협공을 당해 좋지 않다. 백5의 흑6이 기민한 수로 흑8까지 흑이 양쪽을 차지해 성공.

B2. ERÖFFNUNG (포석)

AUSDEHNUNG – MITTE DER EINFLUSSSPÄHREN

벌림- 마주보는 중앙이 급소

Grundstellung

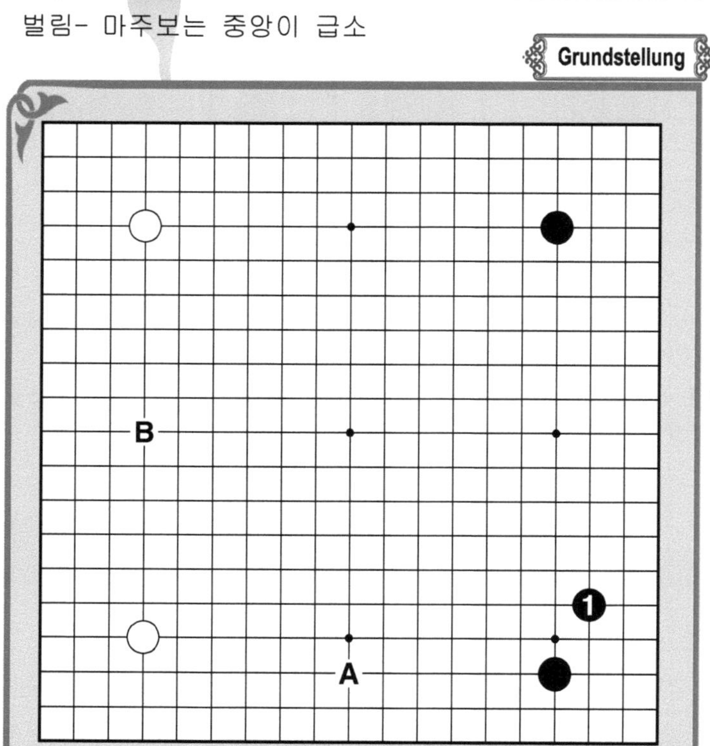

Weiß am Zug. Schwarz hat die rechte untere Ecke mit einem zweiten Stein auf 1 eingeschlossen. In welche Richtung sollte sich Weiß ausdehnen: auf A oder auf B?

백차례. 흑1로 우상귀를 굳힌 장면이다. 백은 어느 쪽으로 벌려야 할까?

DIA. 01

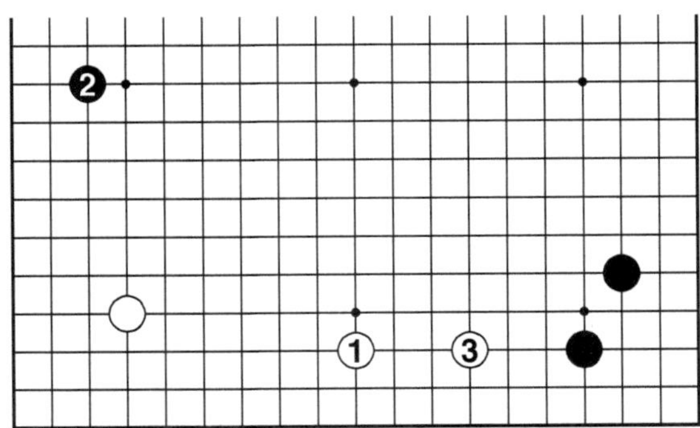

Den Einfluss einschränken
흑 견제

Der schwarze Eckeinschluss weist in Richtung des unteren Brettrandes. Daher sind Weiß 1 und 3 sehr gute Züge, um den Einfluss von Schwarz einzuschränken.

흑의 귀굳힘이 하변을 바라보고 있으므로 백은 마주보고 있는 중앙을 차지하는 것이 급소. 흑2로 갈라치면 백3으로 벌리는 것 역시 절호점.

DIA. 02

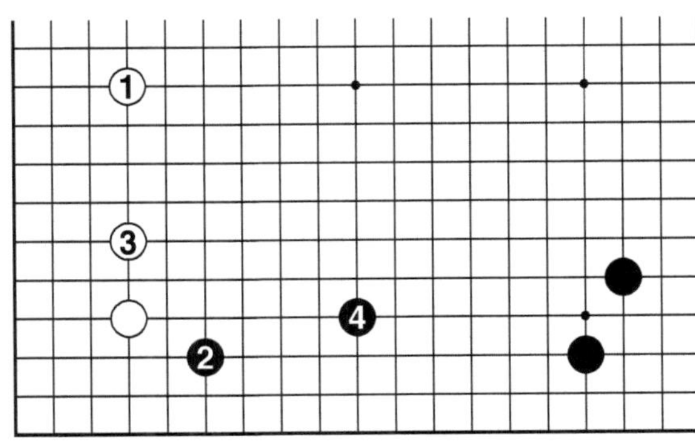

Den eigenen Weg gehen?
자신의 길을 간다?

Weiß 1 ist nicht so gut, denn Schwarz 2 und 4 formen ein ideales Moyang.

백1로 좌변에 3연성을 펼치는 것은 하변 흑 모양이 이상적으로 확장되어 좋지 않다.

DIA. 03

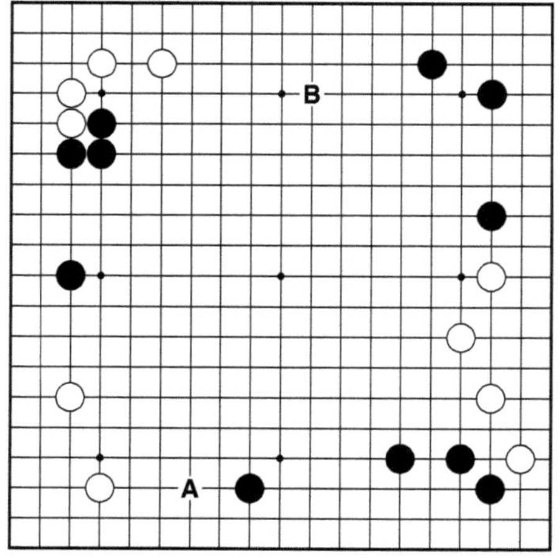

Immer an den nächsten Zug denken!
벌림에는 다음 수를 고려하라!

Weiß am Zug. Wählen Sie die richtige Antwort aus der weiten Ausdehnung auf B und der kurzen Ausdehung auf A!

백차례. 좁은 벌림과 넓은 벌림 중 어느 쪽이 더 가치가 있을까?

DIA. 04

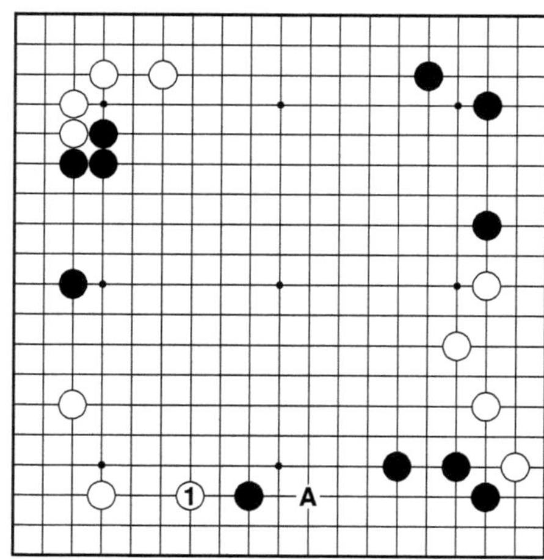

Zwei Fliegen mit einem Stein schlagen
일석이조

Weiß 1 ist zwar die kurze Ausdehnung, aber dieser Zug ist der richtige, denn er ist fast Vorhand. Ignoriert Schwarz den Zug, dann kann Weiß auf A invadieren.

백1의 두칸 벌림은 좁아 보이지만 아주 큰 곳이다. 다음 흑이 손을 빼면 백A의 침입이 강력하기 때문.

DIA. 05

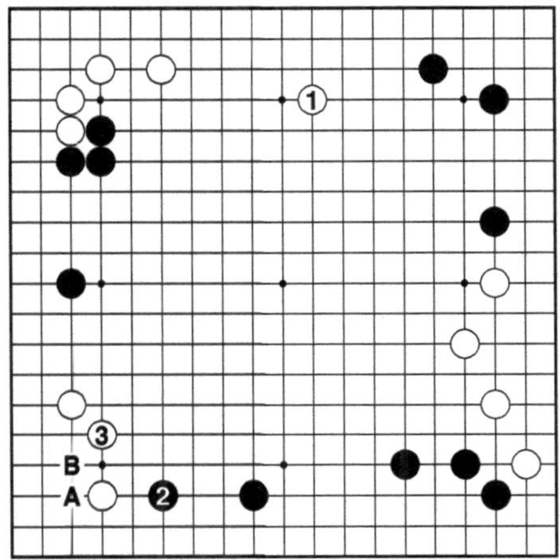

Einfache Ausdehnung
단순한 벌림

Weiß 1 ist groß, aber Schwarz 2 ist so gut wie Vorhand, da er eine Invasion auf A oder B androht.

백1은 단순한 큰 자리. 반면 흑2의 벌림은 반 선수로 백3으로 지키지 않으면 A, B로 침입해 간단히 수가 난다.

DIA. 06

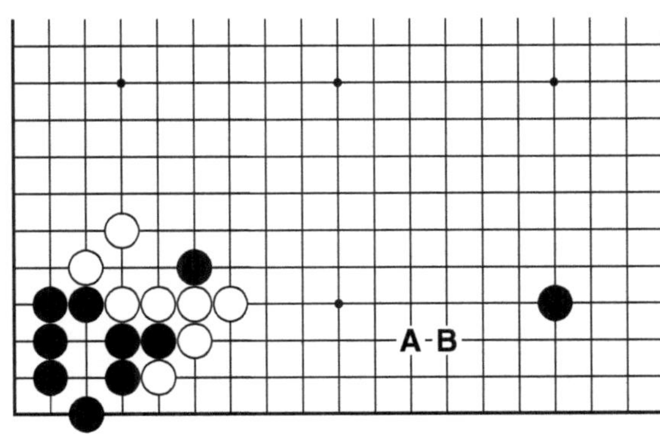

Nicht zu nah an die gegnerische Wand!
상대 강한 곳에
가까이 가지 말라!

Schwarz am Zug. Welche Ausdehnung ist hier richtig: A oder B?

흑차례. 하변 백을 견제하려고 한다. 적절한 벌림은?

DIA. 07

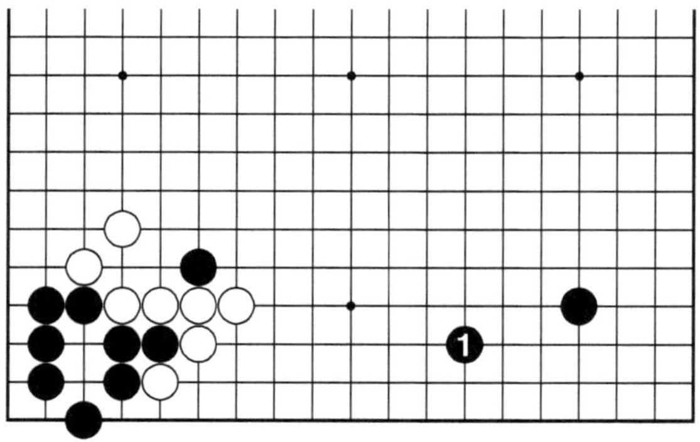

Richtige Antwort
적절한 견제

Schwarz 1 ist die richtige Ausdehnung in dieser Situation.

좌하귀 백의 위력을 감안할 때 흑1이 적절한 벌림이다.

DIA. 08

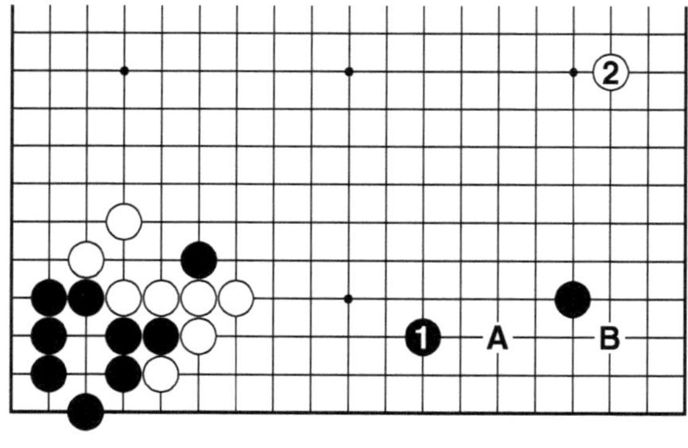

Zweifelhaft
어정쩡함

Die weite Ausdehnung auf Schwarz 1 ist nicht gut hier, denn Weiß kann später auf A oder B invadieren.

한칸 더 벌리는 것은 백A, B 등으로 변과 귀를 침입하는 수가 있어 허술하다. 이런 어정쩡한 수는 피하는 것이 좋다.

DIA. 09

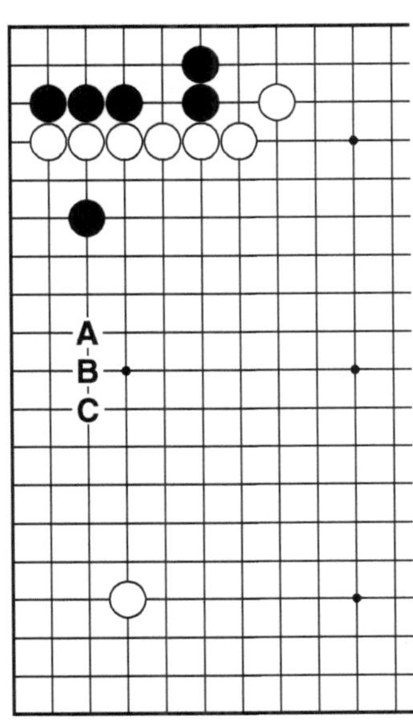

In der Gegend des Gegners spiele leicht
상대방의 진영에서는 가볍게 움직여라!

Schwarz am Zug. Weiß verfügt über eine sehr starke Stellung in der oberen Ecke. Welche Ausdehnung ist hier angebracht: A, B oder C?

흑차례. 좌상쪽에 백의 철벽이 구축되어 있는 이 장면에서 흑의 벌림은?

DIA. 10

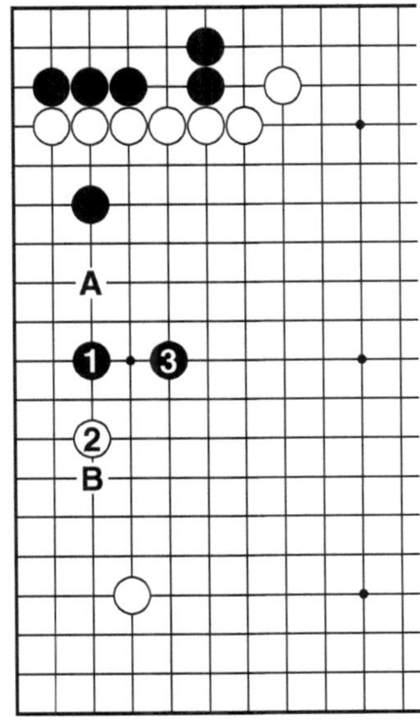

Leichte Form
가볍게

Schwarz 1 ist hier die richtige Ausdehnung.Der Sprung auf Schwarz 3 ist als Antwort auf Weiß 2 ein guter Zug. Springt Weiß mit 2 mitten in die Ausdehnung auf A, dann dehnt sich Schwarz auf B aus.

흑1은 허술해 보이지만 양쪽을 맞본 수. 백2에는 흑3으로 폴짝 달아나며 백 세력을 견제하고, 백A로 갈라오면 흑B로 벌려서 만족이다.

DIA. 11

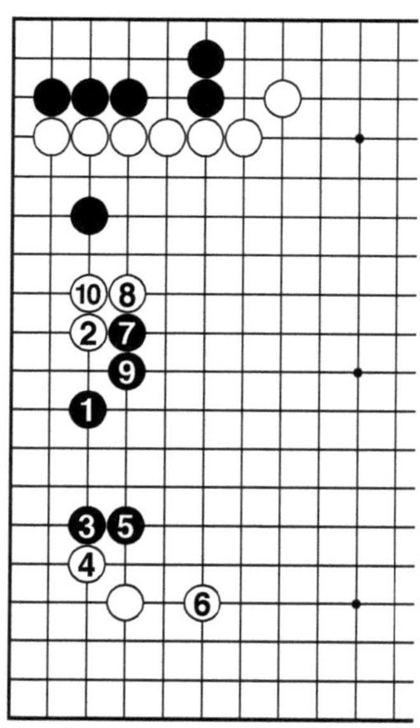

Einen Punkt weiter
한칸 더

Schwarz 1 ist ein geschickter Zug, denn nun sind Weiß 2 und Schwarz 3 Matbogi. Die Züge Schwarz 7 und 9 reduzieren erfolgreich den weißen Einfluss.

흑1로 한칸 더 벌리는 것은 전략적인 수. 백2로 뛰어들면 흑3으로 벌린 후 7,9로 백세를 줄이겠다는 의도이다.

DIA. 12

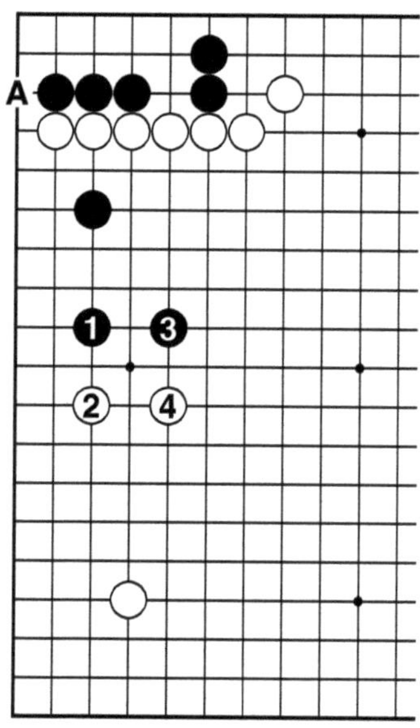

Schwere Form
무거움

Schwarz 1 macht eine zu schwere Form. Weiß 2 und 4 drücken Schwarz gegen die weiße Stärke. Zudem hat Schwarz noch keine solide Basis, da ein weißer Zug auf A Vorhand gegen die Ecke ist.

흑1의 두칸 벌림은 고지식한 수로 백2,4의 육박이 통렬하다. 또한 백A의 젖혀 이음이 선수여서 좌변 흑돌의 근거가 불확실 하다.

B3. ERÖFFNUNG (포석)

DAZWISCHENGEHEN – DIE FORTSETZUNG BEDENKEN

갈라침 - 갈라칠때는다음벌림을고려하라

Grundstellung

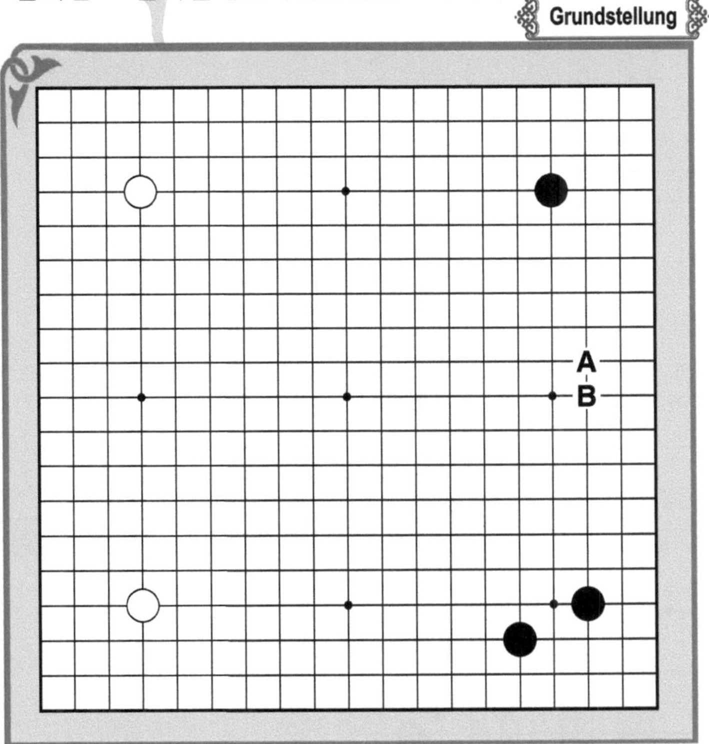

Weiß am Zug. Es ist Zeit für Weiß, am rechten Rand zwischen die schwarzen Stellungen zu gehen. Welcher Punkt ist der richtige: A oder B?

백차례. 백의 갈라침이 시급한 자리다. 어떤 곳이 적절한 갈라침일까?

DIA. 01

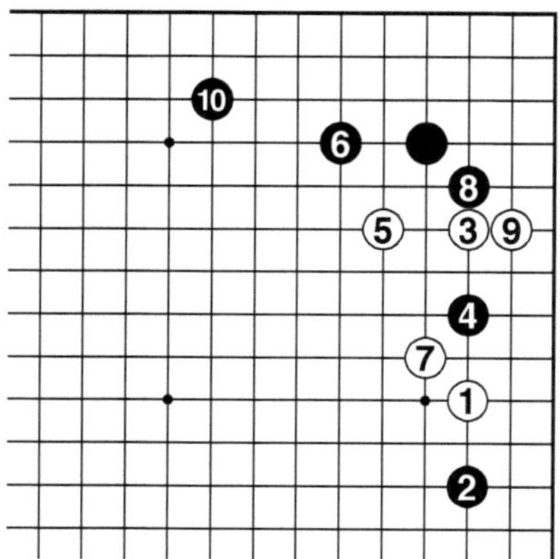

Angemessen
적절함

Weiß 1 ist angemessen. Die Abfolge bis 10 ist ein bekanntes Jeongseok.

우상귀 흑보다는 우하귀가 발전성이 더 크므로 1로 갈라침이 적절하다. 흑2에는 백3으로 벌려 흑10까지가 정석형의 진행.

DIA. 02

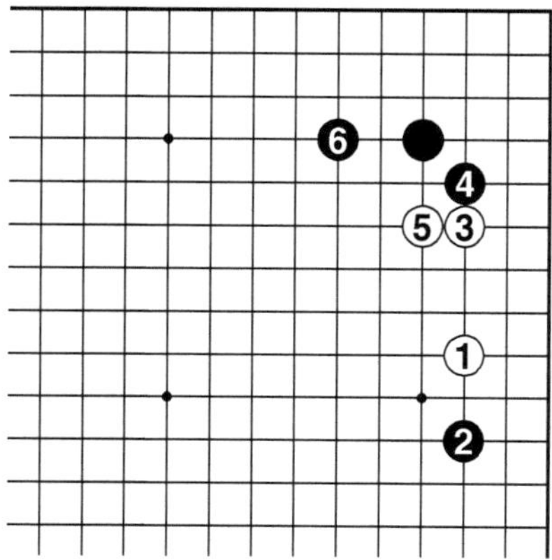

Fragwürdig
의문수

Weiß 1 ist fragwürdig. Schwarz 2 ist hier sehr gut und nach der Zugfolge bis Schwarz 6 ist die weiße Stellung überkonzentriert.

백1은 흑2의 다가섬이 절호점이 되어 좋지 않다. 백3의 벌림에 흑4로 붙여 세운 후 6에 받는 것이 백을 중복으로 만드는 요령.

DIA. 03

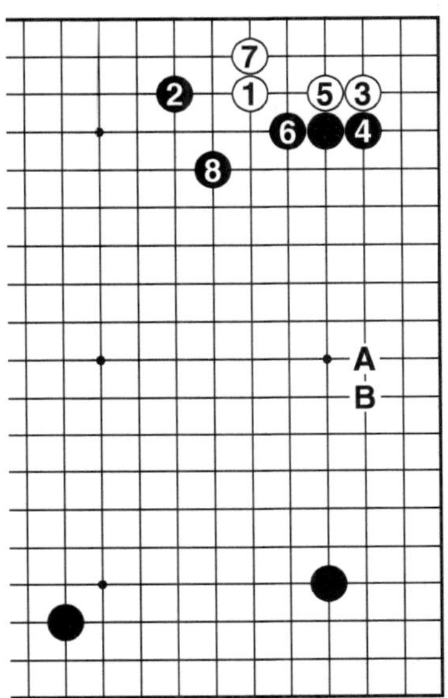

Halte Distanz zur gegnerischen Stärke
상대방 세력에서 가능한한 멀리 떨어져라

Weiß am Zug. Schwarz 4 ist ein Fehler; dieser Zug gehört auf 5. Wie soll Weiß nun den Fehler bestrafen?

우상귀 정석에서 흑4는 잘못된 막음. 백5 자리로 막는 것이 옳다. 흑의 실수를 응징하는 갈라침은?

DIA. 04

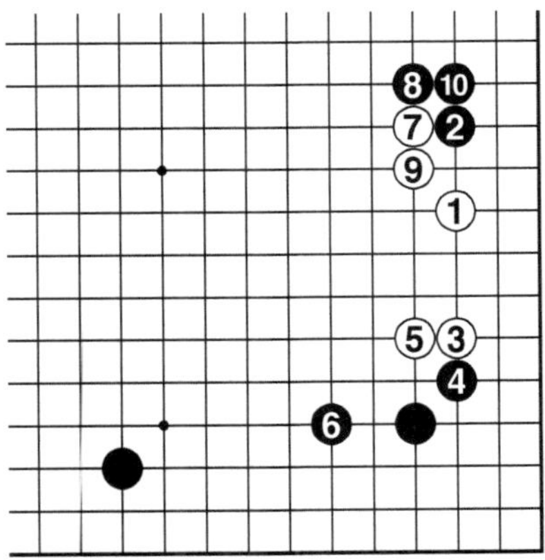

Richtige Antwort
절호의 갈라침

Weiß ist richtig hier. Mit der Sequenz bis Schwarz 10 baut Weiß eine Basis und ist mit dem Ergebnis zufrieden.

우상귀 흑 세력이 강하므로 백1로 갈라치는 것이 정수. 백은 7, 9로 안정을 취한 반면 흑모양은 발전성 없이 굳었다.

DIA. 05

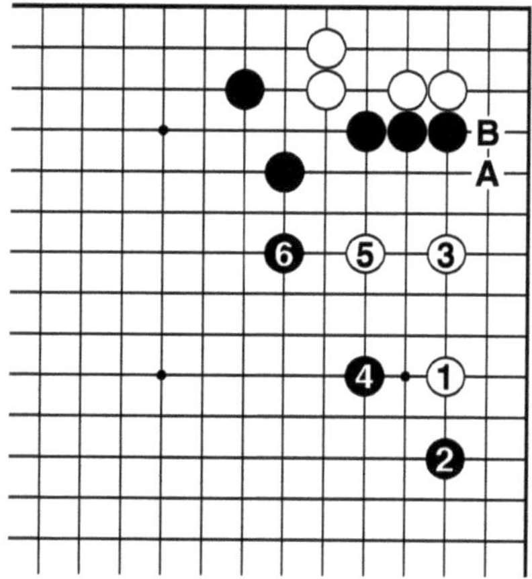

Einen Punkt weiter
한칸 더

Weiß 1 ist etwas zu nah an der schwarzen Stärke. Die schwarzen Züge 2, 4 und 6 sind sehr gut hier und Weiß ist noch immer schwach, da A und B Vorhandzüge für Schwarz sind.

우상귀 흑돌에 가까이 가는 것은 좋지 않다. 흑2로 다가선 후 4, 6 이 호쾌한 공격수단. 흑 A, B 등이 거의 선수여서 백말의 근거가 허약하다.

DIA. 06

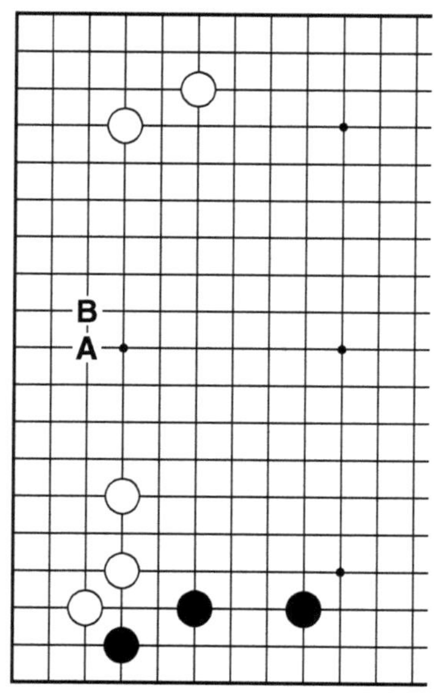

Immer an eine Zwei-Punkte-Ausdehnung denken
갈라 칠 때는 두칸의 여유를 두어라!

Schwarz am Zug. Es ist Zeit, den linken weißen Rand aufzubrechen. Welcher Zug ist angebracht: A oder B?

흑차례. 좌변을 갈라칠 시기가 왔다. 양쪽을 맞보는 갈라침은?

DIA. 07

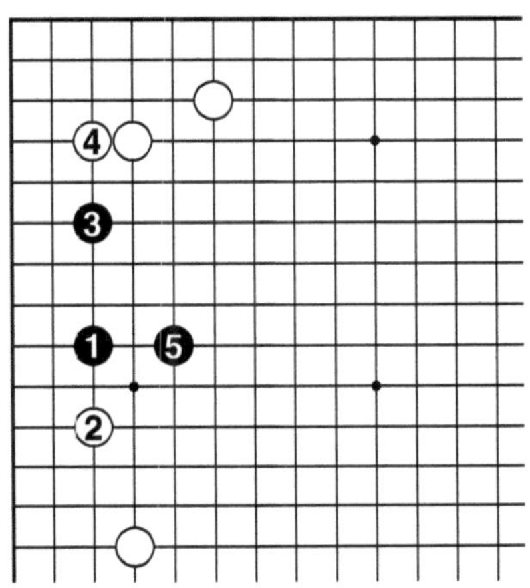

Das Beste für beide Seiten
쌍방 최선

Schwarz 1 ist richtig in dieser Situation. Weiß 2 ist die richtige Richtung und nach Schwarz 5 ist das Ergebnis für beide Seiten ausgeglichen.

흑1의 갈라침이 양방향 두칸벌림이 가능한 곳. 백2가 옳은 다가섬이며 흑5까지 서로 불만 없는 모습이다.

DIA. 08

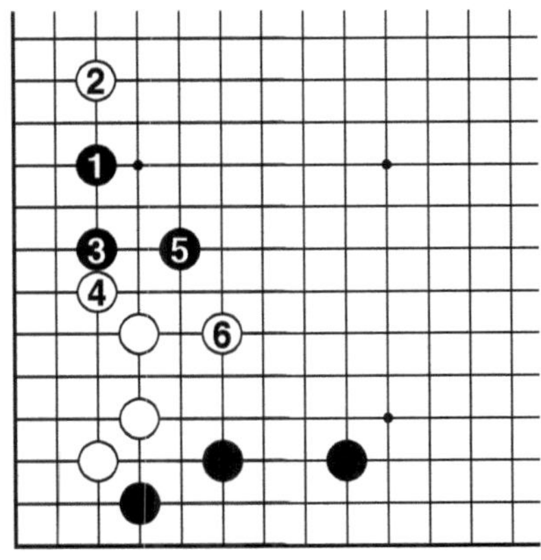

Eingequetscht
흑 비능률

Schwarz 1 ist falsch hier, denn nach Weiß 6 ist schwarze Stellung eingequetscht und überkonzentriert.

흑1은 백2로 다가왔을 때 흑3의 벌림이 옹졸해 비능률적이다.

B4. ERÖFFNUNG (포석)

ENTWICKLUNG ZUR AUSSICHTSREICHEREN SEITE

다가섬- 발전성 있는 곳을 키워라

Grundstellung

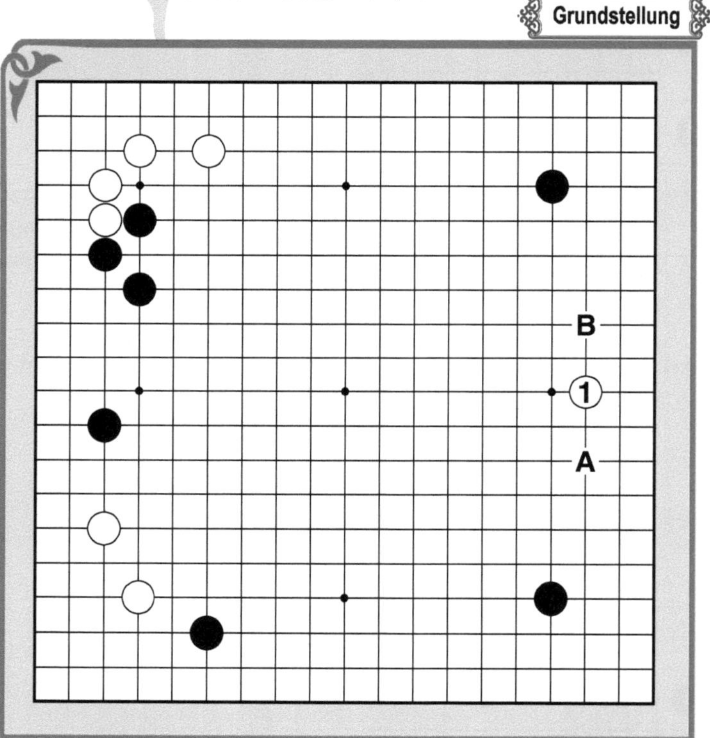

Schwarz am Zug. Weiß hat soeben den Zug auf 1 gespielt, um den rechten Rand aufzubrechen. Von welcher Seite sollte sich Schwarz annähern?

흑차례. 백1로 흑의 2연성을 갈라쳐 온 장면이다. 흑은 어느 방향으로 다가서는 것이 좋을까?

DIA. 01

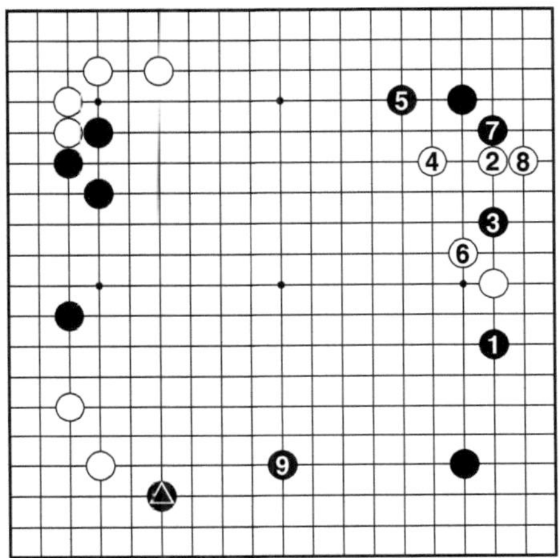

Richtige Antwort
흑의 발전성

Schwarz 1 ist die richtige Seite. In Kombination mit dem markierten Stein kann Schwarz ein Moyang am unteren Rand aufbauen.

흑1로 다가서 우하귀를 키우는 것이 옳은 방향. 하변 ▲ 걸침과 어울러져 흑9까지 큰 모양을 형성할 수 있다.

DIA. 02

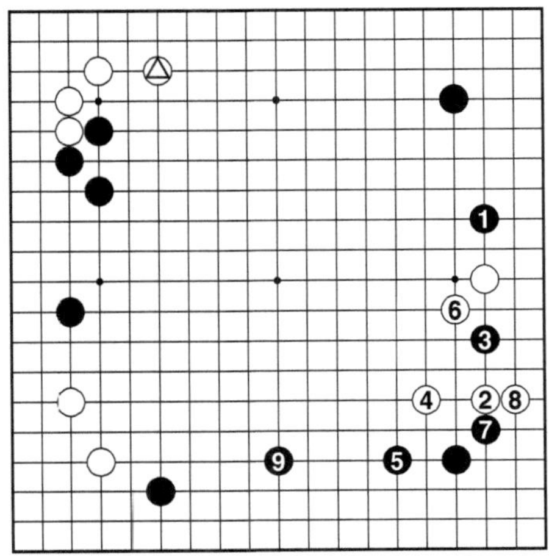

Falsche Entscheidung
잘못된 판단

Schwarz 1 hier ist die falsche Richtung. Nach der Abfolge bis Schwarz 9 kann Schwarz am oberen Rand keine große Gebietsanlage erwarten.

흑1도 전도와 비슷해 보이지만 상변은 좌상귀 △ 가 견실하게 자리잡고 있어 발전 가능성이 적다.

DIA. 03

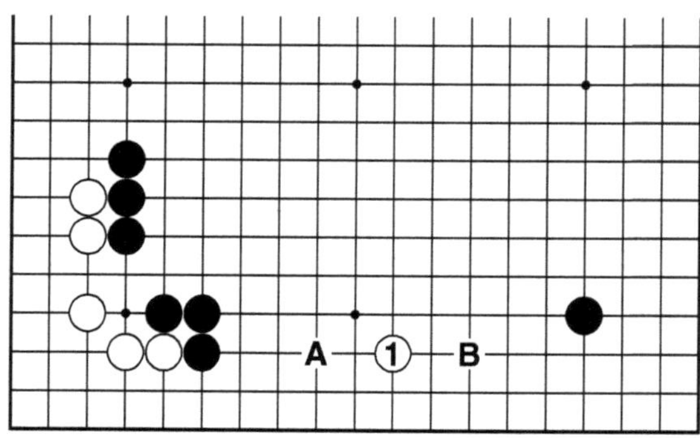

Stärke ist zum Kämpfen da, nicht um Gebiet abzustecken
두터움을 공격으로 이용하라. 세력을 집으로 만들지 말라

Schwarz am Zug. Weiß 1 zielt darauf ab, die schwarze Stärke zu reduzieren. Mit welchem Zug soll sich Schwarz an Weiß 1 annähern: mit A oder B?

흑차례. 백1은 흑세를 견제하려는 갈라침이다. 흑세를 활용하는 다가섬은?

DIA. 04

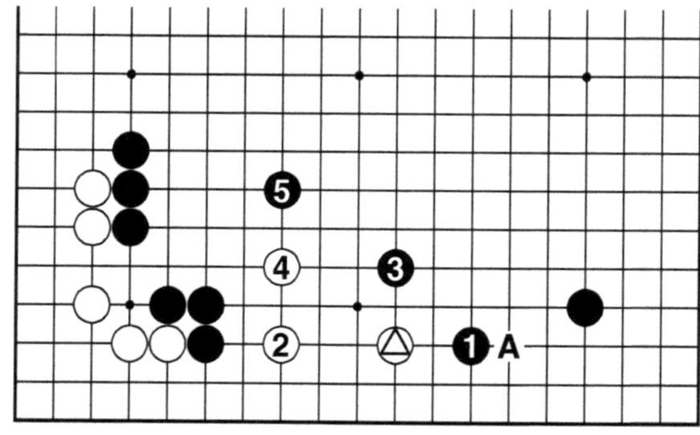

Die Stärke voll ausnutzen
흑세력 이용

Schwarz 1 ist die richtige Richtung. Nach Schwarz 5 steckt Weiß aufgrund der schwarzen Stärke in der linken Ecke in Schwierigkeiten. Der markierte weiße Stein hätte daher besser auf A gespielt werden sollen.

흑1로 압박해 가는 것이 ▲를 활용하는 방법. 흑5까지 공격 당해 백 석점이 답답하다. 애초 △의 갈라침은 성급한 결행으로 A로 걸쳐가는 것이 보통.

DIA. 05

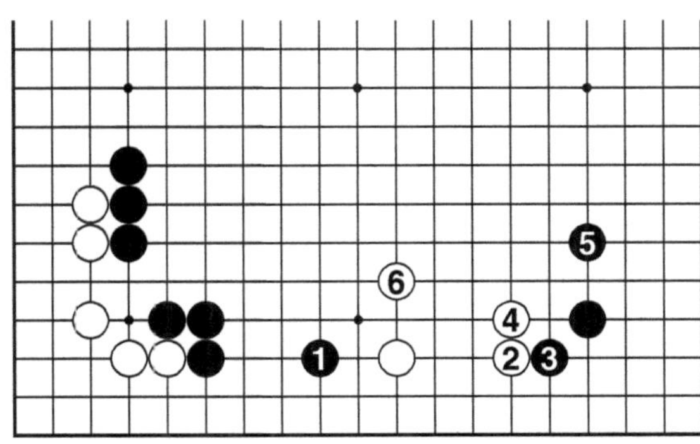

Schwarz ist überkonzentriert
흑 중복

Schwarz 1 ist in diesem Fall ein Fehler, denn nach der Abfolge bis Weiß 6 hat Weiß ein Basis für seine Steine geschaffen und und so die schwarze Stärke reduziert.

흑1은 중복을 자초하는 수. 백6까지 알기 쉽게 안형을 갖추어 절로 흑 세력이 지워졌다.

DIA. 06

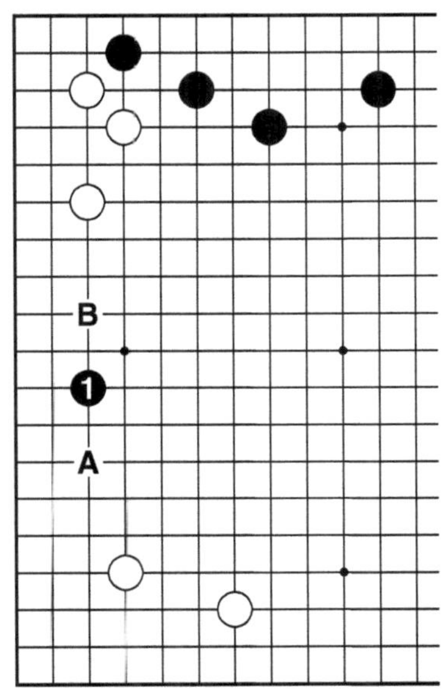

Der 3-3-Punkt ist die Schwäche eines zweifelhaften Eck-einschlusses mit Zwei-Flügeln
양날개에는 3.3 침입이 급소

Weiß am Zug. Schwarz spielte den Zug auf 1, um den weißen Einfluss am linken Rand zu reduzieren. Wie sollte Weiß darauf antworten?

백차례. 백 좌변의 확장을 막기 위해 흑1로 갈라쳐 왔다. A, B 어느쪽에 더 점수를 주고 싶은가?

DIA. 07

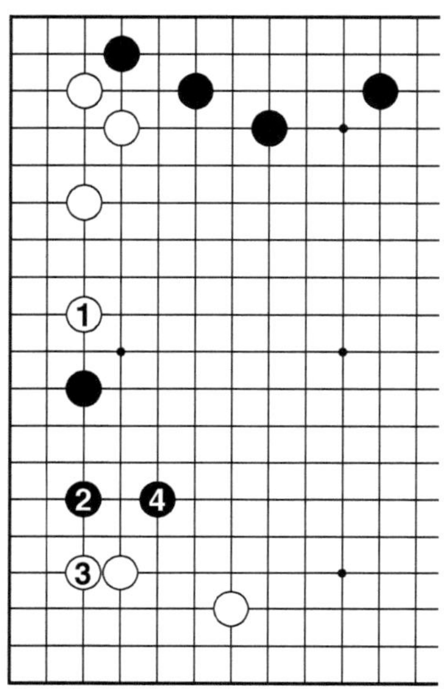

Richtige Antwort
평범

Weiß 1 ist die richtige Antwort. Nach der Zugfolge bis Schwarz 4 ist die Position in etwa ausgeglichen.

백1의 다가섬이 순리이다. 흑4까지 흑은 무난히 타개했고, 백은 양쪽을 잘 정돈해 서로 불만 없는 모습.

DIA. 08

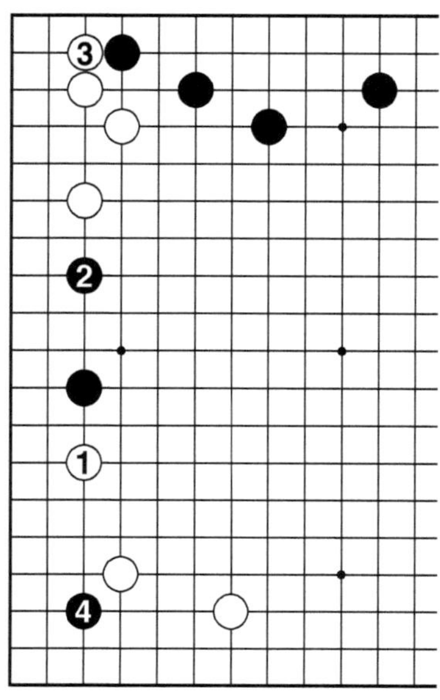

3-3-Invasion
3.3침입

Weiß 1 ist ein Fehler hier. Nach dem Austausch Schwarz 2 für Weiß 3 ist die schwarze Invasion auf dem 3-3-Punkt sehr schmerzhaft für Weiß.

백1의 양날개는 흑2로 벌린 후 흑4의 침입을 당하는 것이 아프다.

B5. ERÖFFNUNG (포석)

BLOCKEN – DIE WEITE SEITE NEHMEN!

막는 방향- 넓은 쪽에서 막아라!

Grundstellung

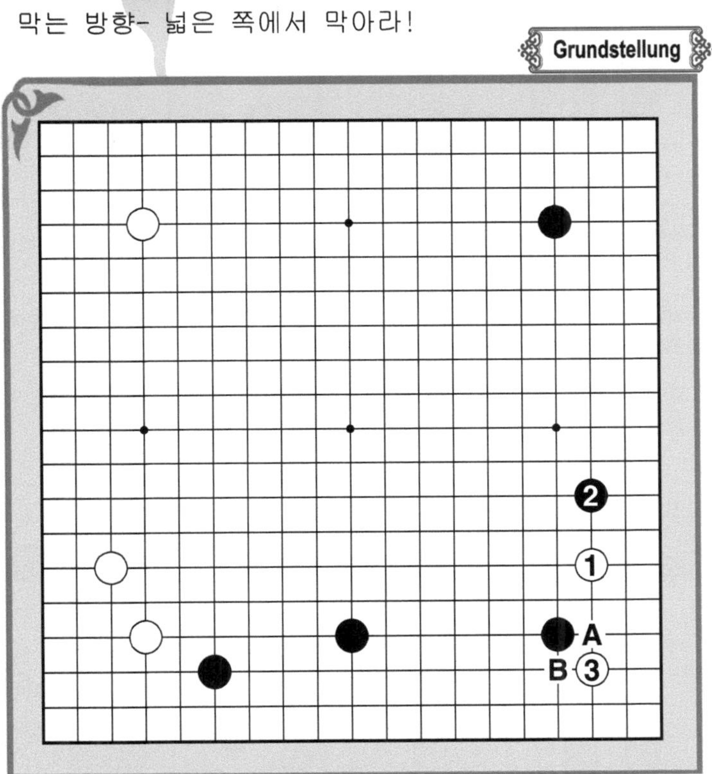

Schwarz am Zug. Schwarz kontert den weißen Eckangriff 1 mit dem Klemmzug auf 2. Daraufhin springt Weiß auf den 3-3-Punkt in der Ecke. Auf welcher Seite soll Schwarz nun Blocken: auf A oder B?

흑차례. 흑1의 걸침에 한칸 협공하고 3으로 뛴 것은 화점 기본정석의 한 과정이다. A, B 중 주변배석을 고려한 수는?

DIA. 01

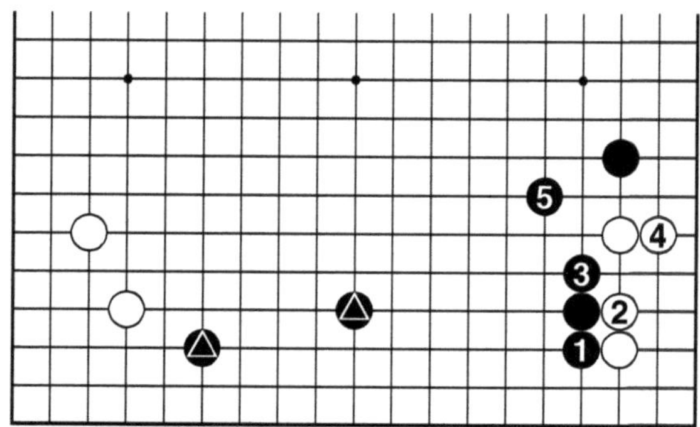

Die markierten Steine ausnutzen
배석을 살림

Schwarz 1 ist die richtige Seite und die Zugfolge bis 5 ist Jeongseok. Schwarz bindet auf diese Weise die beiden markierten Steine sehr gut ins Spiel ein.

흑1 넓은 쪽에서 막는 것이 정수. 흑5까지 정석인데, 하변 흑 두점 ▲ 의 가치를 살리고 있다.

DIA. 02

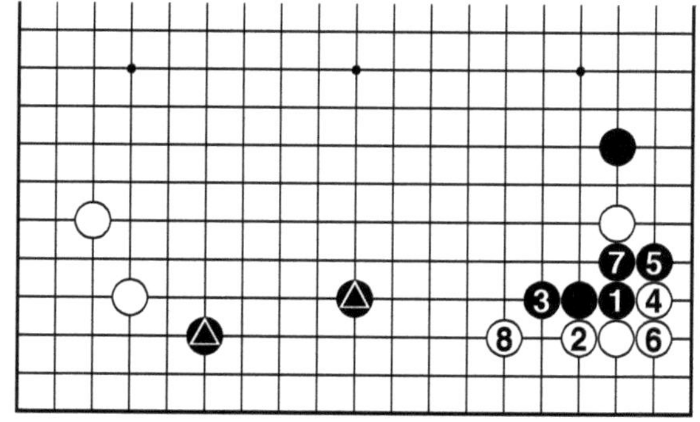

Falsche Seite
어색한 흑

Schwarz 1 ist in diesem Fall nicht gut, denn die Züge Schwarz 1 bis 7 arbeiten nicht mit den markierten Steinen zusammen.

반대쪽 1로 막는 것 역시 정석이지만, 지금 상황에선 좋지 않다. 하변 흑 두점 ▲ 의 자세가 어색해 능률이 떨어진다.

DIA. 03

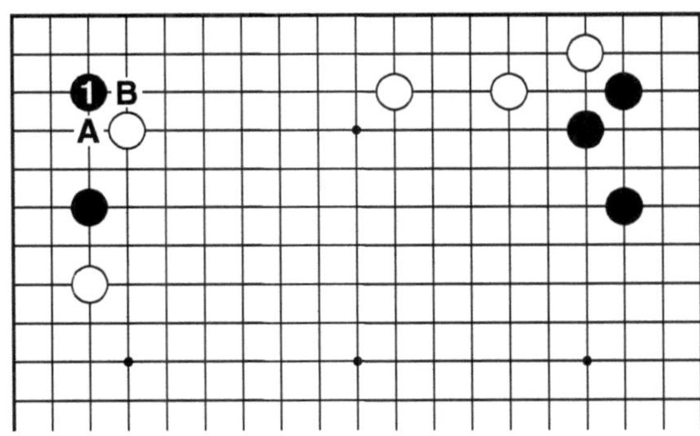

An das ganze Brett denken
주면 배석을 살펴라

Weiß am Zug. Diese Brettstellung ähnelt der Grundstellung. Sollte Weiß wieder von der weiteren Seite blocken?

백차례. 앞 문제와 흡사한 형태. 이번에도 넓은 쪽에서 막는 것이 정답일까?

DIA. 04

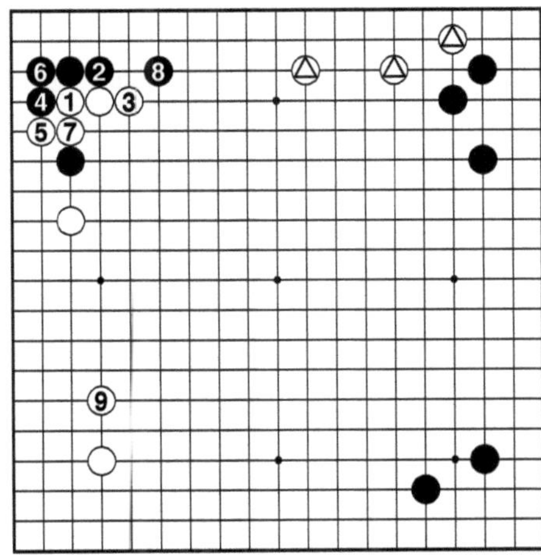

Zur nahen Seite?
좁은 쪽에서?

Weiß 1 ist hier richtig, da die markierten weißen Steine niedrig stehen. Anschließend ist die Sequenz bis Weiß 9 sehr wahrscheinlich.

이번엔 좁은 쪽에서 막는 것이 옳다. 주위배석이 사뭇 다름을 눈치채야 한다. 상변 △ 가 낮게 깔려있음에 주목하자~ 이유는 다음 도에서....

DIA. 05

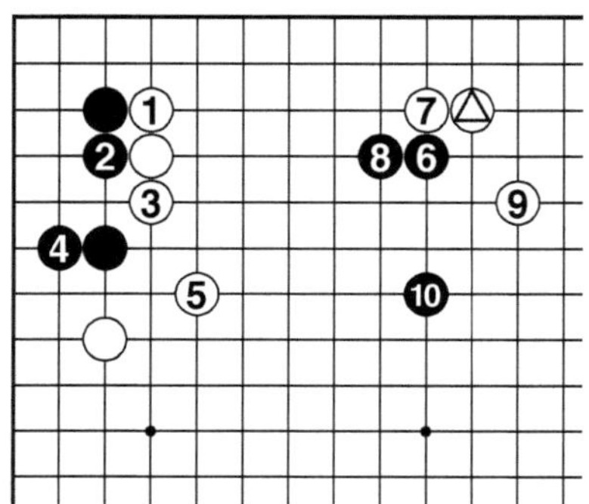

Exzellente Reduktion
절호의 삭감

Weiß 1 bis 5 sind in dieser Situation nicht angebracht. Der schwarze Schulterzug auf 6, der das weiße Moyang reduziert, ist exzellent. Das Ergebnis nach Schwarz 10 ist gut für Schwarz.

넓은 쪽 백 1로 막는 것은 백 5까지 되고 난 후 절호의 삭감 흑6을 당해 세력이 한방에 무너진다. 백의 간격이 넓을 뿐더러 낮게 깔려있어 흑의 삭감수가 통렬하다.

DIA. 06

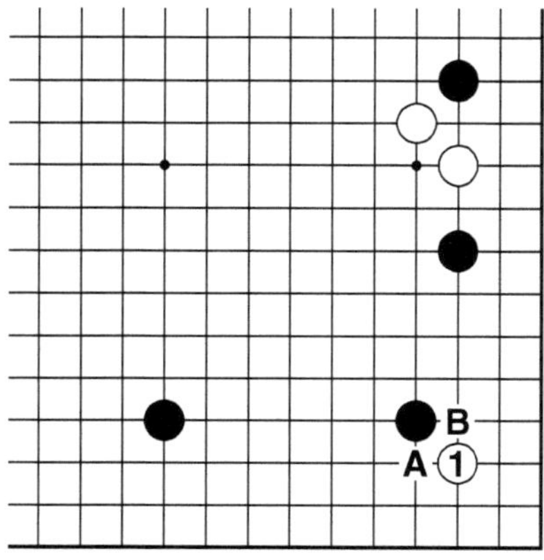

An die Möglichkeiten der Steine denken!
돌의 발전성을 고려하라!

Schwarz am Zug. Weiß 1 ist jetzt der richtige Zeitpunkt. Auf welcher Seite wollen Sie blocken: auf A oder B?

흑차례. 백1은 시급한 침입. 흑의 발전성을 따져봤을 때 어느 쪽으로 막는 것이 좋을까?

DIA. 07

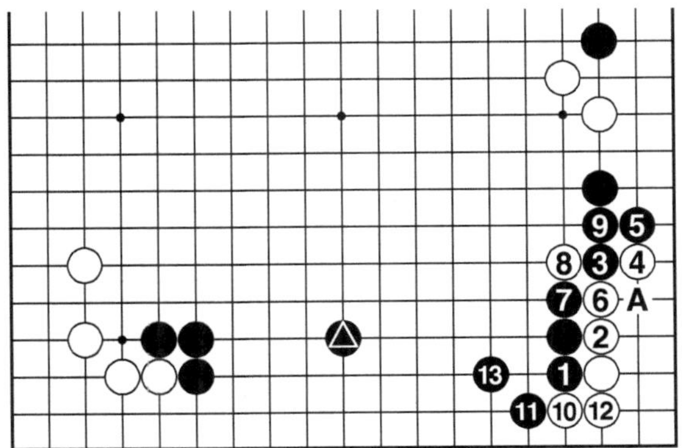

Fokus auf den unteren Brettrand
하변의 발전성

Schwarz 1 ist richtig. Die Abfolge bis Schwarz 13 ist Jeongseok. Der markierte Stein arbeitet gut mit der schwarzen Stärke zusammen. Zudem kann Schwarz in Vorhand einen Stein auf A fangen.

하변 쪽 흑1로 막을 곳이다. 백2 이하 흑13까지 일종의 귀의 정석. 흑은 ▲ 와 호응해 좋은 모양을 이루고 있다. 흑은 A로 끊어 잡는 것이 선수로 듣는다.

DIA. 08

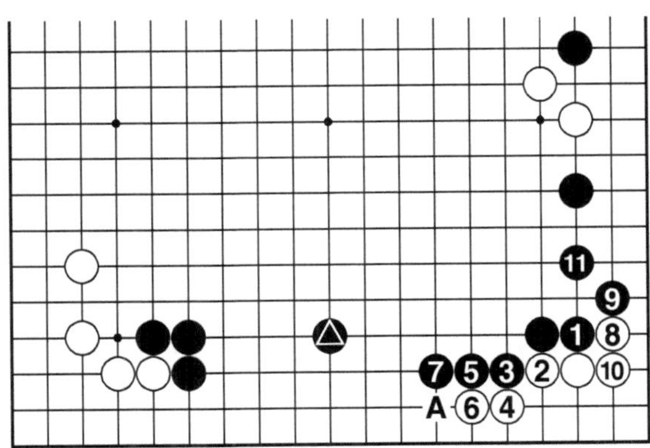

Überkonzentriert
지나친 중복형

Schwarz 1 ist die falsche Seite. Nach Schwarz 11 hat die schwarze Stellung eine miserable Form. Zudem muss Schwarz auch noch einen zusätzlichen Zug auf A spielen, um das Gebiet am unteren Rand zu sichern. Auch der markierte Stein steht nicht sehr effizient da.

흑1의 막음은 방향착오로 흑11까지 완벽한 중복형태. 거기다 A의 뒷문까지 열려 ▲ 의 위치도 이상해졌다.

B6. ERÖFFNUNG (포석)

DIAGONAL ANLEGEN – EIN TYPISCH SCHLECHTER ZUG!

모붙임(입구자)- 이적수의 표본

Grundstellung

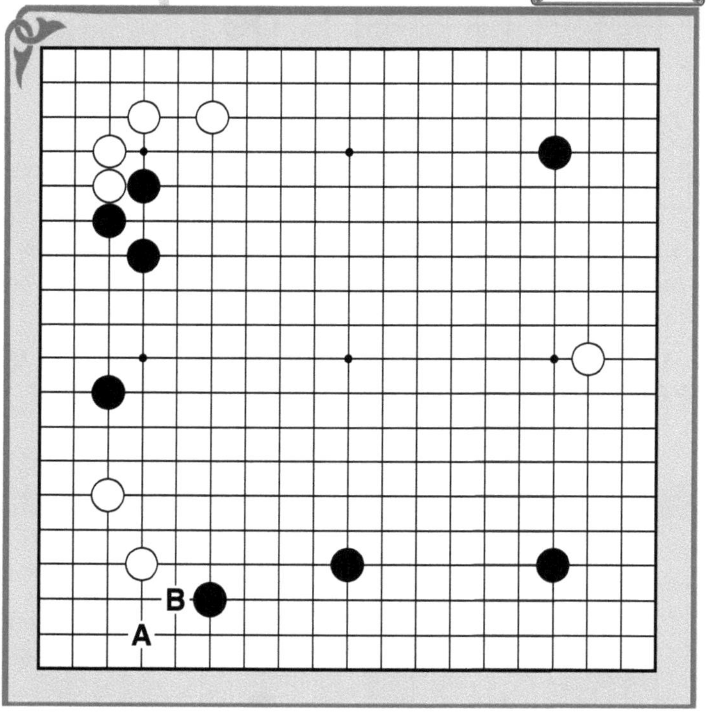

B

A

Weiß am Zug. Wie soll er die linke untere Ecke verteidigen?

백차례. 좌하귀 백 두점을 보강하려 한다. 올바른 수비 방법은?

DIA. 01

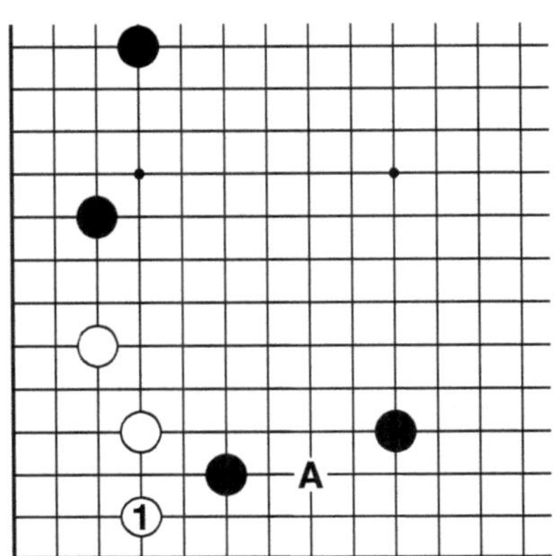

Ruhige Sicherung
침착한 지킴

Der weiße Ein-Punkt-Sprung auf 1 ist hier richtig. Später kann Weiß auf A invadieren.

백1로 한칸 뛰어 지키는 것이 올바른 수비법. 이로써 백은 귀를 완전한 집을 만들었을 뿐더러 훗날 A에 침입을 엿볼 수 있다.

DIA. 02

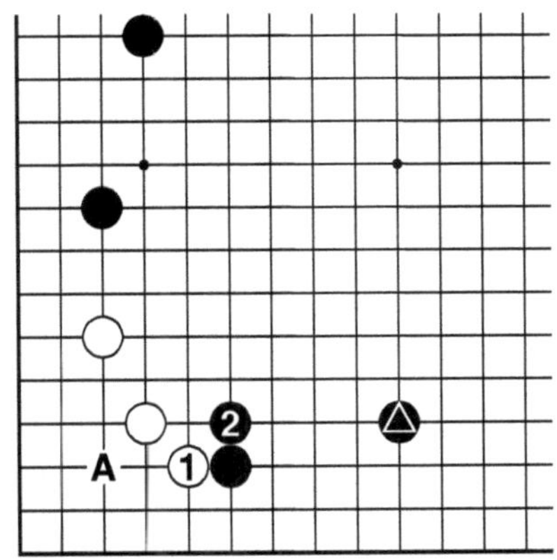

Dem Feind helfen
이적수

Weiß 1 ist sehr schlecht. Schwarz 2 ist in Verbindung mit dem markierten Stein ein sehr guter Zug. Für Weiß bleibt danach eine Schwäche auf A zurück.

백1로 모붙이는 것은 대악수. 흑2의 뻗음이 좋아 하변 ▲ 와 이상적인 간격이다. 이후 A에 침입하는 맛이 강력해 백은 가일수가 필요하다.

DIA. 03

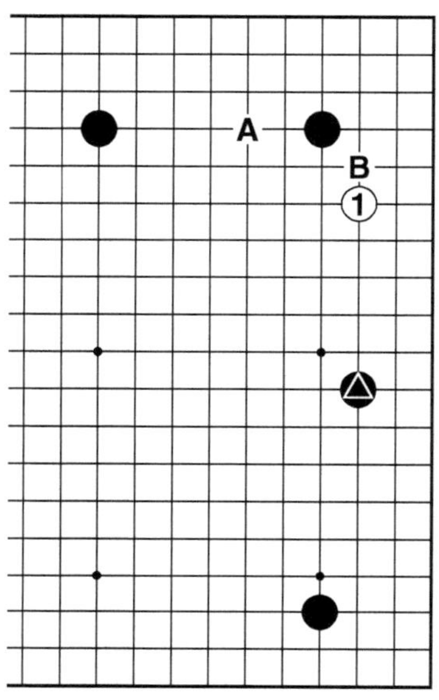

Nicht dem Gegner helfen!
적을 편하게 해주지 말라

Schwarz am Zug. Dieses Diagramm sieht etwas anders aus als das letzte. Beachten Sie den markierten Stein und wählen Sie den korrekten Zug für Schwarz!

흑차례. 전도와는 약간 다른 상황. ▲의 기착점이 있는 상황에서는 모불임이 좋을는지....

DIA. 04

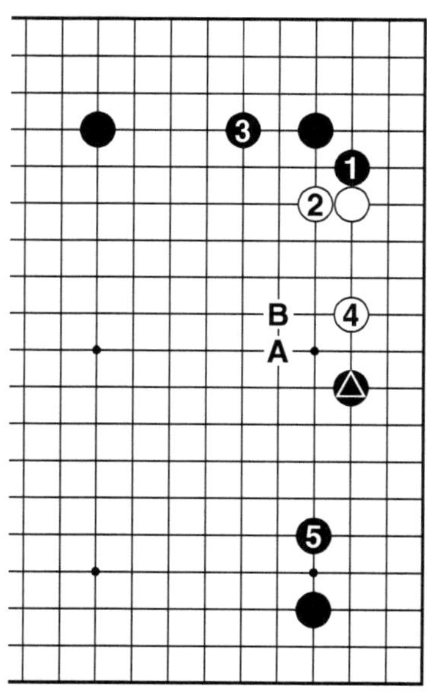

Anlegen ist gut
타이트하게

Mit dem markierten Stein sind Schwarz 1 und 3 sehr gute Züge. Die weiße Stellung ist überkonzentriert. Später kann Schwarz die weiße Gruppe mit A oder B angreifen.

▲ 기착점이 있을 때 흑1 모불임이 상대를 중복으로 만드는 유용한 수. 이후 흑은 A, B등으로 백 석점을 공격하는 자세가 좋다.

DIA. 05

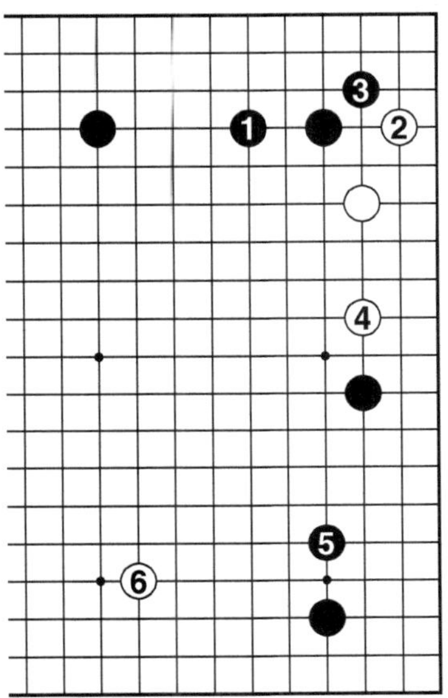

Zu einfach
무기력

Schwarz 1 ist nicht richtig. Das Ergebnis nach der Zugfolge bis Weiß 6 ist schlecht für Schwarz.

흑1은 정석이지만 이 경우 백을 편하게 해주어 좋지 않다. 전도와 비교해 보면 차이를 알 수 있다.

DIA. 06

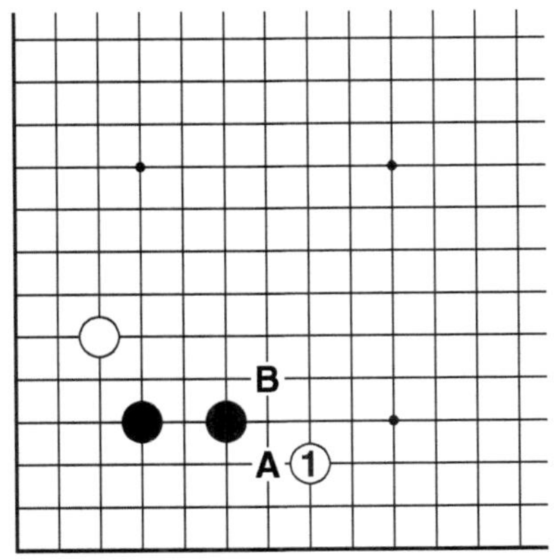

Die beste Verteidigung
지키는 데만 급급하지 말라

Diese Stellung stammt aus einer 4-Steine-Vorgabepartie. Weiß 1 ist ein typischer Angriffszug in Vorgabepartien. Wie soll Schwarz antworten?

흑차례. 넉점 접바둑에서 나온 형태이다. 백1의 다가섬은 상수들의 단골 수법. 어떻게 대응하는 것이 좋을까?

DIA. 07

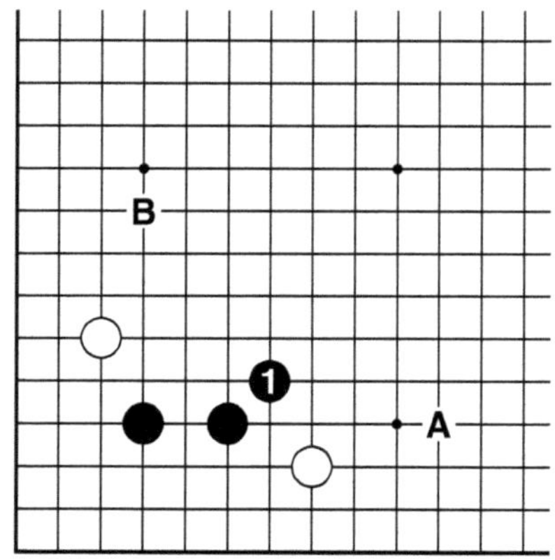

Ruhige Antwort
침착한 대응

Schwarz 1 scheint ein langsamer Zug zu sein, aber er ist gut und angemessen hier. Die Punkte A und B sind nun Matbogi. Statt Schwarz 1 ist auch ein Zug auf A eine gute Antwortmöglichkeit.

다소 발이 느린감이 있지만 흑1이 침착하다. 다음 A와 B의 협공을 맞볼 수 있다. 또는 흑1로는 바로 A에 협공해가는 적극책도 유력하다.

DIA. 08

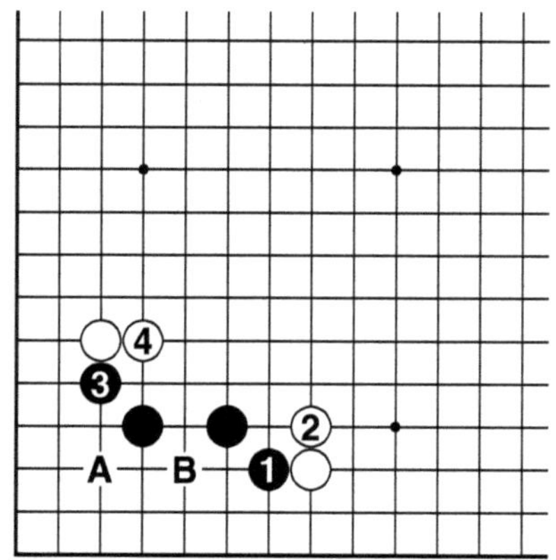

Schlechte Züge
악수 연발

Schwarz 1 und 3 sind sehr schlechte Züge. Weiß 2 und 4 sind gute Antworten. Weiß kann nun auf die Schwachpunkte A und B abzielen.

흑1,3으로 잇달아 모붙임하는 것은 대표적인 속수. 백은 2,4로 뻗어 양쪽이 강화되고 이에 힘입어 A,B 등의 약점이 남아 집이 되기 힘든 형태.

B7. ERÖFFNUNG (포석)

BALANCE DER 3. UND 4. LINIE – EFFIZIENZ DER STEINE

고저장단 – 돌의 능률을 높여라!

Grundstellung

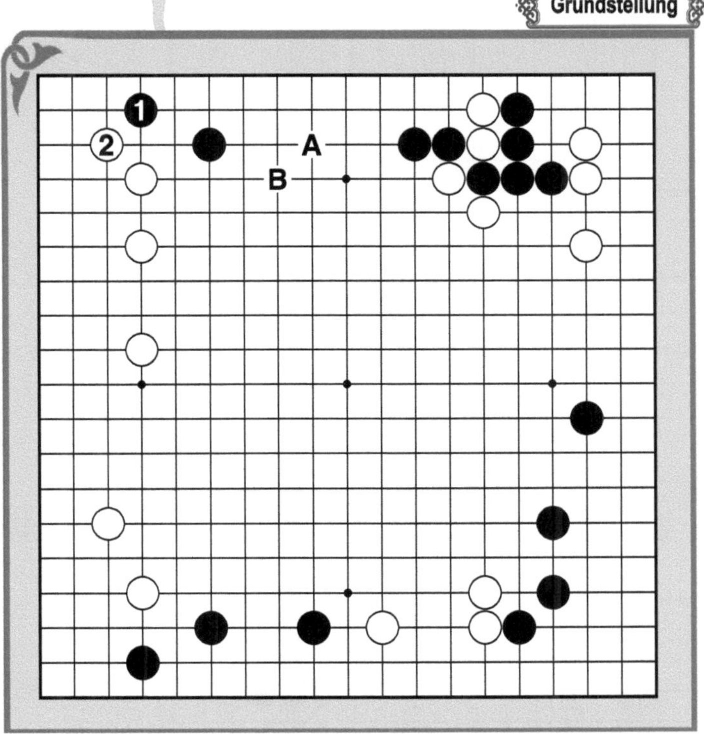

Schwarz am Zug. Der Abtausch Schwarz 1 für Weiß 2 wurde soeben gespielt. Wie sollte Schwarz nun den oberen Rand sichern: mit einem Zug auf A oder auf B?

흑차례. 좌상귀 흑1, 백2를 교환한 후 흑이 벌릴 차례이다. A, B 중 우상귀 흑돌의 배석을 고려하는 한수는?

DIA. 01

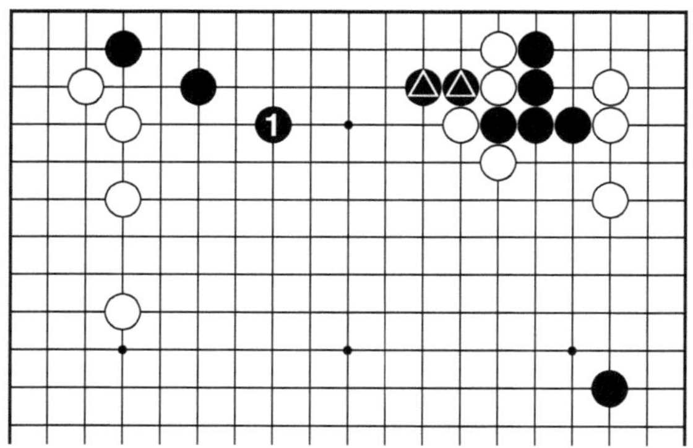

Balance zwischen
3. und 4. Linie
3선과 4선의 조화

Da die markierten schwarzen Steine auf der dritten Linie stehen, ist Schwarz 1 auf der vierten Linie der richtige Zug, um die Balance zu wahren.

▲와의 조화를 고려해 흑1로 높이는 것이 적절한 조치. 흑진은 발전성을 기대할 수 있다.

DIA. 02

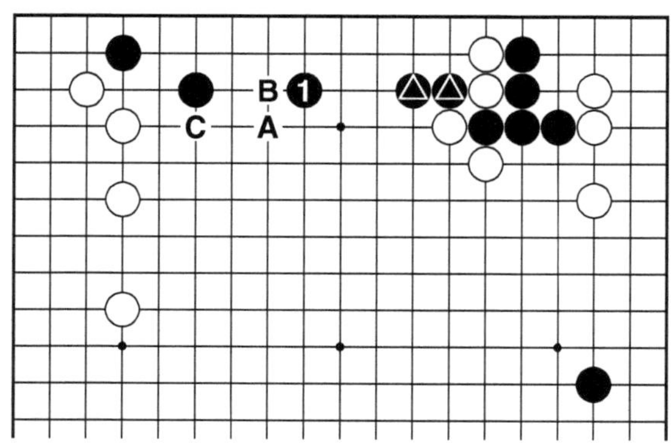

Zu flach
낮게 깔림

Schwarz 1 ist ein Fehler, denn die schwarzen Steine arbeiten nicht gut zusammen. Weiß kann mit der Sequenz Weiß A bis C eine Gebietsanlage im Zentrum aufbauen.

흑1은 완착으로 #와 더불어 낮게 포진되어 있어 돌의 능률이 떨어진다. 장차 A- C 수순으로 눌리는 삭감이 남아 극도로 편재된 모습.

DIA. 03

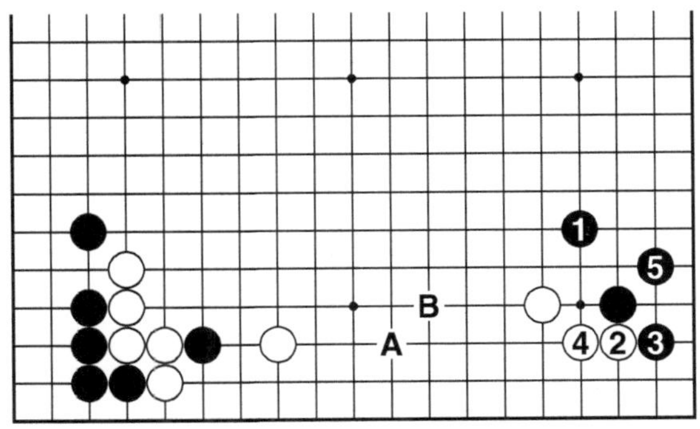

An die Balance zwischen 3. und 4. Linie denken
고저장단의 조화를 맞춰라

Weiß am Zug. Die Abfolge Schwarz 1 bis 5 ist Jeongseok. Auf welchen Punkt soll sich Weiß nun ausdehnen?

백차례. 흑1-5까지는 소목 기본정석 수순. 백의 다음 벌림은 A,B 중 어디가 효과적일까?

DIA. 04

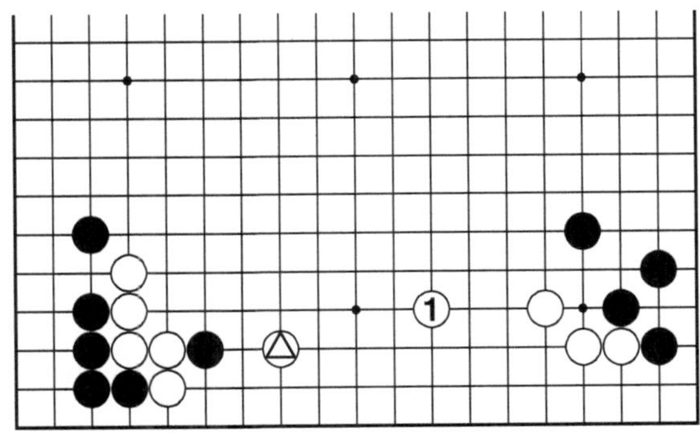

Gut ausgewogen
조화를 이룸

Da der markierte Stein auf der dritten Linie steht, ist hier Weiß 1 richtig.

백1이 △와의 조화를 맞춘 효과적인 벌림으로 돌의 능률을 높이고 있다.

DIA. 05

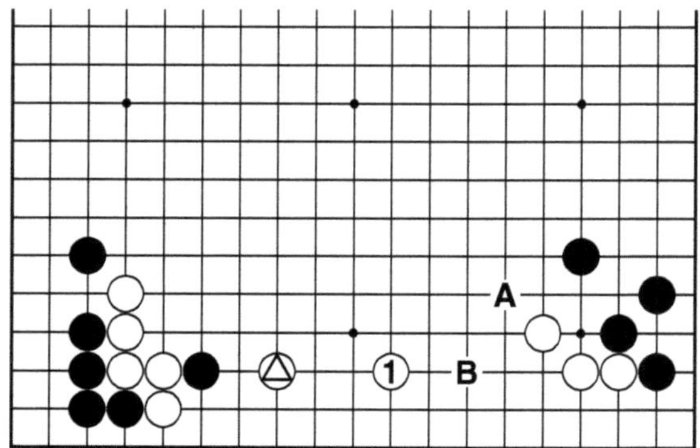

Zu nachgiebig
3선에 편재

Betrachtet man nur die rechte Seite, dann ist Weiß 1 richtig. Aber in Zusammenhang mit dem markierten Stein ist der Zug hier nicht gut. Schwarz A ist jetzt fast schon eine Vorhand, die Weiß auf B beantworten muss. Die weiße Position steht nun viel zu flach.

부분적으로는 백1이 정수이나 지금은 △ 와의 균형을 무시한 완착이라 할 수 있다. 흑A에 백B는 불가피한데, 하변 백세가 낮게 깔려 발전성이 없다.

DIA. 06

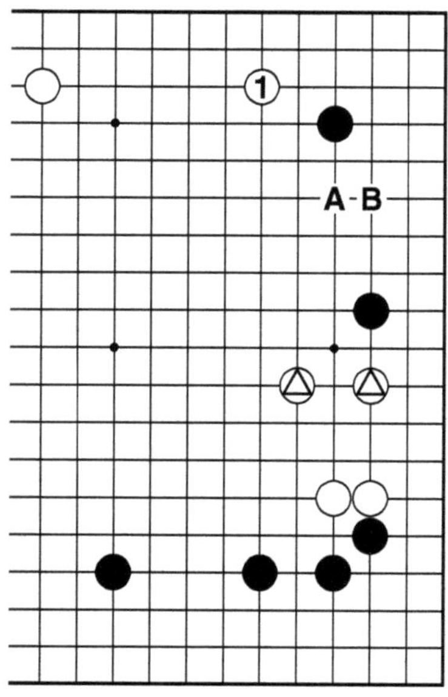

Wenn der Gegner stark ist, dann leiste dir keine Schwäche
상대방이 강할 때는 허점을 남기지 말라

Schwarz am Zug. Die markierten weißen Steine sind stark. Wie soll Schwarz auf den Angriff von Weiß 1 reagieren?

흑차례. 고저장단도 때로는 주변상황에 따라 달라 질 수 있다. 우변 △ 가 견고한 형태에서 백1로 걸쳐왔다. 알맞은 응수는?

DIA. 07

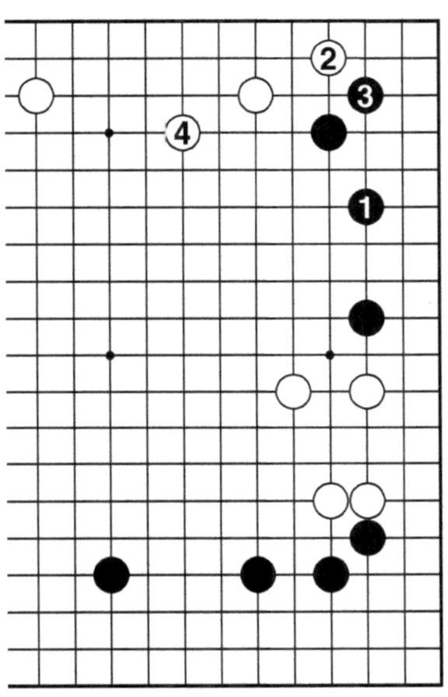

Solide
견실하게

Schwarz 1 ist richtig. Das Ergebnis nach der Sequenz bis Weiß 4 ist ausgewogen.

흑1로 낮게 받는 것이 현명한 응수. 주변 백돌이 단단하기 때문에 흑은 견실하게 대응하는 것이 좋다.

DIA. 08

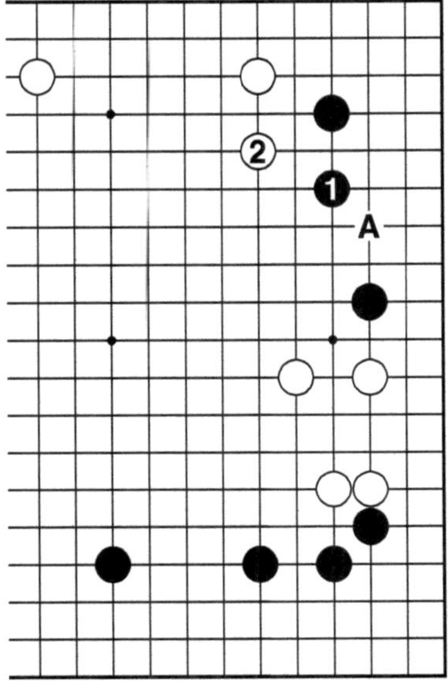

Schwäche
허점

Schwarz 1 ist in dieser Stellung ein Fehler, denn Weiß 2 droht, die auf A verbleibende Schwäche auszunutzen.

고저장단을 고려한다면 흑1이 맞지만, 여기서는 A 침입의 허점을 남겨 신경쓰인다.

B8. ERÖFFNUNG (포석)

DIE DREI-STERNE-ERÖFFNUNG

3연성

Grundstellung

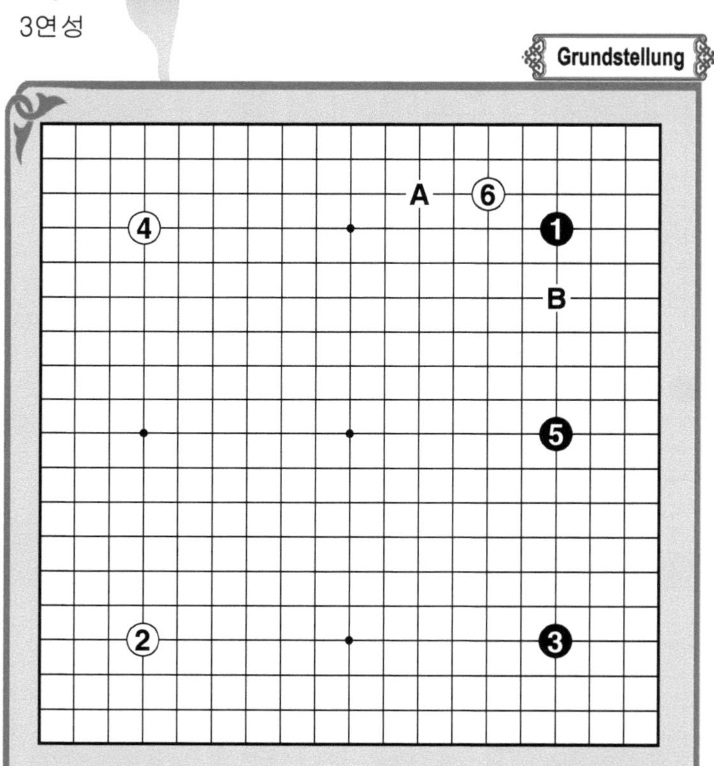

Schwarz 1, 3 und 5 formen die 3-Sterne-Eröffnung (Samyeonseong). Sie ist eine typische, auf Einfluss und Stärke ausgerichtete Eröffnung und verlangt vom Spieler eine gute Einschätzung der Gesamtsituation, eine hervorragende Kampfkraft sowie die Fähigkeit, sich auf die jeweiligen Umstände einzustellen. Der Angriff mit Weiß 6 lässt eine schwarze Antwort auf A oder B erwarten.

3연성은 대표적인 세력형 포석이다. 이 포석은 전체를 보는 눈이 중요하며, 전투력과 임기응변 또한 갖춰져야 한다. 우변 흑1,3,5 가 3연성의 기본 틀이다. 백6 걸침에 흑A, B 등이 예상된다.

DIA. 01

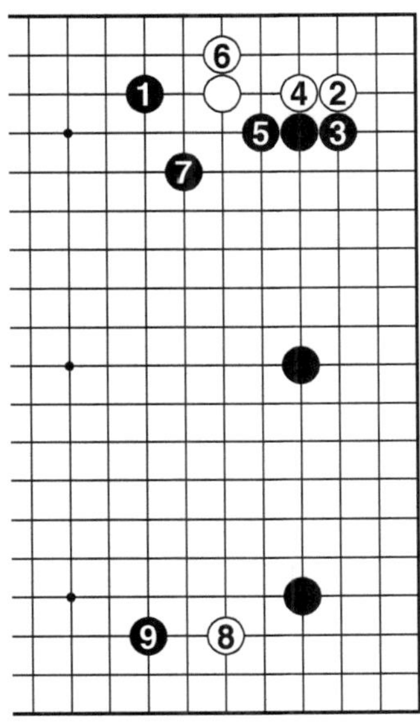

Starker Klemmzug
강력한 협공

Das Klemmen mit Schwarz 1 ist ein starker Zug, der Weiß zwingt, in die Ecke zu springen. Schwarz 3 blockt auf der richtigen Seite und nach der Abfolge bis Schwarz 7 hat Schwarz großen Außeneinfluss bekommen. Weiß lebt dafür in der Ecke.

흑1은 강력한 협공으로 백에게 3.|||을 강요하고 있다. 흑3으로 막는 방향이 중요하며 흑7까지 흑은 두터운 세력을 백은 실리를 차지. 백8에 흑9의 협공이 일관된 작전.

DIA. 02

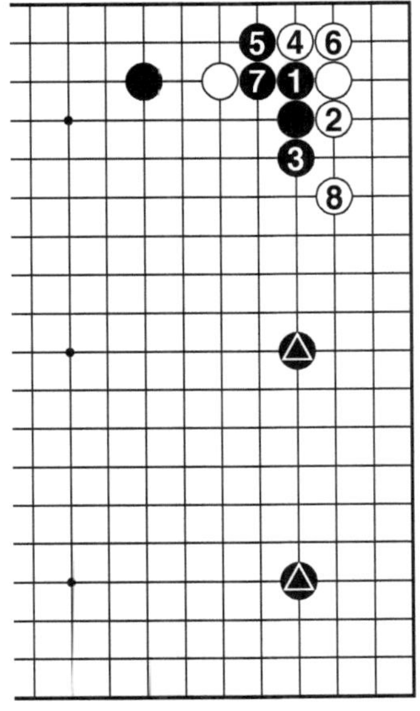

Falsche Richtung
방향착오

Schwarz 1 statt 3 im letzten Diagramm ist falsch. Nach Weiß 8 stehen die markierten schwarzen Steine etwas fragwürdig herum.

전도 흑3으로 반대편 흑1로 막는다면 백은 대환영이다. 애초 3연성을 펼친 흑돌 ▲ 의 위력이 반감되기 때문이다.

DIA. 03

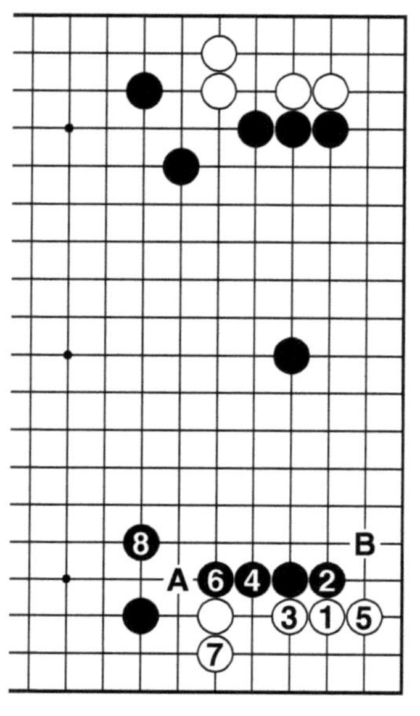

Riesige Gebietsanlage
흑 골견완성

Weiß 5 ist ein gebietsorientierter Zug. Schwarz 8 ist notwendig, um die Schwäche auf A zu decken. Weiß B ist später ein großer Endspielzug. Wo sollte Weiß als nächstes spielen?

우상귀 수순과 달리 백5에 내려서는 것은 실리에 민감한 수법으로 이것 또한 정석형. 흑8은 백A의 약점을 방비하는 두터운 수. 대신 백은 B로 뛰는 큰 끝내기가 자랑거리. 이로써 흑 세력 대 백 실리로 골격이 완성되었다. 자 여기서 백의 다음 수는?

DIA. 04

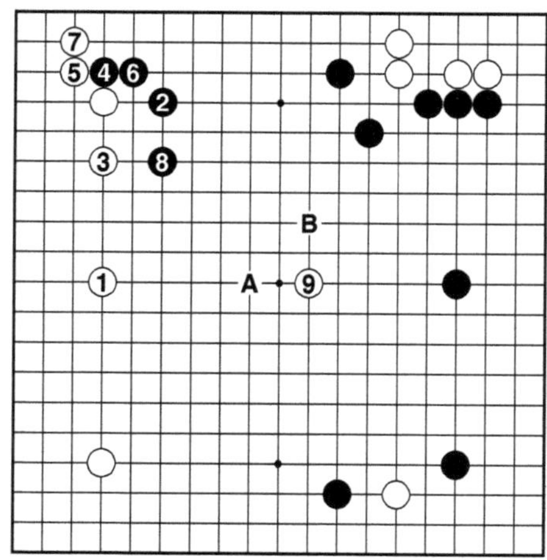

Starker Einfluss
세력이 안 무서워?

Weiß 1 ist ein typischer Zug von starken Spielern. Nach Schwarz 8 springt Weiß mit 9 in die Brettmitte. Spielt Schwarz jetzt A, dann antwortet Weiß auf B.

중앙을 무시한 채 백1로 좌변을 전개하는 것이 상수들의 수법. 흑2-8까지 키워오면 그때 중앙을 삭감하러 간다. 흑A로 공격해 오면 B로 뛰어 흑진 정면돌파!

DIA. 05

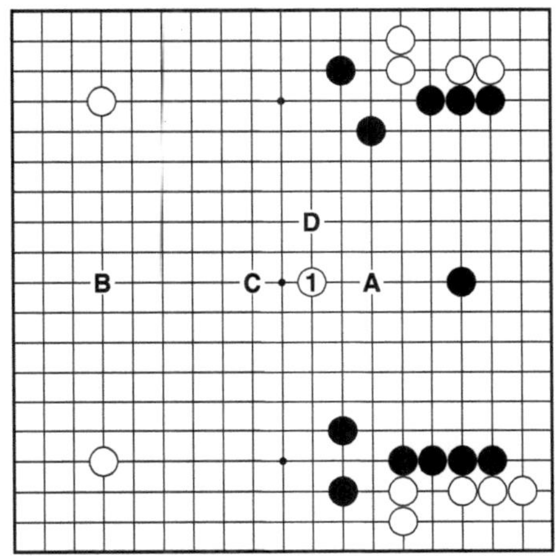

Reduktion
백의 삭감

Es ist auch möglich, Weiß 1 sofort zu spielen. Verteidigt Schwarz sein Gebiet mit A, dann kann Weiß den großen Punkt auf B spielen. Greift Schwarz mit einem Zug auf C an, dann springt Weiß auf D.

중앙 세력이 두렵다면 백1로 바로 삭감하는 것도 가능. 흑A에 받아주면 백B로 전환하여 둘만하고, 흑C로 공격하면 백D로 뛰어 걱정이 없다.

DIA. 06

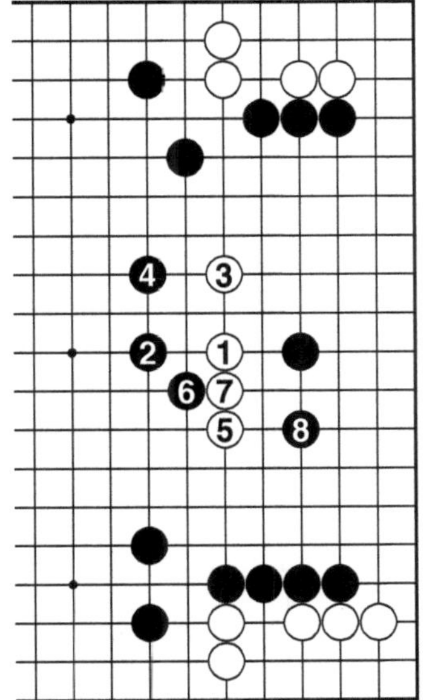

Übertrieben von Weiß
백 무리

Weiß 1 ist zu gierig. Nach der Sequenz bis Schwarz 8 steckt Weiß in Schwierigkeiten.

욕심을 부려 백1로 깊게 삭감하는 것은 흑2의 공격을 맞아 괴롭다. 흑의 세력이 말해주고 있지 않은가.

DIA. 07

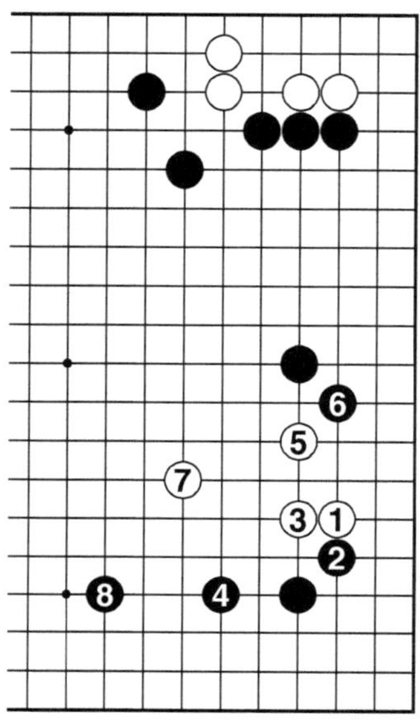

Fragwürdiger Angriff
의문의 걸침

Weiß 1 ist in dieser Situation nicht gut, denn der schwarze Gegenangriff ist sehr gefährlich für Weiß.

흑 세력 안에서 백1로 걸치는 것은 의문수. 흑2 이하로 공격당해 백이 일방적으로 수세에 몰리는 싸움이 되어 기분 나쁘다.

DIA. 08

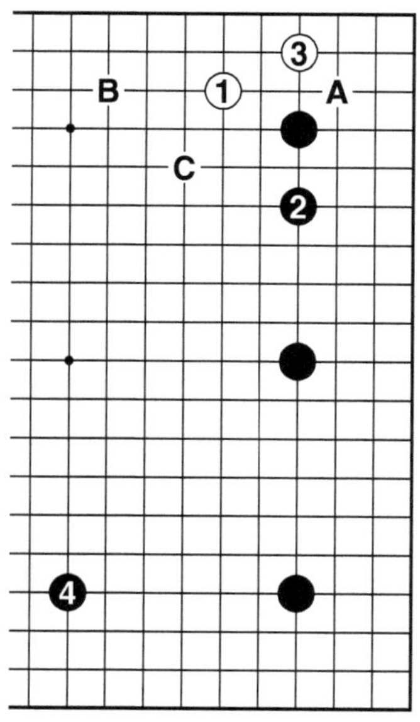

Mit Tempo
발 빠른 수법

Schwarz 2 und 4 als Antwort auf Weiß 1 und 3 legen Wert auf eine schnelle Entwicklung über das gesamte Brett. Den Austausch Schwarz A für Weiß B sollte Schwarz zurückhalten, da er vielleicht lieber mit C das Zentrum ausbauen möchte.

다시 돌아가서.... 백1의 걸침에 흑2는 발 빠른작전으로 백3때 받지 않고 흑4로 전개한다. 흑A, 흑B를 교환하지 않은 것은 중앙에 흑C의 여지를 남겨두기 위해서이다.

DIA. 09

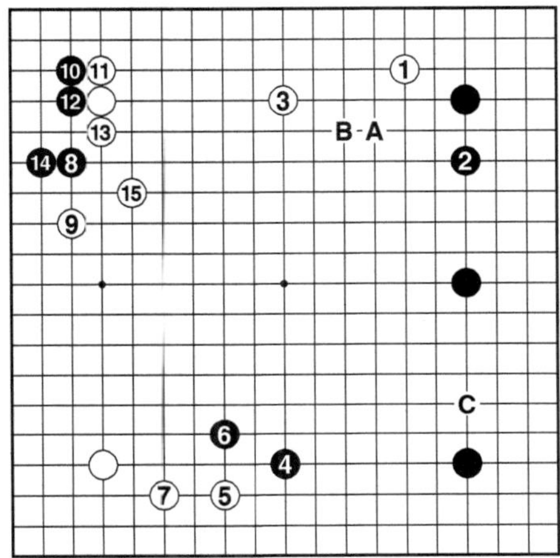

Natürliche Entwicklung
자연스런 흐름

Weiß 3 ist eine flexible Ausdehnung. Schwarz 4 und 6 sind in Kombination mit der 3-Sterne-Eröffnung gute Züge. Nach Weiß 15 kann Schwarz einen der Züge auf A, B oder C spielen.

백3은 유연한 벌림. 백5로 다가왔을 때 흑6이 3연성에 호응하는 씌움수. 흑은 좌상귀에 선수로 귀살이를 한 후 A-C 등으로 전개하는 것이 보통이다.

DIA. 10

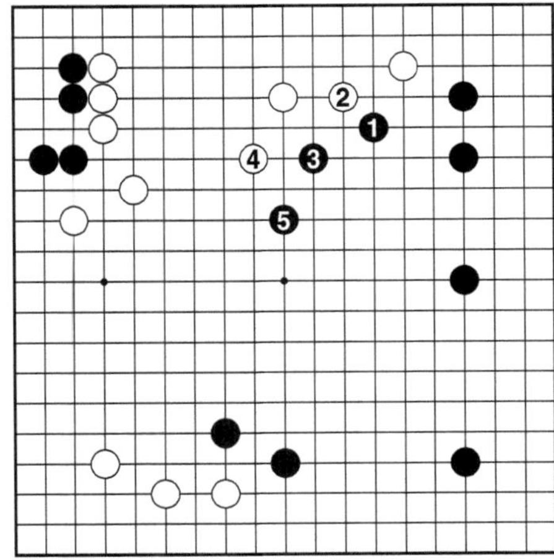

Schlüsselpunkt
대세점

Schwarz 1 ist ein Schlüsselpunkt dieser Eröffnung. Nach der Zugfolge bis 5 hat Schwarz eine riesige Gebietsanlage im Zentrum errichtet.

흑1은 3연성의 취지를 살리는 대세점. 흑5까지 중앙에 큰 모양을 형성했다.

DIA. 11

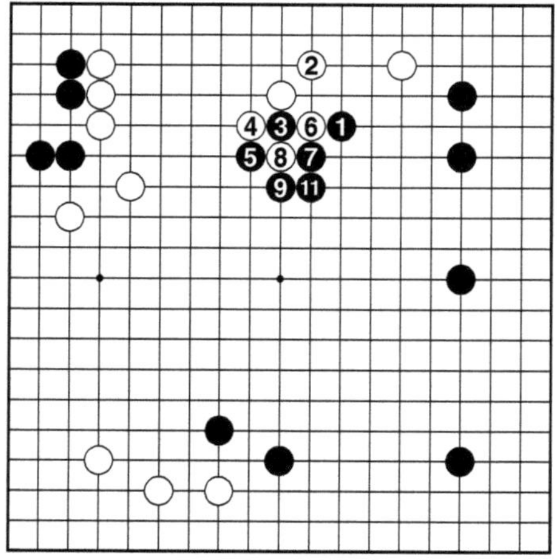

Aktive Spielweise
적극책

Schwarz 1 ist sehr aggressiv. Die Züge Schwarz 3, 5 und 7 sind exzellent und es entsteht eine sehr kraftvolle Position für Schwarz (Weiß 10 deckt).

흑1로 한칸 넓게 확장하는 것은 적극책. 백2에 흑3, 5, 7이 익혀둘 만한 수법으로 흑 11까지 두텁게 봉쇄해 중앙 흑의 위력이 대단하다. (10...3)

DIA. 12

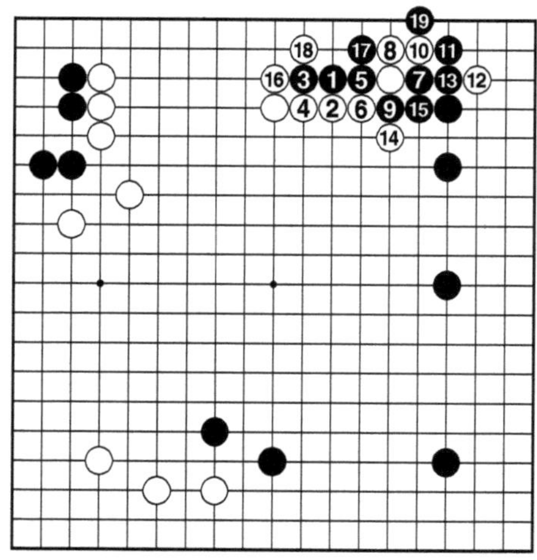

Ein großer Verlust für einen kleinen Gewinn
흑 소탐대실

Die Invasion mit Schwarz 1 ist ein Fehler. Das Ergebnis nach der Sequenz bis Schwarz 19 ist sehr schlecht für Schwarz.

흑1의 침입은 부분에 치우친 수. 실리를 얻긴 했지만 백 세력이 두터워져 3연성의 위력이 절러 줄어들어서는 실패.

B9. ERÖFFNUNG (포석)

DIE CHINESISCHE ERÖFFNUNG

중국식

Grundstellung

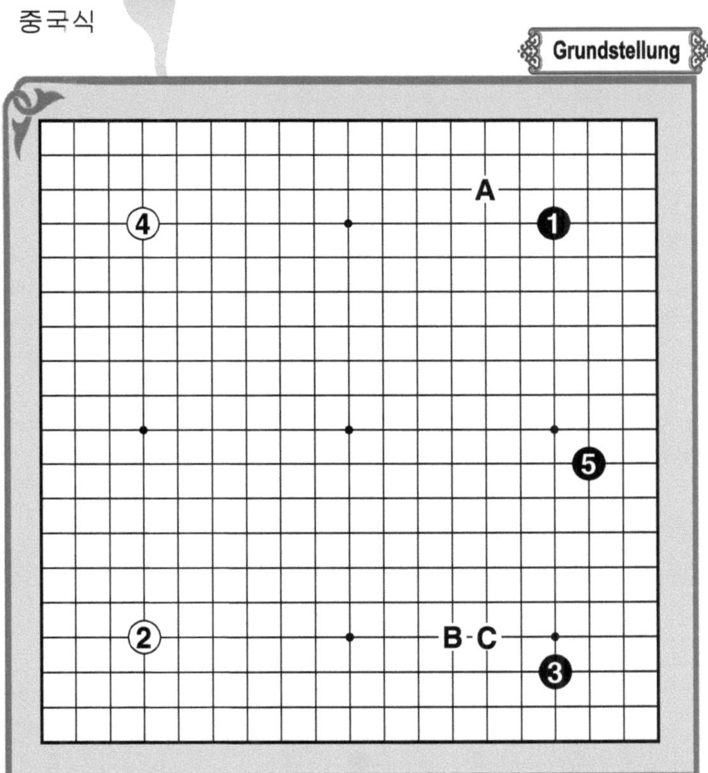

Die Chinesische Eröffnung legt den Fokus auf den rechten Rand und auf den Aufbau einer Gebietsanlage in Richtung des Zentrums. Sie berücksichtigt aber auch die Möglichkeit, dass der Gegner frühzeitig invadiert. Nach Schwarz 5 kann Weiß sich der schwarzen Stellung auf den Punkten A, B oder C annähern.

중국식은 변을 중심으로 넓게 모양을 확장해 가는 것이 특징이다. 상대의 침입을 유도해 공격으로 이득을 얻겠다는 책략이 내포되어 있다. 흑5의 벌림에 백은 A–C 등으로 접근 할 수 있다.

DIA. 01

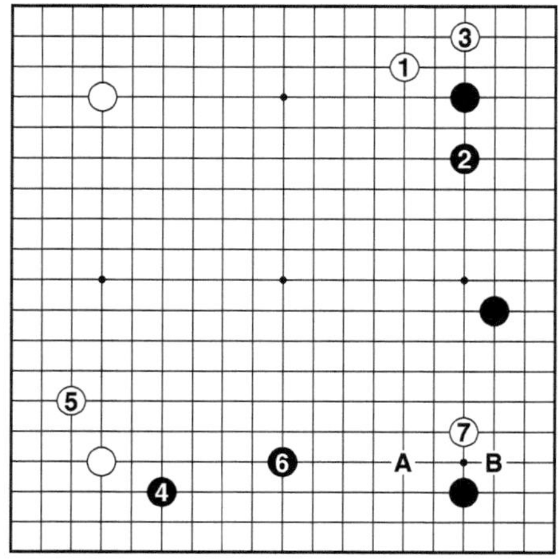

Zwei Möglichkeiten
두 가지 길

Wenn sich Weiß mit 1 annähert, dann ist die Zugfolge bis Weiß 7 natürlich. Schwarz kann nun auf A oder B fortsetzen.

백1로 상변쪽에서 걸쳐오면 흑2에 받고 하변으로 전개하는 것이 보통. 백7의 걸침은 당연한데…. A, B 둘 다 가능한 대응법이다.

DIA. 02

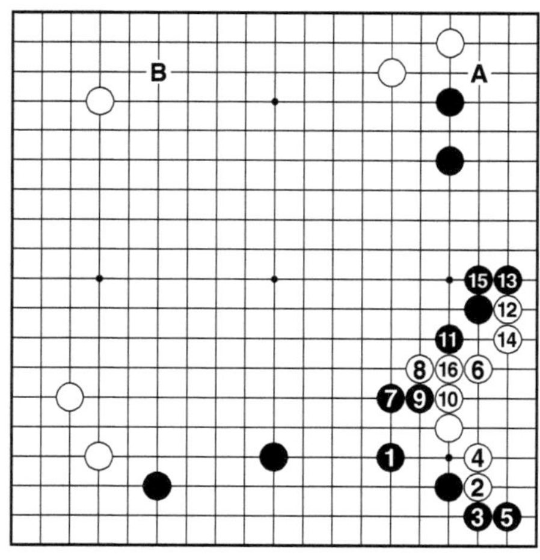

Jeongseok im Chinesischen Stil
중국식 정석

Schwarz 1 ist ein typischer Zug und führt in der Abfolge bis Weiß 16 zu einem ausgeglichenen Ergebnis. (Vgl. A8 Dia. 5 und 6)

흑1 날일자가 일반적으로 백16까지 호각. 이후 흑8나 B 등이 예산된다. 이 형태는 정석part 에서 자세하게 다룬 적이 있으니 참고하시길. (A8-5,6)

DIA. 03

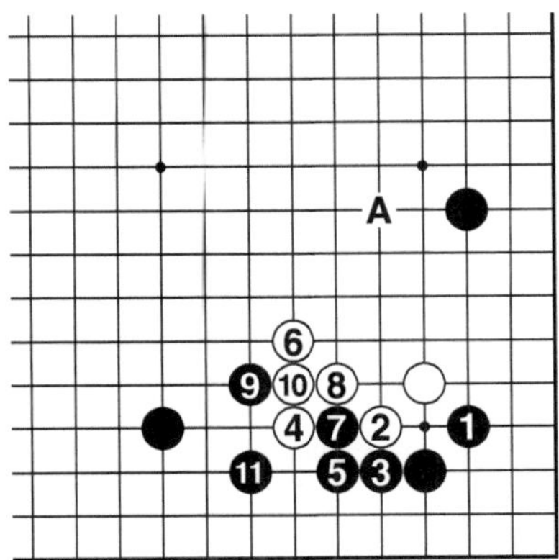

Gebietsorientiertes Jeongseok
실리 정석

Schwarz 1 ist sehr stark gebietsorientiert. Weiß 2 und 4 sind solide und gute Züge. Die Zugfolge bis Schwarz 11 ist Jeongseok. Anschließend spielt Weiß normalerweise auf A.

흑1은 실리전법. 백2는 둔탁해 보이나 흑의 끊음을 방지한 견고한 수. 흑11까지 정석으로 이후 백은 A로 전개하는 것이 보통.

DIA. 04

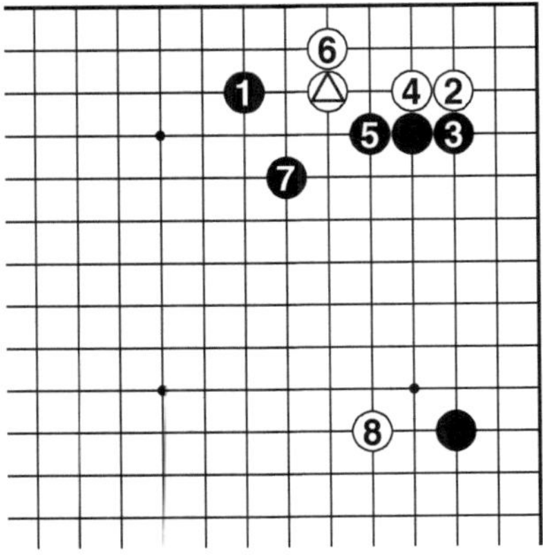

Jeongseok, aber...
정석이긴 하나….

Schwarz 1 ist als Antwort auf den markierten Stein in dieser Eröffnung nicht angebracht, denn nach Schwarz 7 ist Weiß 8 ein exzellenter Reduktionszug.

애초 △에 걸쳐왔을 때 협공은 이상감각. 정석 이후 백9 절호의 삭감으로 중국식을 견제해 흑이 불만이다.

DIA. 05

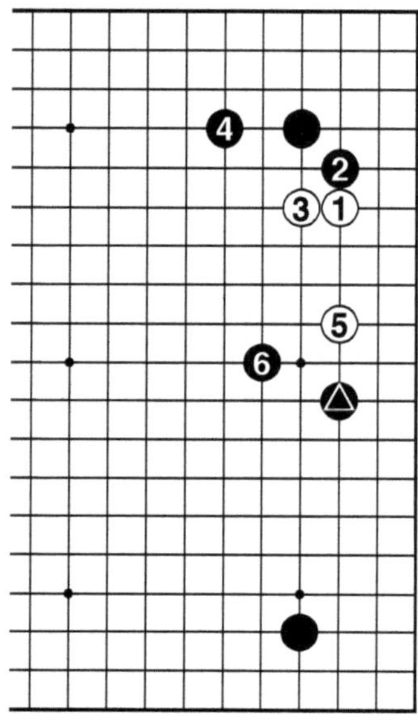

Plan von Schwarz
흑의 바람

Weiß 1 ist nicht gut, denn Schwarz 2 bis 6 sind ein kräftiger Gegenangriff und gleichzeitig baut Schwarz sein Moyang in der Brettmitte aus.

중국식에서 백1의 걸침은 흑이 바라는 바. ▲ 와의 간격이 좋다. 흑2-6까지 흑은 공격을 하면서 우하변을 키워 만족스럽다.

DIA. 06

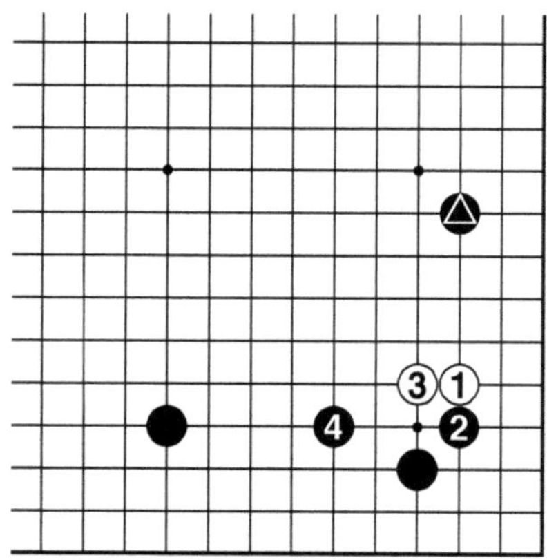

Falsche Annäherung
잘못된 걸침

Weiß 1 ist ebenfalls nicht gut, denn Schwarz 2 und 4 formen in Kombination mit dem markierten Stein einen starken Angriff.

중국식에서 백1의 낮은 걸침은 흑2,4의 공격이 준엄하다. ▲ 이 백의 벌릴 자리를 가로막고 있어 피곤한 형태.

DIA. 07

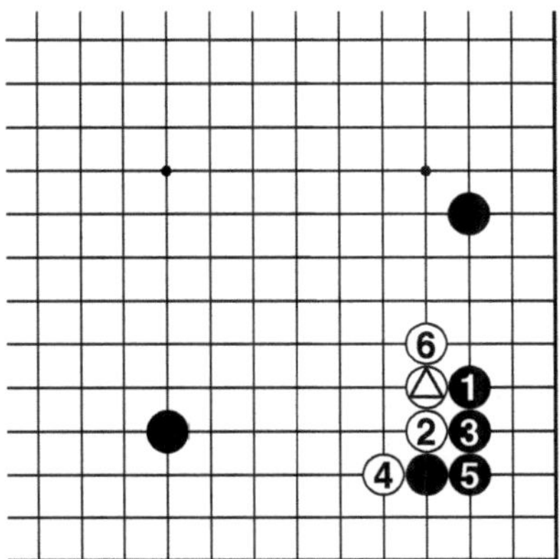

Gut für Weiß
백 편함

Schwarz 1 als Reaktion auf den markierten weißen Stein ist die falsche Richtung, denn nach Weiß 6 ist die schwarze Gruppe überkonzentriert.

△의 높은 걸침에 흑1의 밀붙임은 중복을 자초하는 꼴. 중국식 포석을 스스로 지우고 있는 형태.

DIA. 08

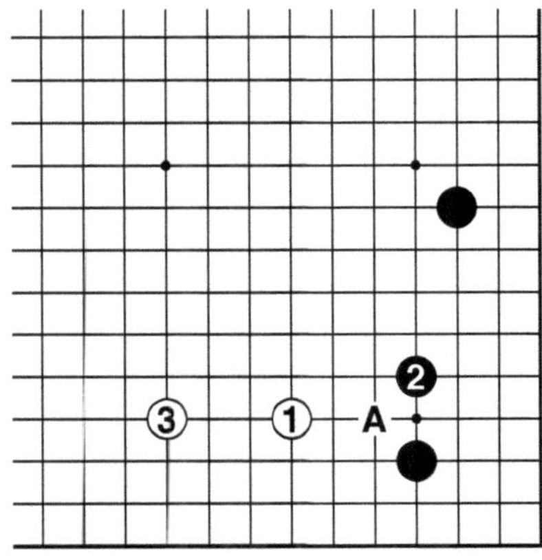

Entwicklungsmöglichkeiten der Chinesischen Eröffnung begrenzen
중국식 제

Weiß 1 ist ein typischer Zug, um sich der Chinesischen Eröffnung anzunähern. Schwarz 2 und Weiß 3 sind natürliche Fortsetzungen. Schwarz 2 auf A ist ebenfalls möglich.

백1로 측면에서 걸치는 것은 중국식을 견제하는 단골수법. 흑2라면 3으로 벌려 유연한 진행. 흑2로는 A의 지킴도 있다.

DIA. 09

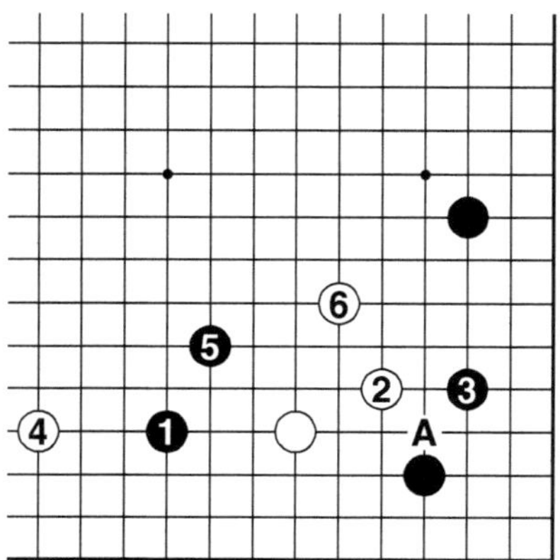

Aktive Spielweise
흑의 적극책

Der schwarze Klemmzug 1 ist in dieser Situation ebenfalls spielbar und die Zugfolge bis Weiß 6 eine mögliche Variante. Weiß kann 2 auch auf A spielen.

전도 흑2의 지킴이 느슨해 싫다면 흑1 협공도 가능. 백6까지 눈에 보이지 않는 몸싸움이 예상된다. 백2로 붙이는 복잡한 변화도 있다.

DIA. 10

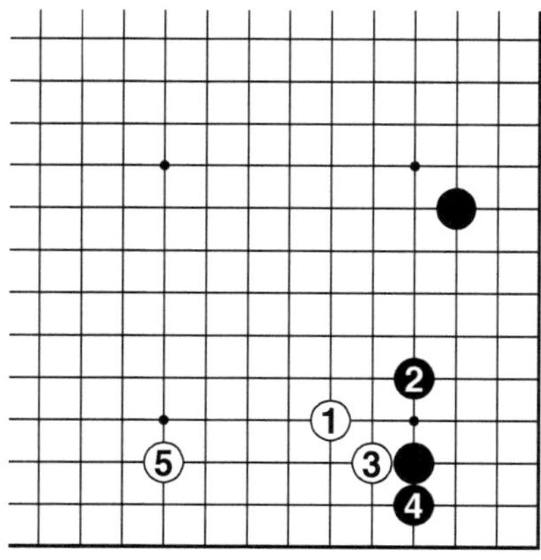

Annäherung mit dem Rösselsprung
날일자 다가섬

Weiß 1 ist eine weitere Alternative, sich der Chinesischen Eröffnung anzunähern. Die Züge Weiß 3 und 5 sind gut hier, sie werden gern von Wang Licheng 9-Dan gespielt.

백1로 한칸 더 다가가 흑2에 백3을 붙여두고 5에 벌리는 작전도 생각할 수 있다. 일본의 왕리청 9단의 애용수법.

B10. ERÖFFNUNG (포석)

DIE KOBAYASHI-ERÖFFNUNG (VGL. JEONGSEOK A12 - A13)

고야바시류 (정석편-소목눈목자걸침 A12-A13참고)

Grundstellung

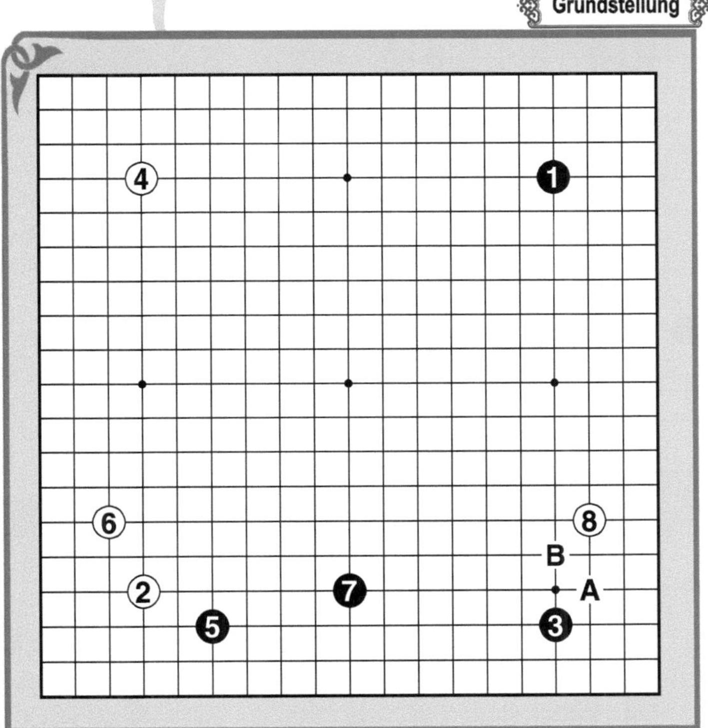

Diese Eröffnung wurde von Kobayashi Koichi 9-Dan entwickelt. Sie legt den Schwerpunkt auf die Entwicklung des unteren Brettrandes. Weiß 8 ist ein typischer Annäherungszug. Studieren Sie die Varianten nach Schwarz A und B!

일본의 고바이시 고이치 9단이 유해시켜 일명 '고바야시류' 로 불리는 이 포석은 하변을 크게 전개하는데 중점을 두고 있다. 백8은 흑의 세력을 경계한 완만한 걸침. 흑A와 B의 응수에 대해 알아보자.

DIA. 01

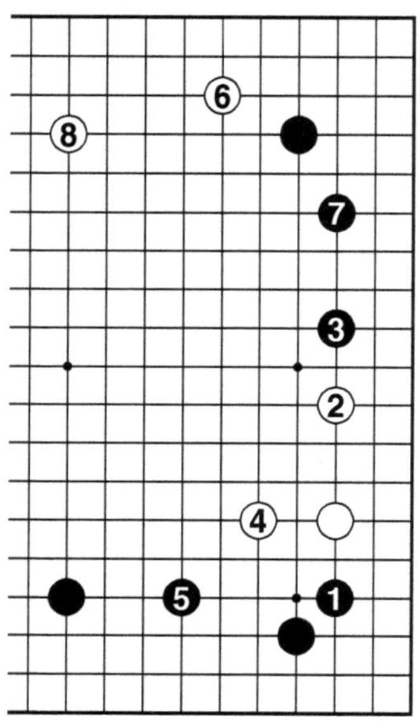

Friedliche Entwicklung
평온한 진행

Schwarz 1 ist ein klarer, präziser Zug. Schwarz 3 nimmt einen großen Punkt und nach Weiß 8 ist das Ergebnis ausgeglichen.

흑1은 간명책. 백2에 흑3에 다가가는 것은 큰 자리이다. 백4는 필요한 보강. 백8까지 피차 무난한 진행이다.

DIA. 02

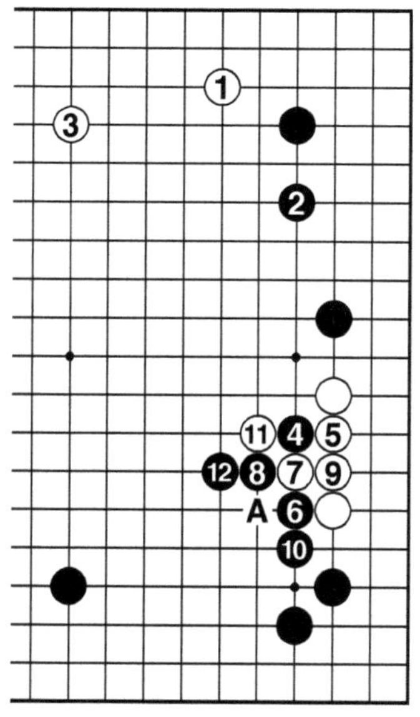

Große Gebietsanlage für Schwarz
흑 대세력

Weiß 1 ist in dieser Situation nicht gut, denn es lässt Schwarz die Züge 4 und 6 spielen. Nach der Abfolge bis Schwarz 12 ist das Ergebnis gut für Schwarz. Schwarz 4 auf A ist eine Alternative zur gezeigten Variante.

전도 백4로 손 빼고 우상귀 백1로 가는 것은 흑 4, 6의 씌움이 통렬하다. 흑12까지 하변이 크게 부풀고 있지 않는가. 흑4로 A에 두는 것도 한가지 방법.

DIA. 03

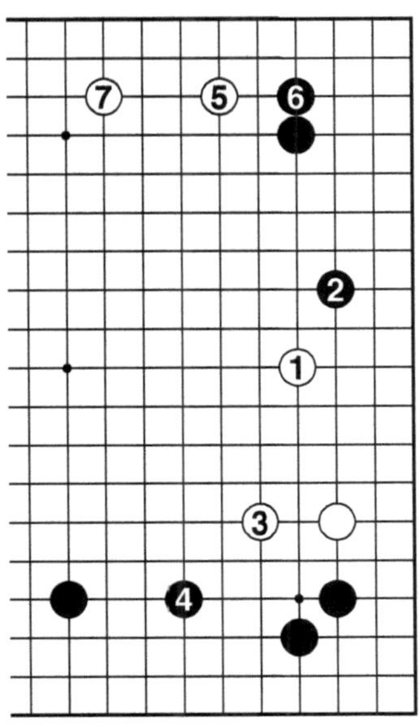

Die hohe Drei-Punkte-Ausdehnung
높은 세칸 벌림

Die hohe Drei-Punkte-Ausdehnung mit Weiß 1 ist ebenfalls möglich. Weiß 3 bis 7 sind eine flexible Fortsetzung in dieser Situation.

백1로 세칸 벌리는 수도 있다. 흑2에 백3으로 뛰어두고 선을 돌려 큰 곳을 차지해 유연한 흐름이다.

DIA. 04

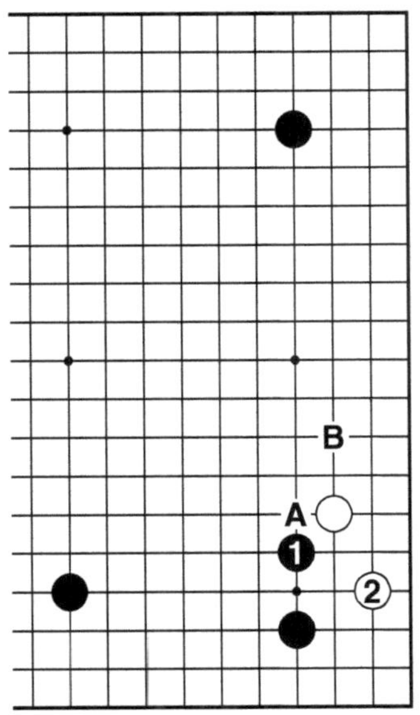

Den unteren Rand ausbauen
하변 키우기

Mit 1 möchte Schwarz den unteren Rand ausbauen. Weiß 2 ist eine gebietsorientierte Antwort, auf die Schwarz wiederum mit einem Zug auf A oder B reagieren kann.

흑1은 노골적으로 하변을 키우겠다는 의도가 담긴 수. 백2가 실리적인 대응. 이때 흑의 방법은 A, B 등이 있다.

DIA. 05

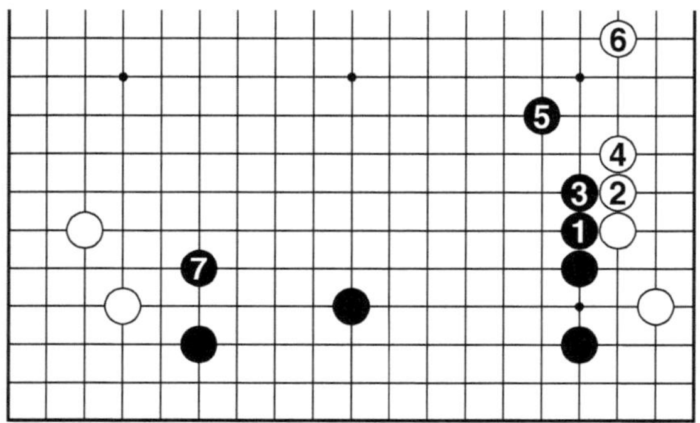

Gebiet und Einfluss
실리 대 세력

Schwarz 1 und 3 sind hier kraftvolle Züge. Mit dem Zug auf 7 schließt Schwarz den Aufbau einer großen Gebietsanlage am unteren Brettrand ab.

단순하게 흑1, 3으로 밀고 세력을 확장하는 것도 유력한 방법.

DIA. 06

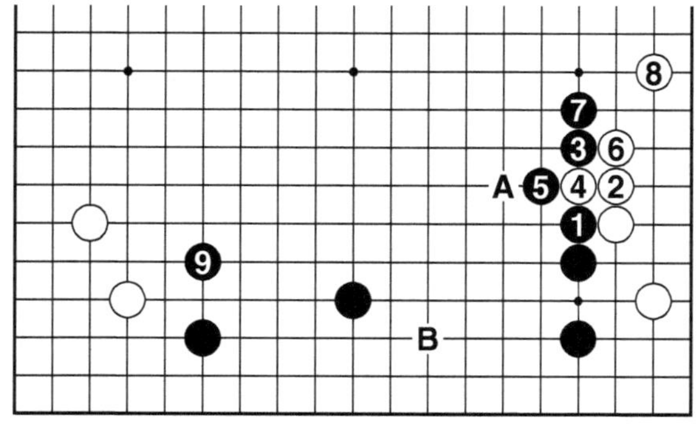

Ähnliche Entwicklung
유사형

Schwarz 3 ist eine spielbare Alternative, aber es bleiben einige Schwachstellen, wie zum Beispiel auf A und B, zurück.

흑3으로 먼저 씌우는 방법도 있다. 한발 더 나아간 대신 하변에 A, B 등의 맛이 있다.

DIA. 07

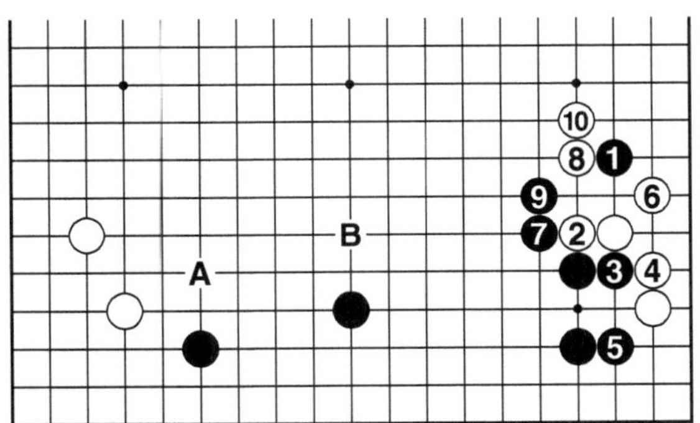

Klemmen
흑 협공

Der schwarze Klemmzug auf 1 ist eine populäre Spielweise. Die Sequenz bis Weiß 10 ist die moderne Variante des Jeongseoks. Danach kann Schwarz das Moyang mit einem Zug auf A oder B ausdehnen.

흑1의 협공이 가장 많이 두어지는 수로 백10까지가 신 정석형. 이후 흑은 A, B 등으로 뛰어 하변을 확장한다.

DIA. 08

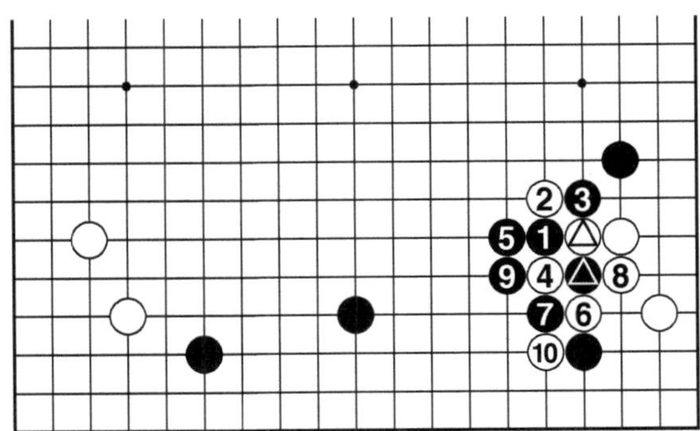

Altes Jeongseok
구형

Schwarz 1 und 3 als Antwort auf den markierten Stein sind die traditionelle Spielweise. Schwarz 7 und 9 sind Maek. Danach schneidet Weiß auf 10 (Schwarz 11 schlägt Weiß 4).

△에 밀 때 흑1로 젖혀 3에 끊는 것은 옛 정석. 흑7, 9로 막아가는 것이 맥점. 백도 10으로 끊어가는데…. 11…▲

DIA. 09

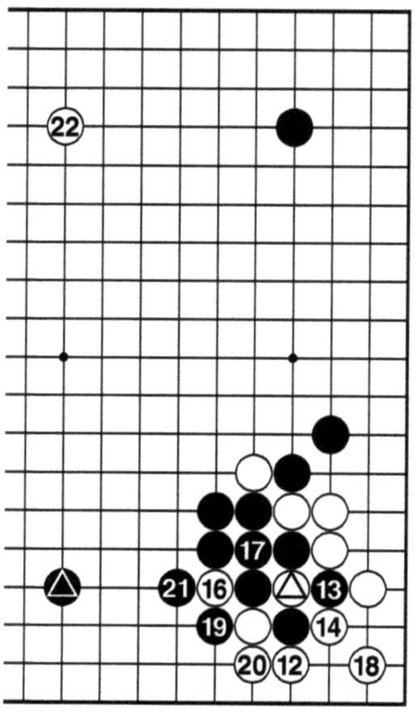

Überkonzentriert
흑 중복

Weiß 12 bis 18 (Schwarz 15 deckt) sind sehr gute Züge in dieser Situation. Nach Schwarz 21 ist das Ergebnis etwas besser für Weiß, da sich der markierte schwarze Stein zu nah an der schwarzen Stärke befindet.

계속해서 백12-18까지 되몰고 지키는 것이 멋진 수법. 흑 세력이 좋긴 하지만 ▲ 와의 간격이 좁아 중복의 형태. 15…△

DIA. 10

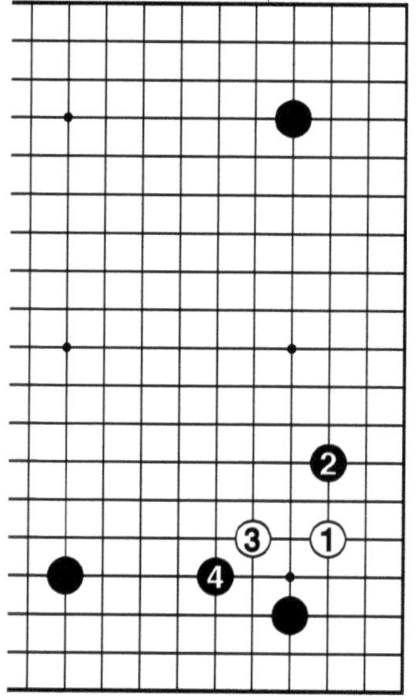

Schlechte Wahl
잘못된 걸침

In der Kobayashi-Eröffnung ist Weiß 1 kein empfehlenswerter Zug, denn Schwarz steht bereits am unteren Rand und kann nun mit den Zügen 2 und 4 den weißen Stein angreifen.

고바야시류에서 백1의 날일자 걸침은 협공을 당해 좋지 않다. 흑의 응원군들이 하변에 있어 싸우기 쉽지 않기 때문이다.

B11. ERÖFFNUNG (포석)

SOLIDE ERÖFFNUNG MIT DEM 4-4-PUNKT UND DEM 3-4-PUNKT

견실한 귀굳힘 포석- 화점 소목 병행형

Grundstellung

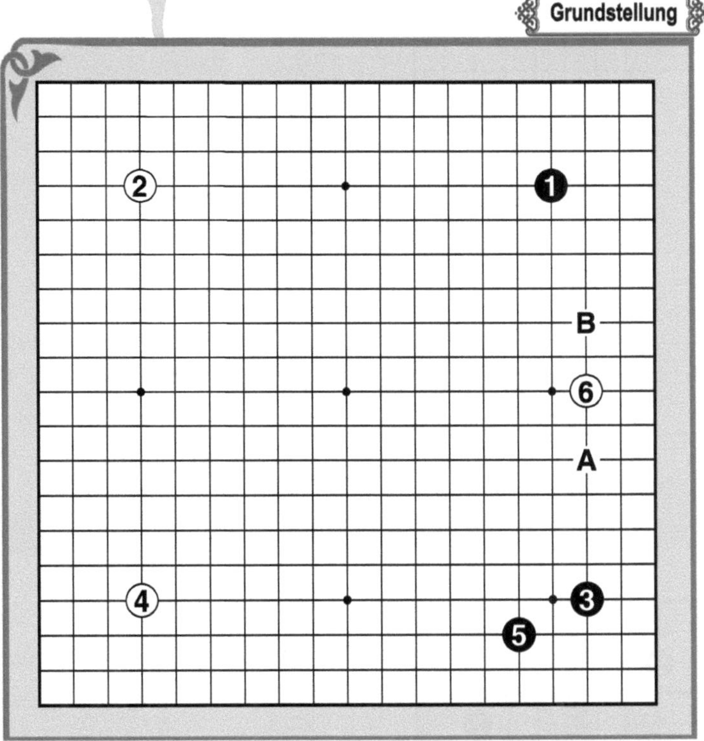

Diese Eröffnung, in der Schwarz mit 1 einen 4-4-Punkt spielt und anschließend mit 3 und 5 eine Ecke sicher einschließt, ist ruhig und solide. Weiß 6 besetzt einen wichtigen Punkt, der die schwarzen Stellungen am rechten Rand trennt. Wie soll Schwarz fortsetzen: auf A oder B?

흑1, 3으로 화점과 소목을 병행한 후 5로 귀를 굳히는 포진은 안정적이고 견실해 장기전으로 갈 확률이 높다. 백6의 갈라침은 흑을 양분하는 절대점. 흑은 A, B 두 가지 벌림을 생각할 수 있는데….

DIA. 01

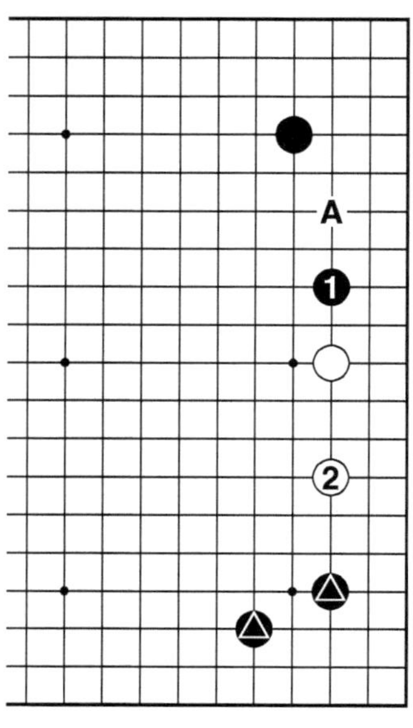

Falsche Richtung
틀린 방향

Schwarz 1 ist die falsche Richtung, denn Weiß 2 schränkt die Entwicklung der schwarzen Stellung in der rechten unteren Ecke ein. Später kann Weiß die Schwäche auf A ins Visier nehmen.

흑1은 방향착오. 백2로 안정을 취하고 나니 흑 (▲) 귀굳힘의 발전성이 떨어질 뿐더러 A의 침입까지 남아 기분 나쁘다.

DIA. 02

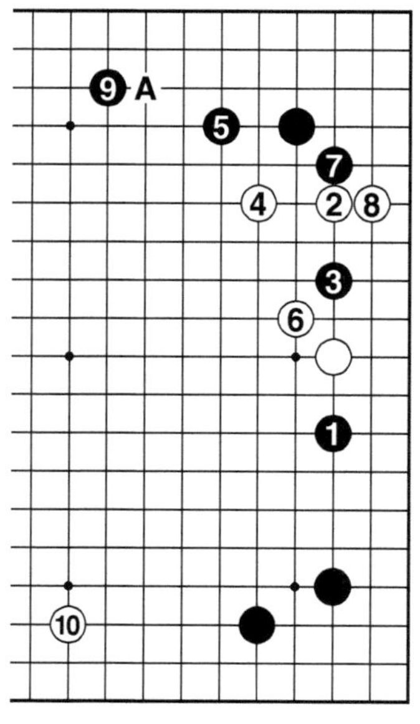

Jeongseok
정석형

Schwarz 1 ist die richtige Richtung. Schwarz 3 ist ein Opfer, das Schwächen in der weißen Stellung hervorrufen soll. Die Abfolge bis Schwarz 9 ist Jeongseok.
Verzichtet Schwarz auf 9, dann wird Weiß mit einem Zug auf A angreifen.

흑1의 다가섬이 정 방향. 백2 벌림에 흑3은 백집에 허점을 남기는 수. 흑9까지가 정석형. 흑9를 소홀히하면 백A의 다가섬이 통렬하다.

DIA. 03

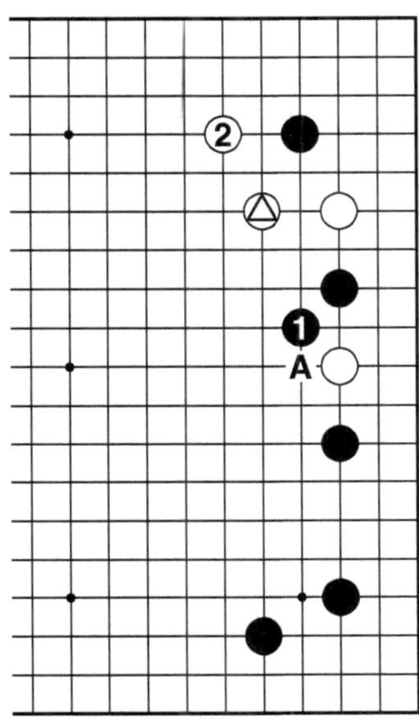

Gierig
흑 욕심

Schwarz 1 als Antwort auf den markierten Stein ist zu gierig. Weiß wird nun mit 2 die Ecke angreifen. Zudem bleibt die Gefahr bestehen, dass Weiß auf A losläuft.

△ 한칸뜀에 흑1의 반발은 백2를 당해 좋지 않다. 흑은 귀에서 궁색하게 안형을 구해야 한다. 게다가 백A로 움직이는 뒷맛이 여전히 남아 있다.

DIA. 04

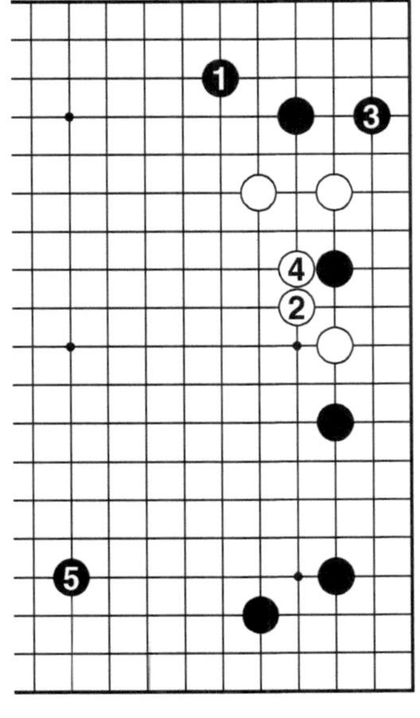

Gebiet und Stärke
실리 대 두터움

Schwarz 1 ist eine spielbare Variante. Nach dem Austausch Schwarz 3 für Weiß 4 spielt Schwarz die Ausdehnung am unteren Rand. Das Ergebnis ist etwas besser für Schwarz.

흑1로 낮게 받는 것도 있다. 백2라면 흑3에 귀를 굳힌 후 발빠르게 하변을 전개해 기분 좋다. 이것 역시 정석형으로 흑이 약간 낫다는 평이다.

DIA. 05

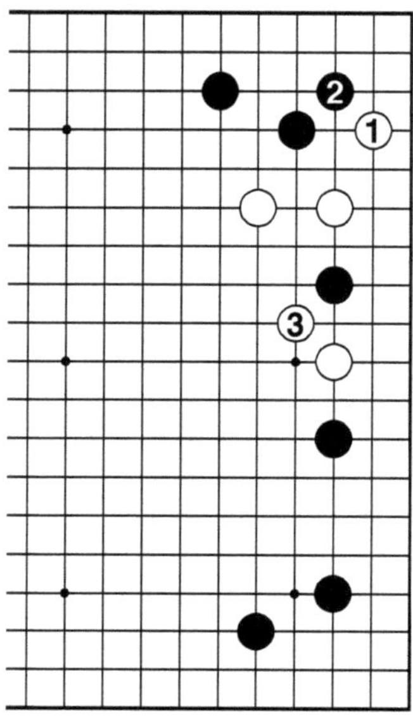

Gut für Weiß
백 만족

Weiß 1 ist in dieser Situation richtig. Antwortet Schwarz auf 2, dann spielt Weiß 3 und das Ergebnis ist für Weiß besser als im letzten Diagramm.

전도 백이 불만족스럽다면 백1의 반발이 가능. 흑이 받아만 준다면 백3으로 제압해 만족스런 모습.

DIA. 06

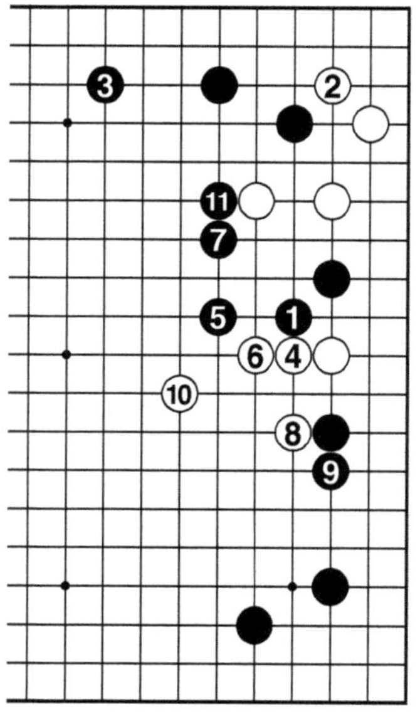

Ein kompliziertes Jeongseok
복잡한 정석형

Schwarz 1 ist daher fast erzwungen und Weiß 2 und 4 sind die zu erwartenden Folgezüge. Die Sequenz bis Schwarz 11 ist für beide Seiten die beste Spielweise.

흑1로 나오는 것이 기세. 백은 2로 안형을 취한후 4로 움직인다. 흑11까지 쌍방 최선의 절충으로 이 포석의 보편적인 형태.

DIA. 07

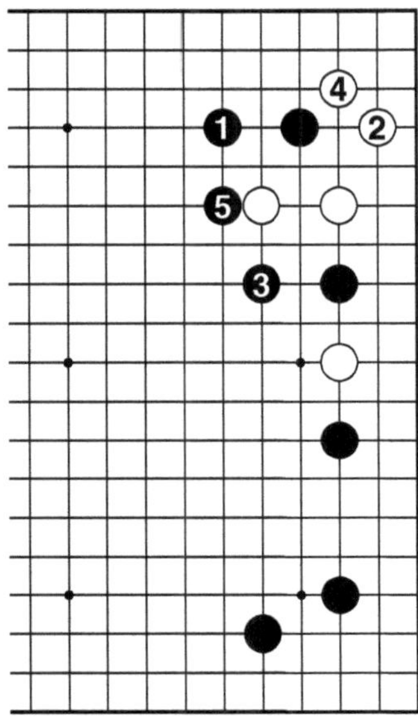

Einschließen
봉쇄

Weiß 2 ist als Antwort auf Schwarz 1 nicht angebracht, denn Schwarz wird Weiß mit den Zügen auf 3 und 5 einschließen.

흑1 한칸 뜀에 백2는 흑3이 준비되어 있다. 백4때 흑5로 봉쇄당하는 것이 아프다.

DIA. 08

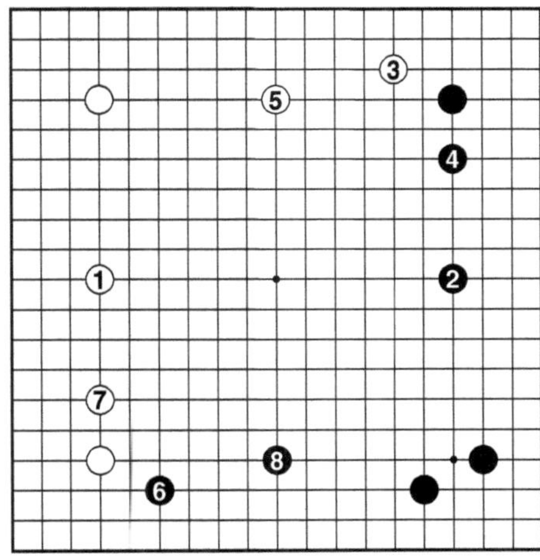

Idealform für Schwarz
흑 이상형

Spielt Weiß den großen Punkt 1 am linken Rand, dann formen Schwarz 2 bis 8 eine exzellente Stellung auf der rechten Seite des Spielbretts. Dieses Diagramm ist gut für Schwarz.

우변을 갈라치지 않고 백1로 두면 흑2가 절호점이 되어 흑이 기분 좋다. 우하일대가 이상적으로 구축되어 있지 않은가….

Übungen

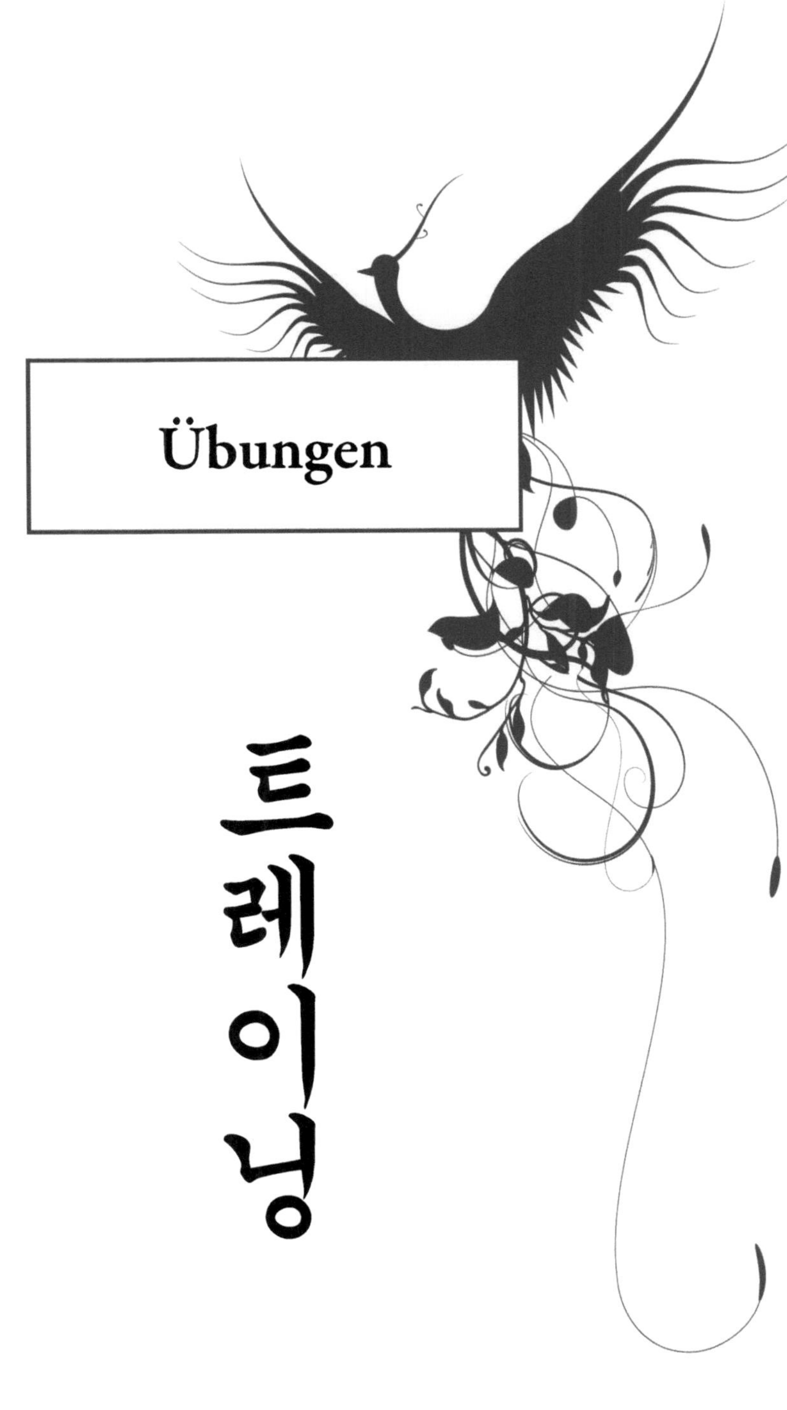

트레이닝

OPFER

돌 버리기 - 사석작전

Grundstellung

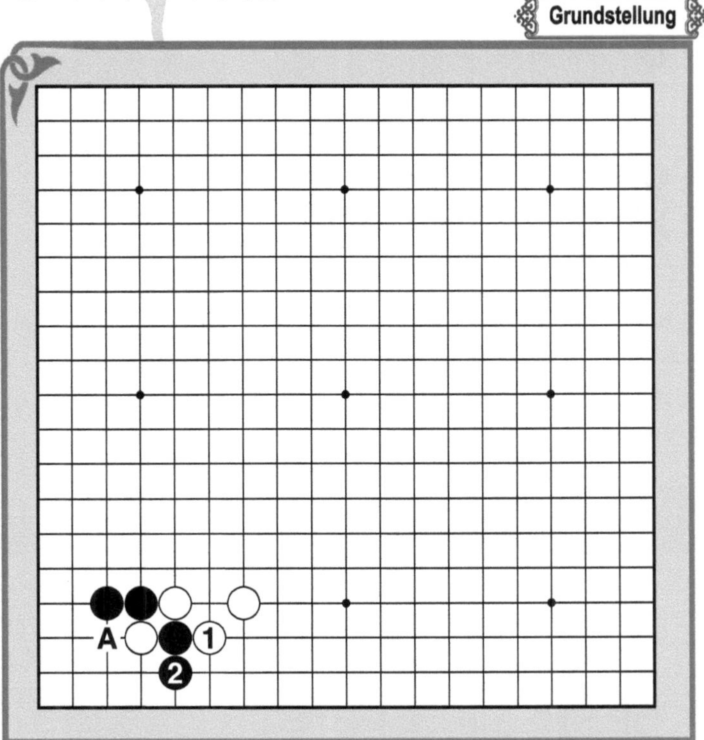

Die größte Schwierigkeit für schwächere Spieler stellt das Opfern von Steinen dar. Je stärker Sie sind, desto leichter fällt das Opfern. Lernen Sie, wie man dem Gegner Steine zum eigenen Nutzen opfert! Schwarz 2 ist in diesem Sinne ein guter Zug; ein Zug auf A dagegen schlecht.

하수들이 가장 어려워하는 것 중 하나가 돌 버리기다. 자신의 돌이 아까워 지키려 하다가 손해를 보는 경우가 더 많기 때문. 고수일수록 돌 버리기를 잘 한다. 버림돌을 이용해 어떤 이득을 보게 되는지 살펴보자.
백1의 단수에 흑2는 두점으로 키워서 버리는 좋은 예이다. 그냥 흑A로 몰아 빵때림을 주는 비능률적인 수법.

DIA. 01

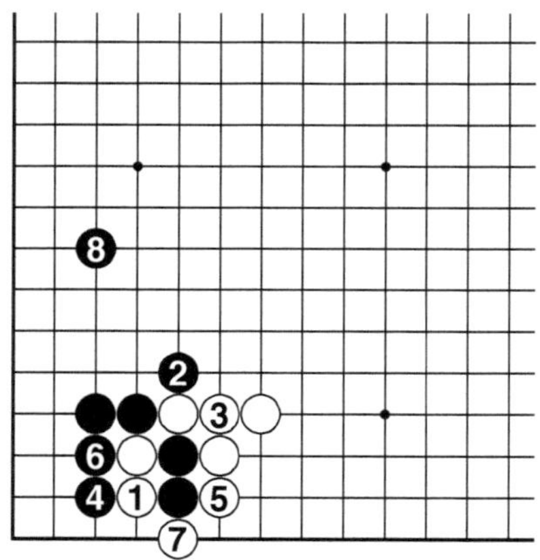

Auf beiden Seiten
양쪽 활용

Nach Weiß 1 sind Schwarz 2 bis 8 die korrekte Zugfolge. Durch das Opfern eines zusätzlichen Steins kann Schwarz auf zwei Seiten Vorhandzüge spielen.

백1로 두점을 잡을 때 흑2로 먼저 단수치고 4,6을 선수해 철저하게 활용한 모습이다. 그냥 빵때림을 주는 것과는 큰 차이다.

DIA. 02

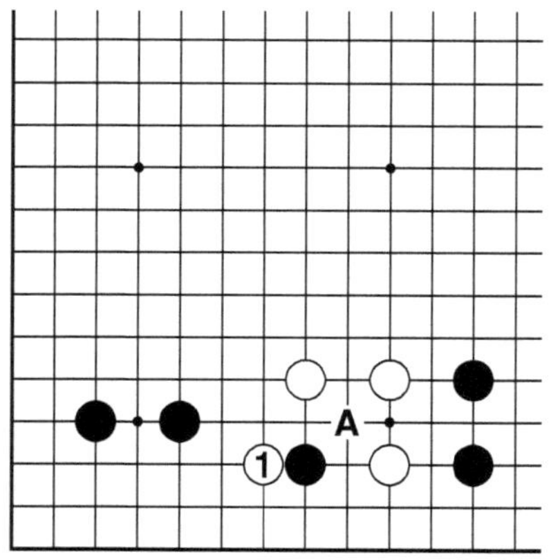

Beispiel 1: Opfer
예1: 희생타

Weiß 1 ist hier ein guter Opferzug. Zudem deckt dieser Zug die Schwäche auf A.

흑A의 들여다봄이 영 성가신 형태에서 백1의 건너붙임은 희생타. 백 석점을 안정된 모양으로 만들려는 생각이다.

DIA. 03

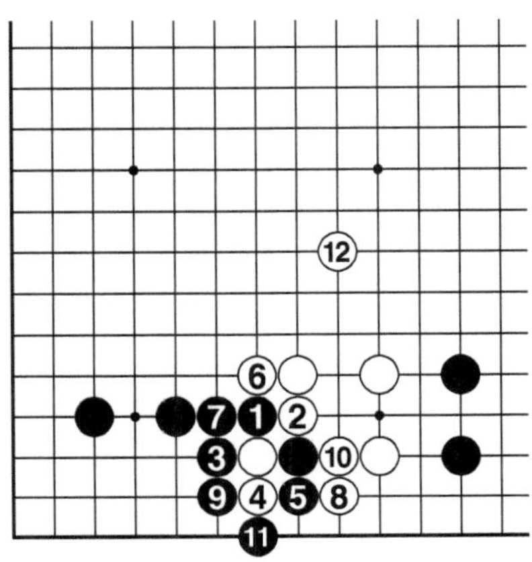

Opfersteine ausnutzen
죄어 붙이기

Das Strecken mit Weiß 4 ist wichtig, denn so kann Weiß mit den Vorhandzügen 6 bis 10 das Opfer bestens ausnutzen. Nach 12 hat Weiß eine sehr schöne Basis.

흑1,3 때 백4로 두점으로 키워 버리는 것이 중요하다. 백6, 8의 수순으로 죄어붙인 후 백12로 달아나 안정하는 데 성공.

DIA. 04

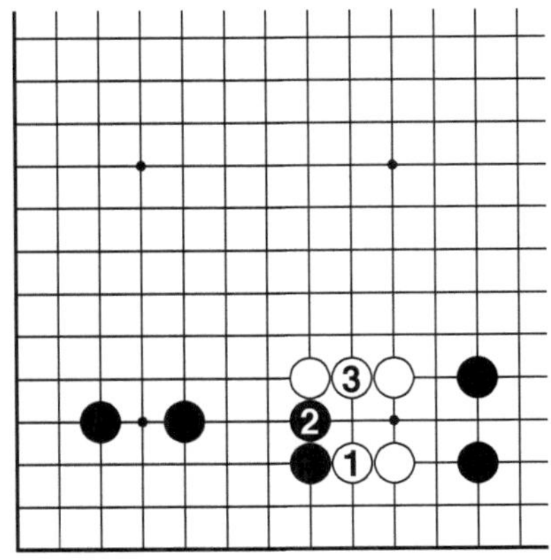

Schwere Form
무거움

Weiß 1 ist in dieser Situation nicht effizient, denn Weiß muss mit 3 noch einmal decken. Zudem hat Weiß noch keine solide Basis, das Ergebnis ist nicht gut für ihn.

백1은 비능률적인 태도. 안형도 없을 뿐더러 후수를 잡아 좋지 않다. 전도와 비교해 보시길….

DIA. 05

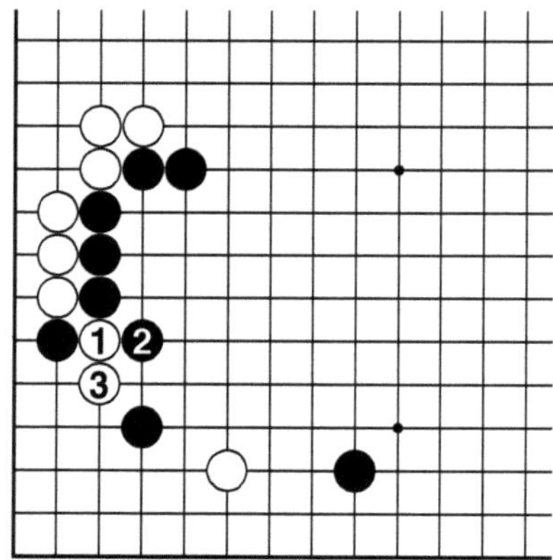

Beispiel 2: Schwarz am Zug
예2: 흑차례

Nach Weiß 1 und 3, wie sollte Schwarz hier die Opfertechnik anwenden?

백1, 3 으로 끊고 늘었을 때 흑은 어떤 식으로 돌을 버리는 것이 좋을까….

DIA. 06

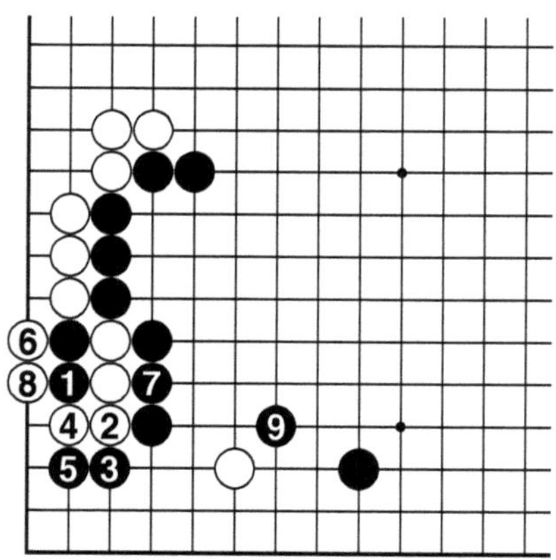

Richtig: Einen Stein hinzufügen
정답: 두점으로 키우기

Schwarz 1 ist richtig. Die Sequenz bis Schwarz 9 stellt einen Erfolg für Schwarz dar, denn der einzelne weiße Stein kann nun nicht mehr entkommen.

흑1로 두점으로 키우는 것이 맥. 흑7까지 죄어붙인 다음 흑9로 백 한점을 제압해 완벽한 모양을 구축했다.

DIA. 07

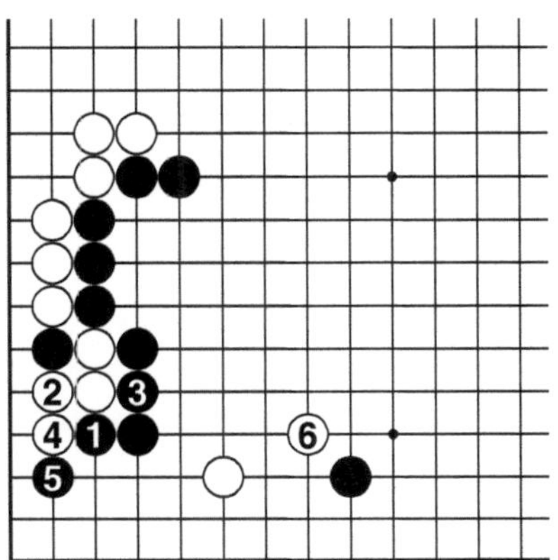

Fehler: Nachhand
실패: 선 후수 차이

Schwarz 1 und 3 sind hier nicht gut genug, denn nach Schwarz 5 kann Weiß Vorhand nehmen und mit 6 die schwarze Gebietsanlage reduzieren.

흑1로 그냥 막음은 백이 선수를 잡아 6으로 달아나 좋지 않다.

DIA. 08

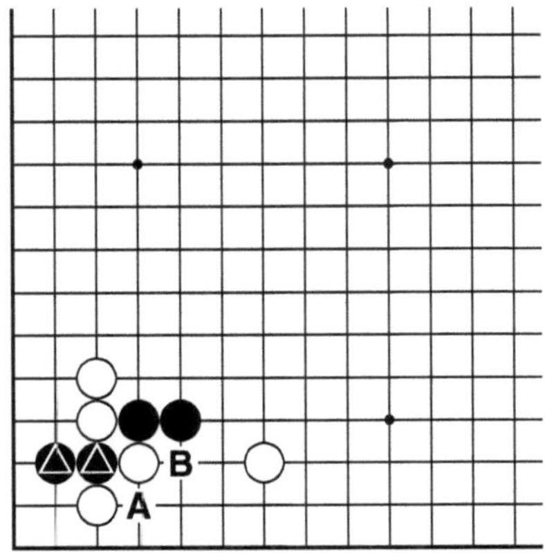

Beispiel 3: Schwarz am Zug
예3: 흑차례

Wie nutzt Schwarz die zwei markierten Steine am besten aus? Entscheiden Sie zwischen einem Zug auf A oder B.

▲ 두점을 버릴 생각이다. A, B 중 어떤 방법이 현명할까?

DIA. 09

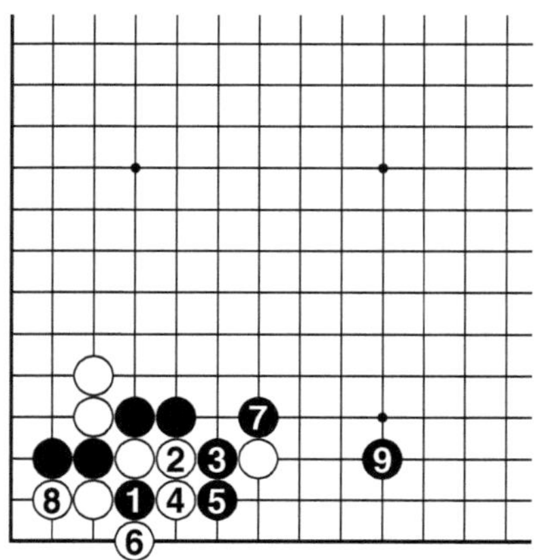

Richtig: Noch ein Opfer
정답: 뚫음

Schwarz 1 und 3 sind eine exzellente Kombination und das Ergebnis nach Schwarz 9 ist sehr zufriedenstellend. Weiß 8 ist notwendig.

흑1로 끊고 3,5로 관통하는 것이 현명한 방법. 백8로 가일수할 때 9로 벌려 만족.

DIA. 10

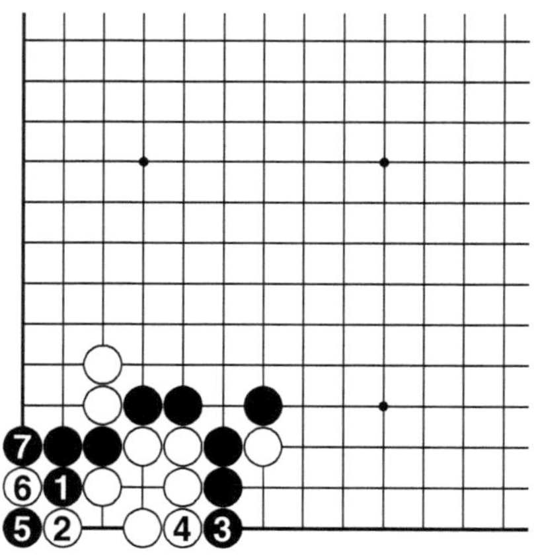

Variante: Ein Ko
변화도: 패 발생

Verzichtet Weiß auf den Sicherungszug 8 im letzten Diagramm, dann kann Schwarz mit der Zugfolge bis 7 ein Pae (Ko) um die Ecke beginnen.

전도 백8을 간과하면 귀에서 패가 나 골치 아프다. 흑5로 먼저 먹여치는 것이 좋은 수순.

DIA. 11

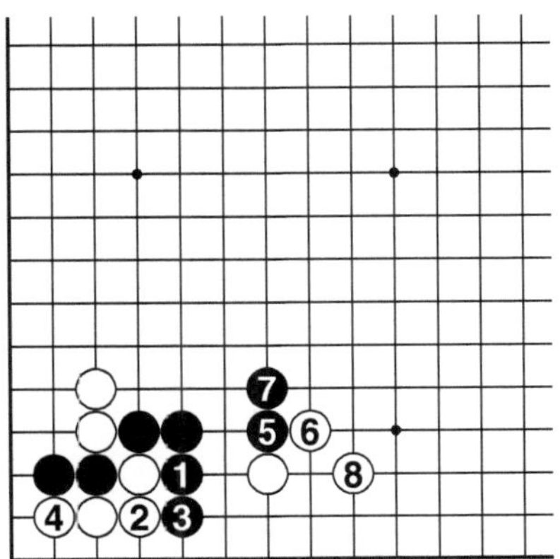

Fehler: Schwach
실패: 흑 고지식

Schwarz 1 und 3 sind hier nur schwache Züge. Nach der Abfolge bis Weiß 8 ist die schwarze Form schwer und angreifbar.

그냥 흑1,3으로 막는 것은 다음 행마가 마땅치 않다. 흑돌이 무겁지 않은가…

DIA. 12

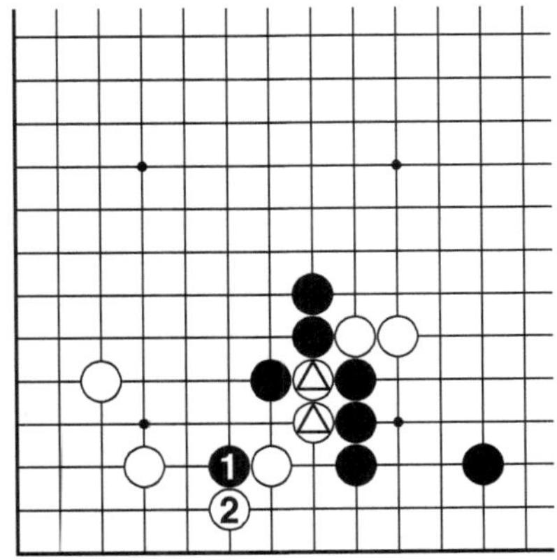

Beispiel 4: Schwarz am Zug
예4: 흑차례

Schwarz 1 möchte die markierten weißen Steine fangen. Weiß antwortet mit 2. Finden Sie das Maek, das die weißen Steine sicher fängt!

흑1은 △ 두점을 잡기 위한 사전 공작. 백2의 젖힘은 당연한데 이어지는 맥은?

DIA. 13

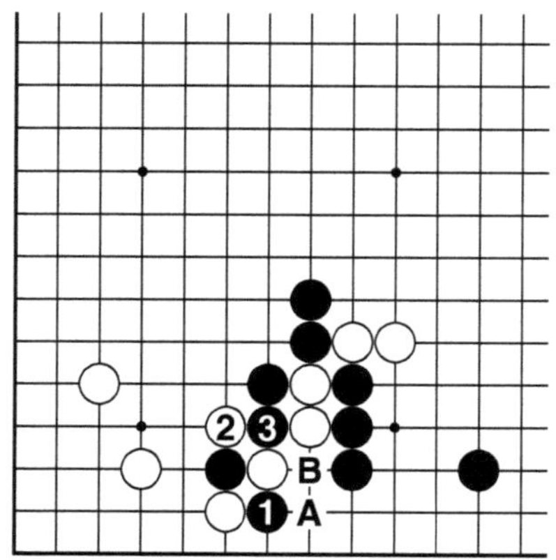

Richtig: Ein Opfer
정답: 한점 이용

Der Schnitt mit Schwarz 1 ist richtig. In der Abfolge bis Schwarz 3 fängt Schwarz die weißen Steine. Spielt Weiß mit 2 auf A, dann schneidet Schwarz auf B.

흑1로 끊는 것이 요령으로 백2때 흑3으로 백 두점을 잡는 데 성공. 백2로 단수치면 흑B로 끊어서 그만.

DIA. 14

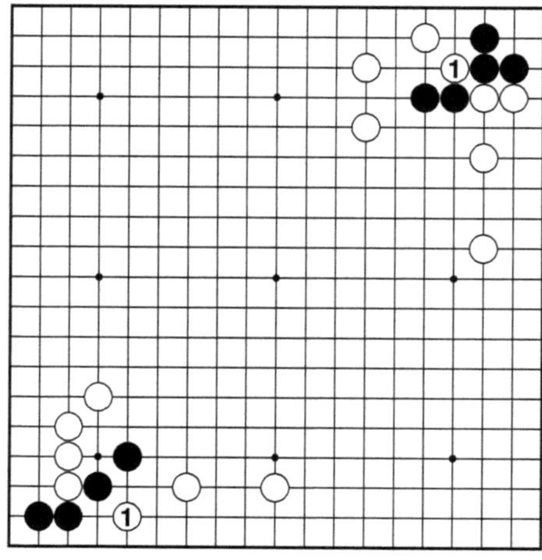

Beispiel 5: Schwarz am Zug
예5: 흑차례

Rechts oben: Der weiße Schnitt auf 1 ist aggressiv. Wie soll Schwarz hier reagieren?
Links unten: Weiß 1 ist schmerzlich für Schwarz. Wie kann Schwarz Vorhand nehmen?

좌하귀: 백1로 들여다본 장면이다. 단순히 잇는 것은 발이 느려 흑 전체가 위험하다. 선수를 취하는 맥점은?
우상귀: 백1로 끊어왔다. 위험에서 벗어날 수 있는 유일한 탈출구는?

DIA. 15

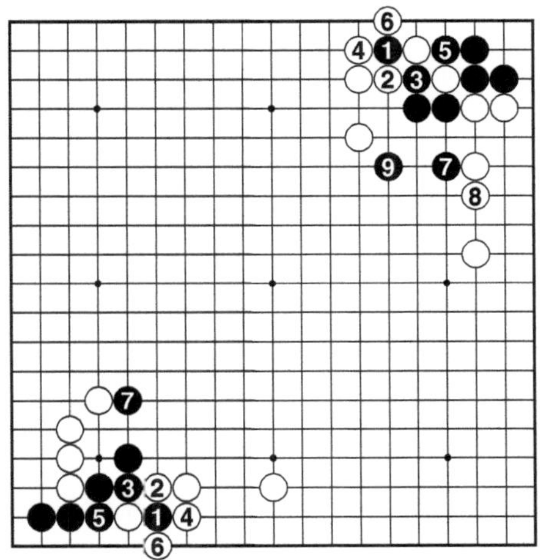

Richtig: Anlegen
정답: 건너 붙임

Schwarz 1 ist Maek. Auf diese Weise kann Schwarz seine Gruppen in Vorhand verbinden.

두 문제 다 건너 붙이는 것이 맥점. 흑은 선수를 잡아 바깥으로 진출해 위험에서 벗어났다.

DIA. 16

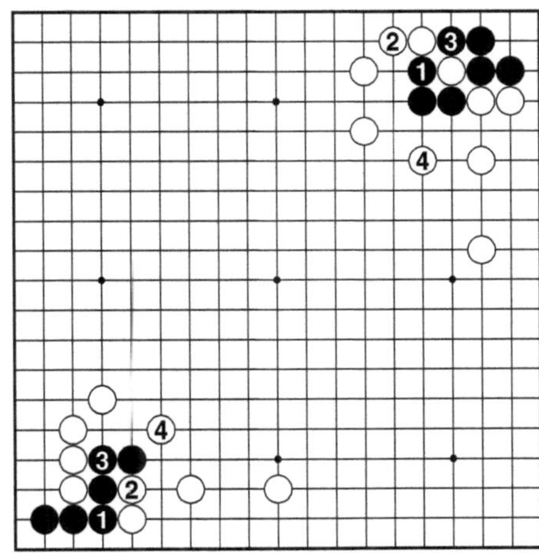

Fehler: Gefahr
실패: 때 늦은 후회

Das einfache Verbinden links unten und das Fangen mit Schwarz 1 und 3 rechts oben sind nicht richtig, denn nach Weiß 4 sind die schwarzen Gruppen in großer Gefahr.

단순히 잇거나 (좌하귀) 한점을 잡는 것은 (우상귀) 고지식한 착상으로 흑 전체가 위험하다.

DIA. 17

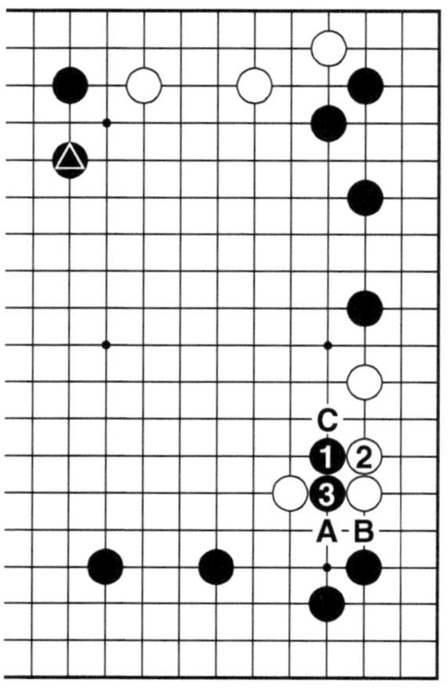

Beispiel 6: Weiß am Zug

예6: 백차례

Der schwarze Testzug auf 1 ist sehr beliebt in der Kobayashi-Eröffnung. Die Treppe (beginnend mit Weiß A, Schwarz B und Weiß C) läuft aufgrund des markierten Steins nicht für Weiß. Wie soll Weiß nun vorgehen?

흑1의 들여다봄은 고바야시 포진에서 자주 등장하는 수. 백2로 넘을 때 흑3으로 끊어온 장면이다. 백A 흑B 백C 축은 상변 △ 의 축머리가 있어 흑이 유리하다. 그렇다면 어떻게 처리해야 할까?

DIA. 18

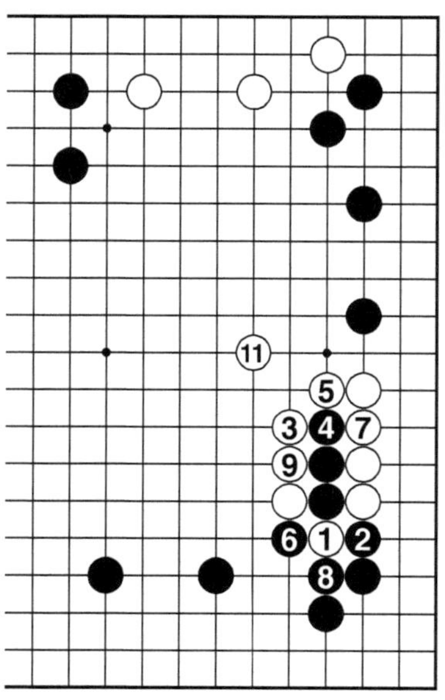

Richtig: Das Opfer ausnutzen

정답: 훌륭한 수습

Weiß 1 und 3 leiten die Opfertechnik ein und nach Weiß 11 hat Weiß ein gutes Ergebnis erzielt.

백1로 먼저 막고 3으로 씌우는 것이 멋진 돌 버리기 작전. 백7,9로 죄어붙인 후 백 11로 지켜 훌륭하게 수습했다.

DIA. 19

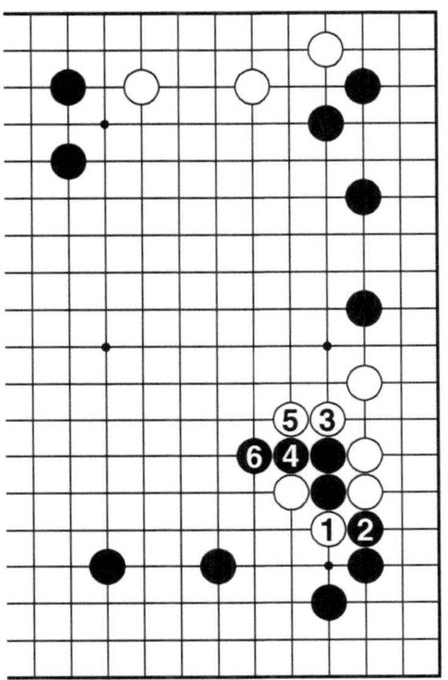

Fehler: Schwarz profitiert
실패: 흑의 바람

Weiß 3 ist ein Fehler, denn so spielt er Schwarz in die Hände, der großzügig Gebiet einstreicht.

백3으로 모는 것은 책략 없는 수로 흑이 바라는 바이다.

DIA. 20

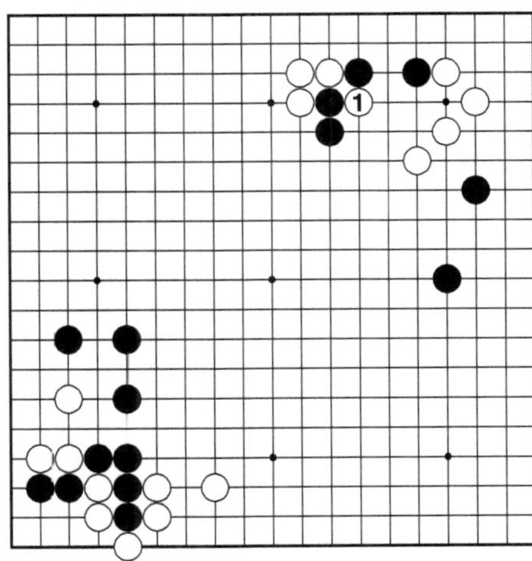

Beispiel 7: Schwarz am Zug
예7: 흑차례

Rechts oben: Weiß schneidet mit 1. Wie soll Schwarz antworten?
Links unten: Unglaublich, aber Schwarz kann in der Ecke leben.

좌하귀: 믿어지지 않겠지만 흑은 이 좁은 곳에서 두 집을 내고 살 수 있다.
우상귀: 백1로 끊어왔다. 모양을 정비하기 위해서는 사석작전이 필수.

DIA. 21

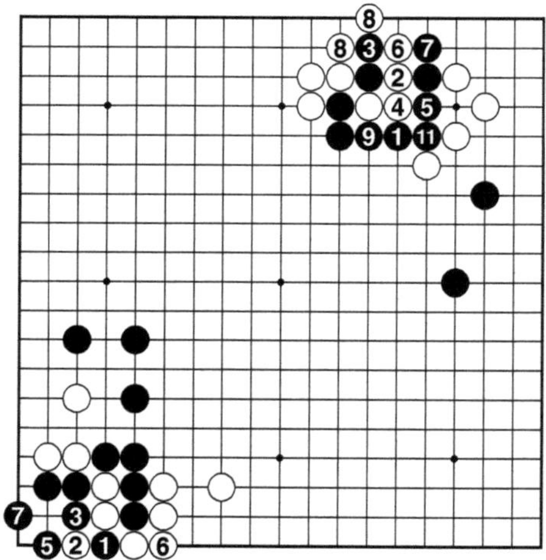

Richtige Antwort
정답

Rechts oben: Schwarz 1 und 3 sind die Schlüsselpunkte hier. Das Ergebnis nach Schwarz 11 ist sehr gut für Schwarz.
Links unten: Der schwarze Einwurf auf 1 ist die Lösung. Mit der Zugfolge bis Schwarz 7 lebt Schwarz in der Ecke.

좌하귀: 흑1의 먹여침이 쉽지 않은 착상. 흑7까지 예쁘게 두 집 내고 살았다. 4…1
우상귀: 흑1로 씌우고 백2때 흑3으로키우는 것이 포인트. 흑11까지 백을 차단하면서 흠집을 남겨 성공.

DIA. 22

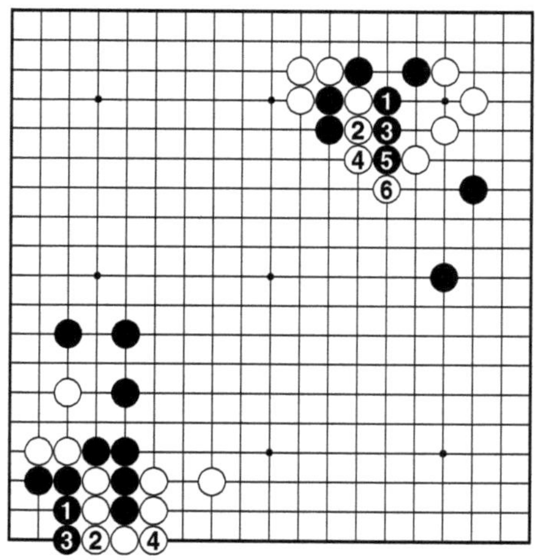

Fehler
실패

Rechts oben: Schwarz kann mit 1 bis 5 nicht entkommen. Nach Weiß 6 ist Schwarz fast schon tot.
Links unten: Schwarz 1 und 3 sind ein allzu plumpes Vorgehen, das keine zwei Augen bringt.

좌하귀: 흑1은 무덤을 파는 수. 두 집을 낼 길이 없다.
우상귀: 흑1로 탈출을 시도하는 것은 백6에 막혀 살기 힘들다.

C2. ÜBUNG (트레이닝)

MANGEL AN FREIHEITEN

자충-자신의수를스스로메워불리함이
나자멸을자초하게 만드는것

Grundstellung

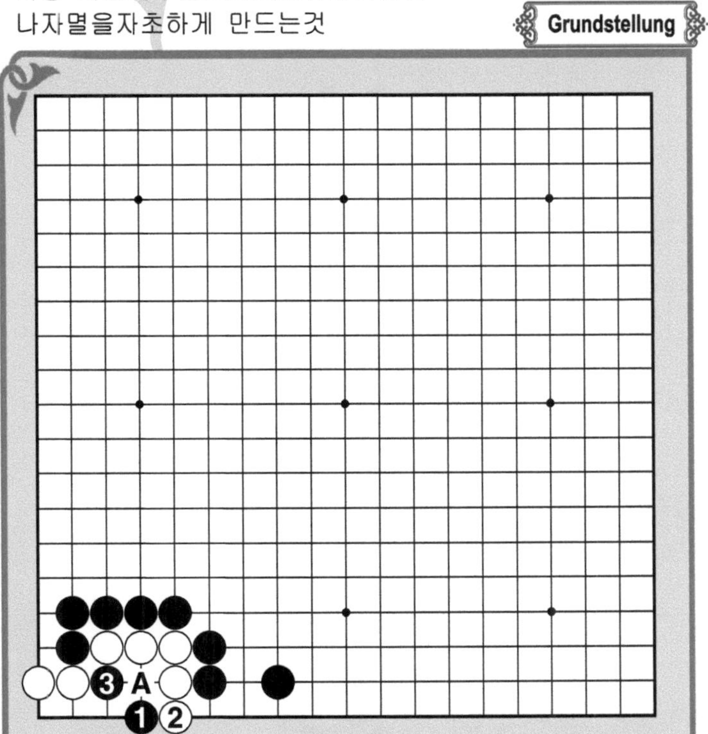

Studieren Sie, wie man einen Mangel an Freiheiten erzeugt und in Partien richtig einsetzt!
Schwarz 1 ist der Schlüsselpunkt für Leben-und-Tod-Probleme. Schwarz 3 nutzt den Mangel an Freiheiten aus, denn Weiß kann nicht auf A spielen.

제 자신을 스스로 궁지에 몰아 넣는 경우 자충수를 뒀다고 한다. 실전에서 자충에 관한 수들이 자주 나오는데, 어떤 경우에 자충을 이용하는지 알아보자.
흑1의 치중은 사활의 급소. 백2 때 흑3이 자충을 이용한 대표적인 수. 백은 A로 들어갈 수 없다.

DIA. 01

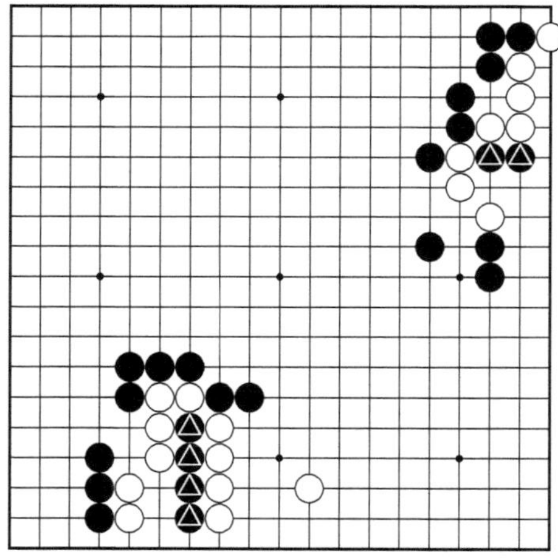

Beispiel 1: Schwarz am Zug
예1: 흑차례

Die beiden Probleme sind sich sehr ähnlich. Wie kann Schwarz die markierten Steine retten?

두 문제는 비슷한 유형. ▲는 자충을 이용해 살아갈 수 있다.

DIA. 02

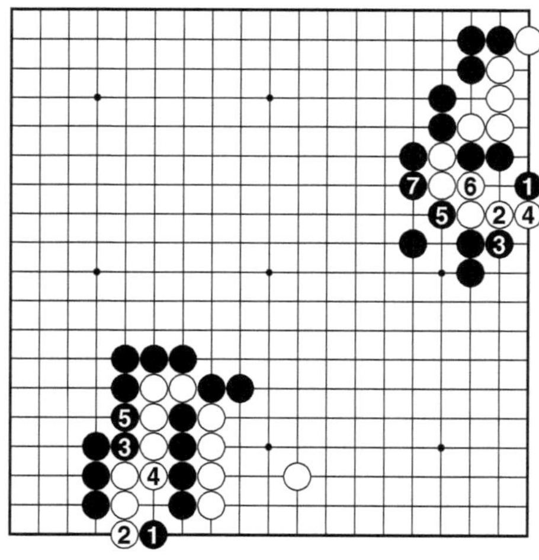

Richtig: Der Diagonalzug
정답: 마늘모 급소

Diagonalzug auf 1 ist die richtige Lösung. Schwarz gewinnt so den Wettlauf um Freiheiten.

1선의 마늘모가 자충을 만드는 급소. 백2의 차단에 흑3,5 수순이 정교하다.

DIA. 03

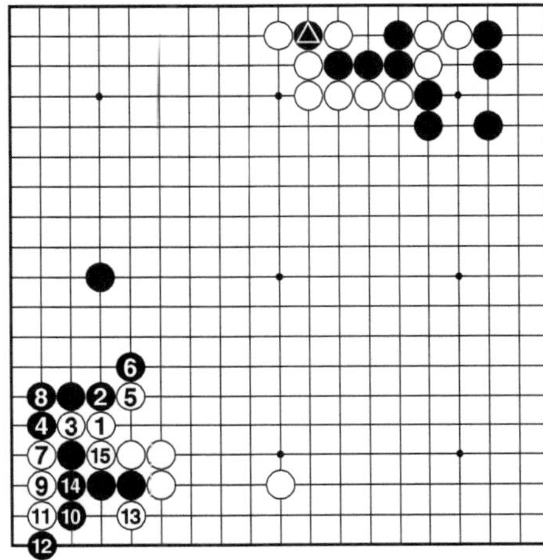

Beispiel 2: Schwarz am Zug
예2: 흑차례

Rechts oben: Wie kann Schwarz den markierten Stein ausnutzen, um den Wettlauf um Freiheiten zu gewinnen?
Links unten: Schwarz hat zwei, Weiß drei Freiheiten. Wie kann er die weißen Steine fangen?

좌하귀: 소목정석에서 나온 형태. 백의 공배는 3수, 흑의 공배는 2수로 흑이 죽은 것 같지만 흑에겐 준비된 수가 있다.
우상귀: ▲ 한점을 이용해 백 석점을 잡아보자.

DIA. 04

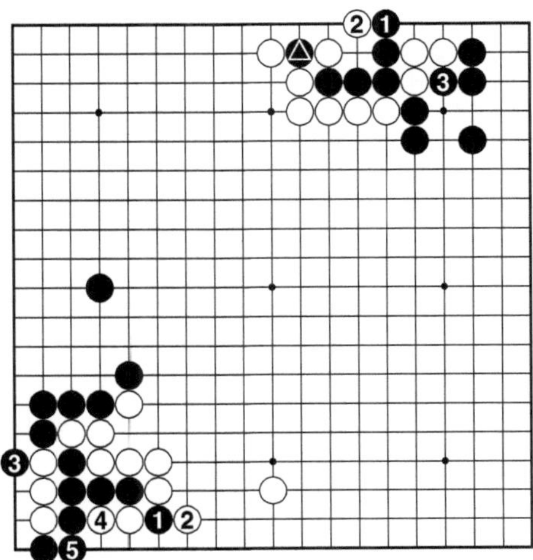

Richtige Antwort
정답

Rechts oben: Schwarz 1 ist richtig. Nun gewinnt er den Wettlauf mit einer Freiheit.
Links unten: Das Schneiden auf 1 ist der Schlüssel, denn so kann Weiß sich nicht so schnell von außen annähern.

좌하귀: 흑1의 끊음이 준비된 한 수. 이수로써 한수 늘게 되어서 흑이 이기는 수상전.
우상귀: 흑1로 가만히 빠지는 것이 침착한 수. ▲의 끊음으로 인해 흑이 한수 빠름.

DIA. 05

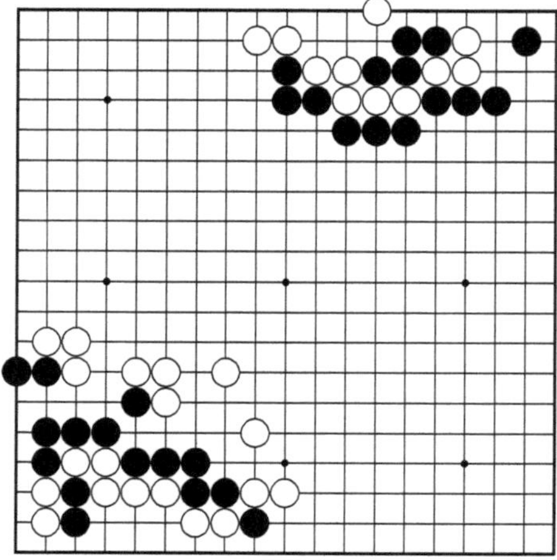

Beispiel 3: Schwarz am Zug
예3: 흑차례

Rechts oben: Wie kann Schwarz die vier Steine retten?
Links unten: Schwarz hat nur ein Auge. Er muss daher die zwei weißen Steine in der Ecke fangen.

좌하귀: 흑 전체가 한집밖에 없는 상황. 백진에서 수를 내야 한다.
우상귀: 흑 넉점을 살리기 위해서는 사전공작이 필요하다.

DIA. 06

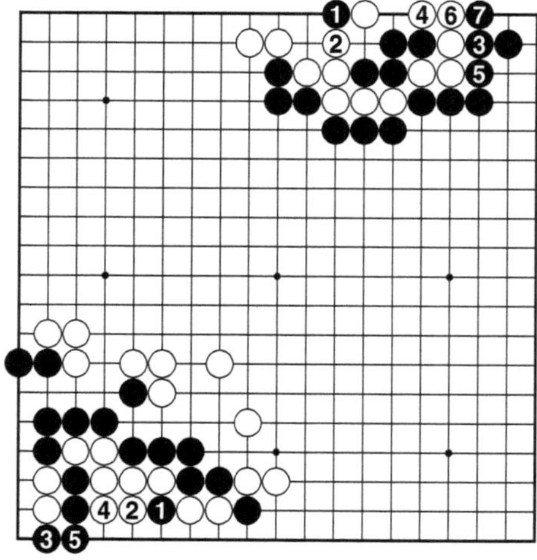

Richtige Antwort
정답

Rechts oben: Schwarz 1 ist Maek. Schwarz fängt die weißen Steine in der Abfolge bis 7.
Links unten: Schwarz 1 und 3 sind eine exzellente Kombination. Da es Weiß an Freiheiten mangelt, kann Schwarz die zwei weißen Steine in der Ecke fangen.

좌하귀: 흑1로 끊고 3으로 젖히는 것이 백의 자충을 만드는 완벽한 수순.
우상귀: 백의 공배를 메우기 전 흑1의 사전공작이 긴요하다. 흑1로 인해 바깥쪽으로 단수치는 것이 성립.

DIA. 07

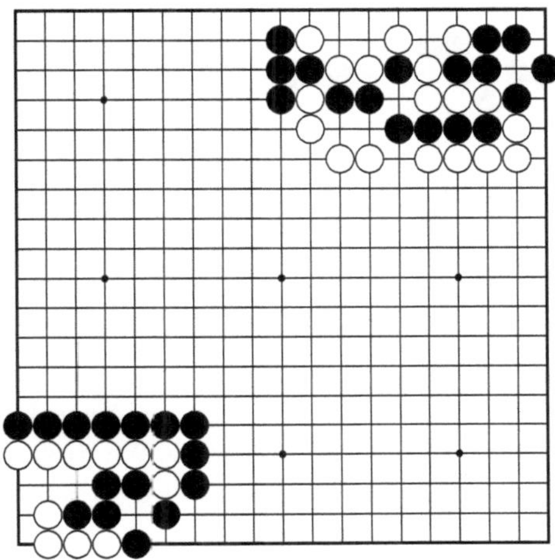

Beispiel 4: Schwarz am Zug
예4: 흑차례

Rechts oben: Es sieht schwierig aus, ist aber ganz einfach.
Links unten: Schwarz hat keine Zeit seine Schwächen zu decken.

좌하귀: 흑은 자신의 약점을 돌볼 시간이 없다. 정면돌파하라!
우상귀: 복잡해 보이지만 의외로 간단하다. 양자층을 유도하는 맥점은?

DIA. 08

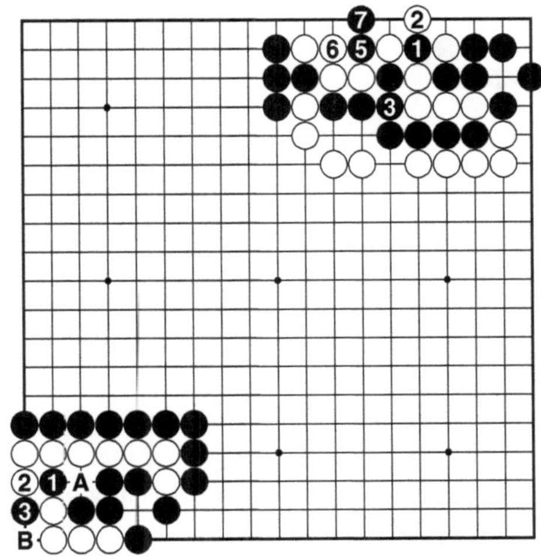

Richtige Antwort
정답

Rechts oben: Schwarz 1 ist der Schlüsselpunkt, nach der Abfolge bis Schwarz 7 ist Weiß tot (Weiß 4 auf 1).
Links unten: Schwarz 1 und 3 bauen eine Mausefalle. Weiß kann weder auf A noch auf B spielen.

좌하귀: 흑1로 끼움에 이은 3이 절묘한 수. 백은 A, B 모두 자충.
우상귀: 흑1 먹여침이 포인트. 흑5,7로 양분하고 나니 백이 양자충에 걸린 모습.
4…1

DIA. 09

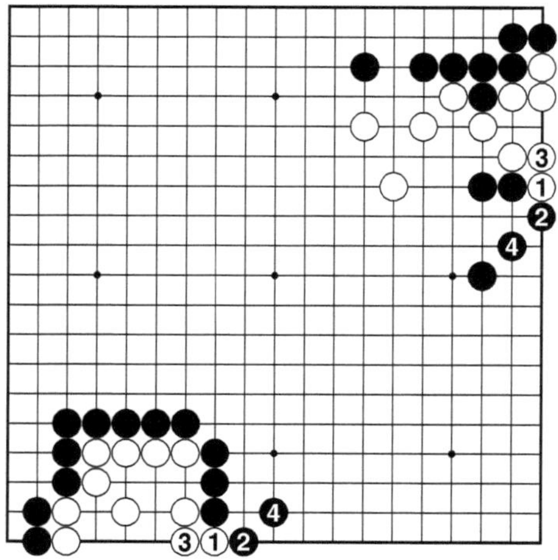

Beispiel 5: Schwarz am Zug
예5: 흑차례

Umbiegen und Verbinden?
Diese Situationen erscheinen häufig in realen Partien. Das weiße Umbiegen und Verbinden ist sehr gefährlich. Was passiert, wenn Weiß nicht noch einmal verteidigt?

젖힘 끝내기가 자충?
두 문제 모두 실전에 자주 등장하는 형. 백 1, 3으로 젖혀 끝내기를 하는 것은 위험한 발상이다. 흑4에 백이 손을 빼면?

DIA. 10

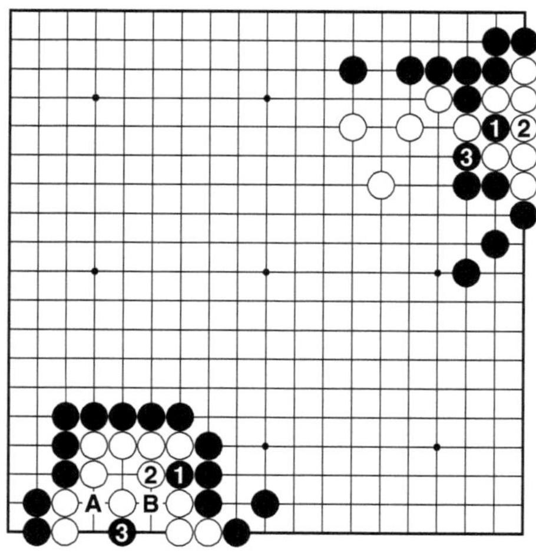

Richtige Antwort
정답

Rechts oben: Der schwarze Einwurf auf 1 führt zu einem Freiheitsmangel bei Weiß. Nach Schwarz 3 ist die weiße Kette verloren.
Links unten: Schwarz 1 und 3 töten die weiße Gruppe. Weiß kann nicht gleichzeitig auf A und B verteidigen.

좌하귀: 흑1, 3의 무시무시한 수가 숨어있다. A, B 가 맞보기로 백 사망.
우상귀: 흑1의 먹여침이 통렬하다. 백2로 따내면 흑3으로 전체가 잡힌다.

DIA. 11

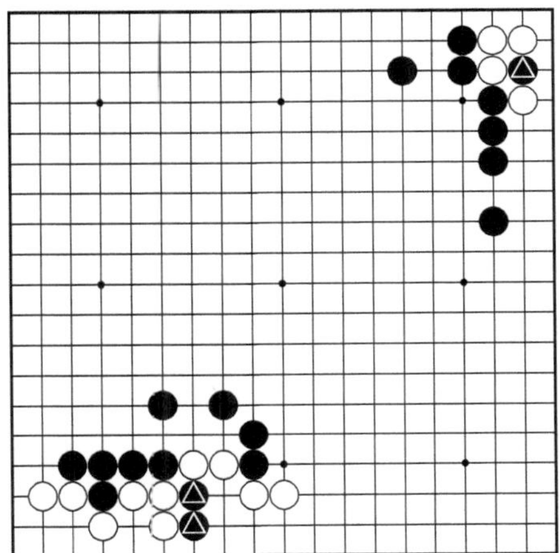

Beispiel 6: Schwarz am Zug
예6: 흑차례

Rechts oben: Wie kann Schwarz den markierten Stein ausnutzen?
Links unten: Wie kann Schwarz die Schwäche der weißen Ecke ausnutzen und die markierten Steine retten?

좌하귀: 백진의 약점을 이용해 두점을 살려보자.
우상귀: 흑 한점을 움직여 자충으로 백을 잡을 수 있다.

DIA. 12

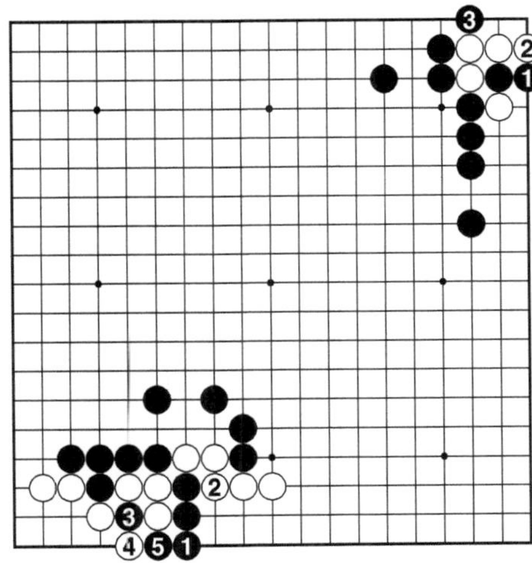

Richtige Antwort
정답

Rechts oben: Das Strecken zum Rand mit Schwarz 1 ist richtig. Schwarz 3 tötet, da Weiß aus Freiheitenmangel kein Auge in der Ecke bauen kann.
Links unten: Schwarz 1 streckt zum Rand. Deckt Weiß auf 2, nutzen Schwarz 3 und 5 die weiße Schwäche aus.

좌하귀: 흑1이 침착한 급소. 백2로 이을 때 흑3에 먹여쳐 백 석점을 잡을 수 있다.
우상귀: 흑 한점을 키워 죽이는 것이 정답. 백2때 흑3으로 백 응수곤란.

DIA. 13

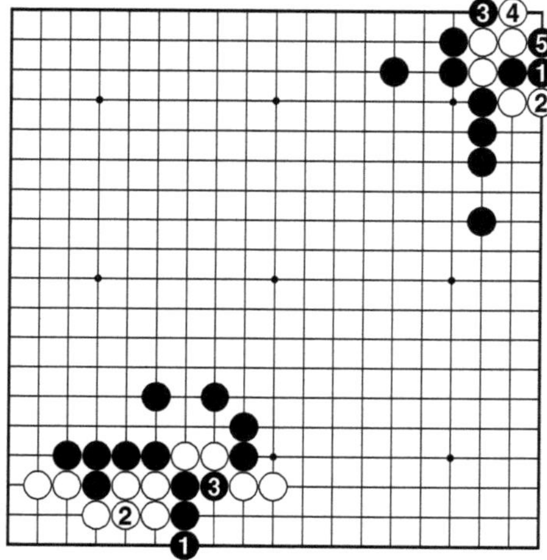

Variante
변화도

Rechts oben: Spielt Weiß 2 auf dieser Seite, dann töten Schwarz 3 und 5.
Links unten: Deckt Weiß mit 2 die Schwäche, dann schneidet Schwarz auf 3 und fängt zwei weiße Steine.

좌하귀: 흑1에 백2는 흑3으로 끊겨 한수 부족.
우상귀: 백2로 막으면 흑3에 젖히고 5로 들어가 백이 살 수 없다.

C3. ÜBUNG (트레이닝)

TRENNEN UND ABSCHNEIDEN

절단 - 끊는 방법

Grundstellung

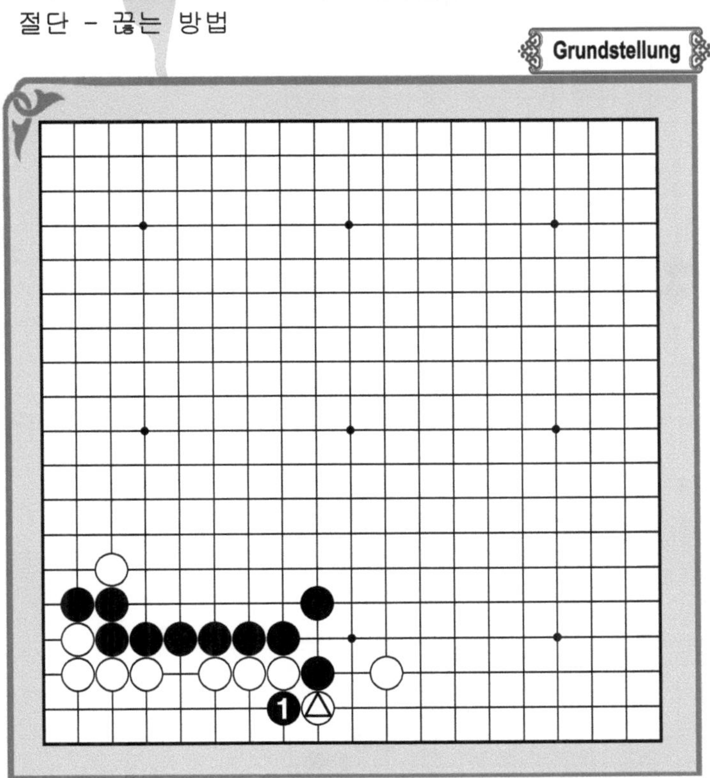

Es gibt viele Gründe, gegnerische Gruppen zu trennen oder Steine abzuschneiden, zum Beispiel um zu verhindern, dass der Gegner verbindet, um gegnerische Freiheiten zu reduzieren, um anzugreifen oder um zu verteidigen.
Welche Bedeutung hat Schwarz 1 als Antwort auf den markierten weißen Stein?

절단에는 연결을 방해하는 끊음, 수를 줄이는 끊음, 공격 또는 수비하는 끊음, 모양을 정비하는 끊음 등 다양하다. 어떤 상황에서 끊음이 적절히 사용되는지 살펴보자.
△ 이 젖혀온 모양에서 흑1로 끊어 갔다. 어떤 의미일까?

DIA. 01

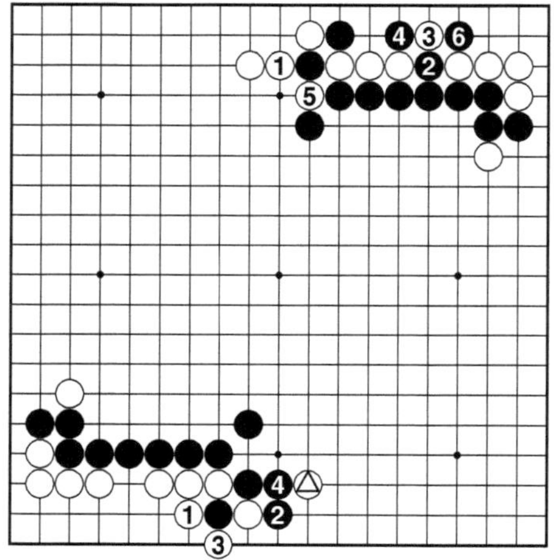

Abgeschnitten
백 차단

Rechts oben (Variante 1): Spielt Weiß 1, dann schneidet Schwarz mit 2 bis 6 und tötet die Ecke.
Links unten (Variante 2): Spielt Weiß 1, um die Ecke zu schützen, dann schneidet Schwarz den markierten Stein ab.

좌하귀 (참고1도): △ 와의 연결을 차단하는 의미가 담겨 있다. 백1이면 흑2로 간단히 차단된다.
우상귀 (참고2도): 백1의 버팀은 흑2로 나와 끊어 귀가 차단된다.

DIA. 02

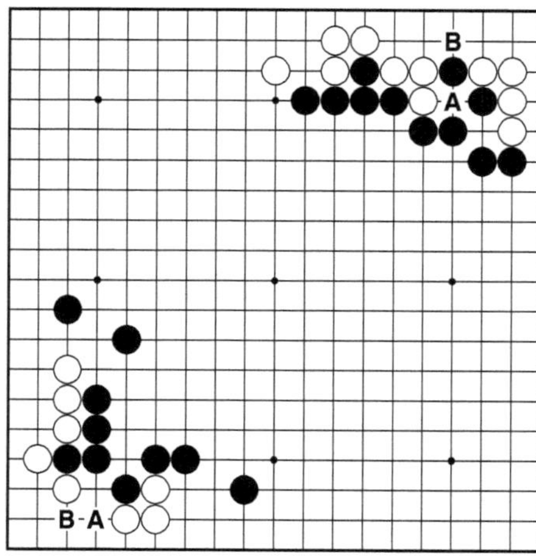

Beispiel 1: Schwarz am Zug
예1: 흑차례

Für beide Probleme gilt: Spielt Schwarz A, dann antwortet Weiß auf B. Wie soll Schwarz also spielen?

둘 다 비슷한 유형의 문제. 단순히 흑A는 백B로 연결해 아무 수도 안 난다. 백집을 파괴하는 급소는?

DIA. 03

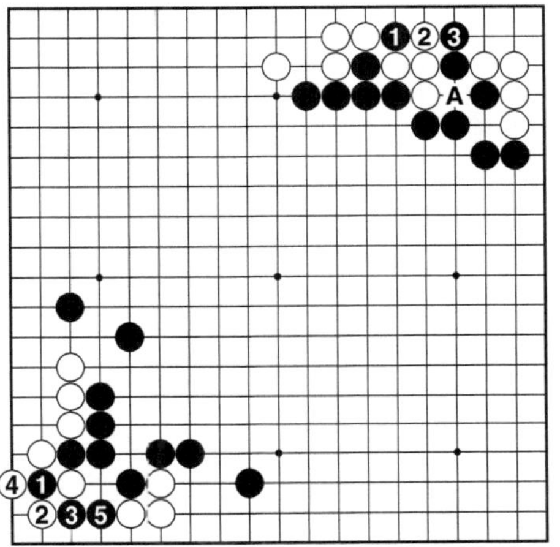

Richtige Antwort

정답

Rechts oben: Schwarz schneidet mit 1 und da Weiß nicht auf A spielen kann, gelingt Schwarz das Trennen. Weiß 2 auf 3 wird mit Schwarz auf 2 beantwortet.
Links unten: Schwarz 1 und 3 sind die richtige Zugfolge. Nach Schwarz 5 sind drei weiße Steine abgeschnitten und gefangen.

좌하귀: 흑1로 끊고 난 후 3의 단수가 정확한 수순. 흑3으로 5자리에 젖히면 백이 3의 곳에 이어서 연결된다.

우상귀: 흑1로 끊으면 백이 A로 들어 올 수 없어 흑3으로 진출이 가능하다. 백2로 흑3자리에 두면 흑이 백2의 곳에 끊어 환격.

DIA. 04

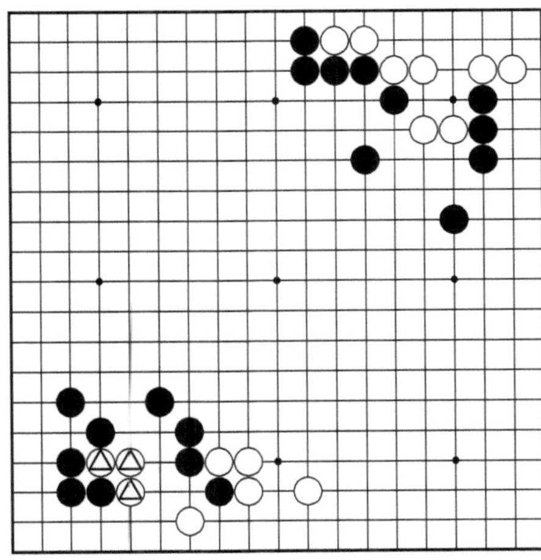

Beispiel 2: Schwarz am Zug

예2: 흑차례

Rechts oben: Die weiße Gruppe scheint sicher. Was kann Schwarz hier noch erreichen?
Links unten: Wie kann Schwarz die markierten weißen Steine abschneiden?

좌하귀: △ 석점을 단순히 끊는 것은 쉽지 않다. 사전 공작이 필요한 자리.

우상귀: 전혀 수가 날 것 같지 않다. 숨어있는 맥점은?

DIA. 05

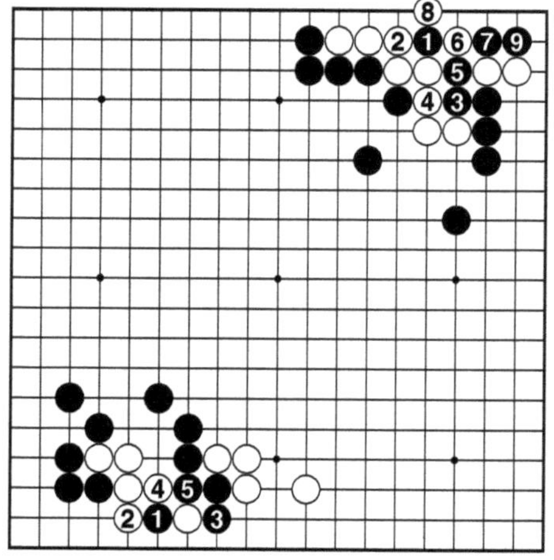

Richtige Antwort
정답

Rechts oben: Schwarz 1 ist Maek. Danach ist Schwarz 3 richtig. Schwarz 3 auf 5 ist ein Fehler, denn Weiß antwortet auf 3.
Links unten: Schwarz 1 ist der Schlüsselpunkt. Auf Weiß 2 antwortet Schwarz mit 3. Spielt Weiß 4 auf 5, dann spielt Schwarz selbst auf 4.

좌하귀: 건너붙여 차단하는 것이 맥점. 백2에 흑3이 정확한 응징으로 먼저 흑5로 두는 것은 백이 3 자리로 넘어가서 실패.
우상귀: 흑1의 붙임이 숨어있는 멋진 맥점. 백2에 이으면 흑3으로 나와 귀의 백 두점 또는 중앙 백 두점 잡는 것을 맞본다.

DIA. 06

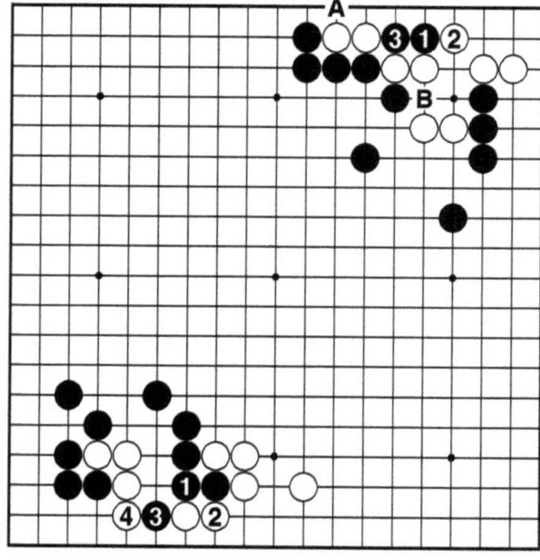

Variante
변화도

Rechts oben: Antwortet Weiß mit 2 hier, dann schneidet Schwarz auf 3. Danach kann er entweder auf A oder B zwei Steine fangen.
Links unten: Schwarz 1 ist ein Fehler, denn nun kann Weiß mit 2 und 4 verbinden.

좌하귀: 흑1의 단순한 이음은 실패. 흑3에 백4로 연결된 모습.
우상귀: 흑1에 백2로 받으면 흑3으로 끊어 A와 B를 맞보고 있다.

DIA. 07

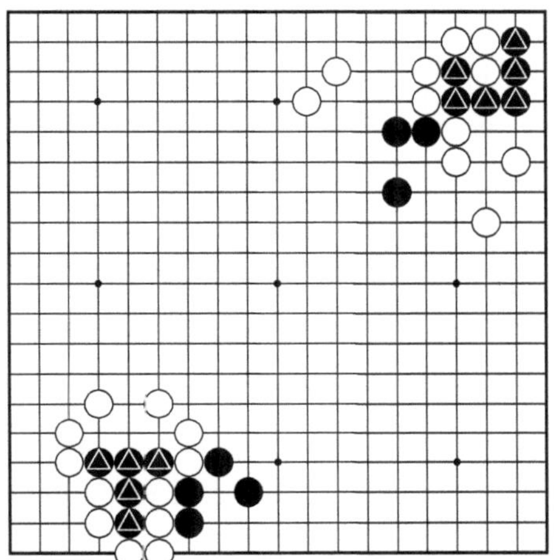

Beispiel 3: Schwarz am Zug
예3: 흑차례

In beiden Stellungen sind die markierten schwarzen Steine in großer Gefahr. Wie kann Schwarz sie retten?

두 문제 다 ▲이 위험한 상황이다. 끊음을 이용해 궁지에 몰린 흑돌을 살려보자

DIA. 08

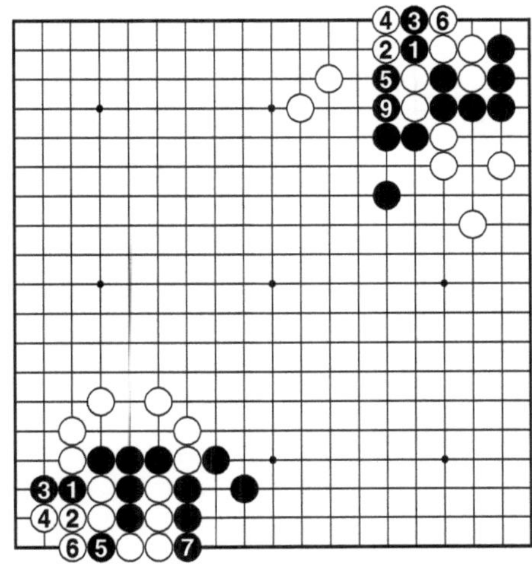

Richtige Antwort
정답

Rechts oben: Schwarz 1 und 3 sind ein geschicktes Opfer. Schwarz 7 wirft auf 1 ein, Weiß 8 schlägt auf 3.
Links unten: Das Schneiden und Strecken mit 1 und 3, sowie das Einwerfen auf 5 sind die Schlüsselpunkte hier. Mit 7 rettet Schwarz seine Steine, indem er vier weiße fängt.

좌하귀: 흑1로 끊고 3에 뻗은 다음 흑5의 먹여침이 절대 수. 백 넉점을 잡고 위기에서 벗어났다.
우상귀: 흑1로 끊고 3으로 키워버리는 작전이 필요한 곳. 흑7로 먹여치고 9로 이으니 백은 두점을 연결할 수가 없다. 7…1, 8…3

DIA. 09

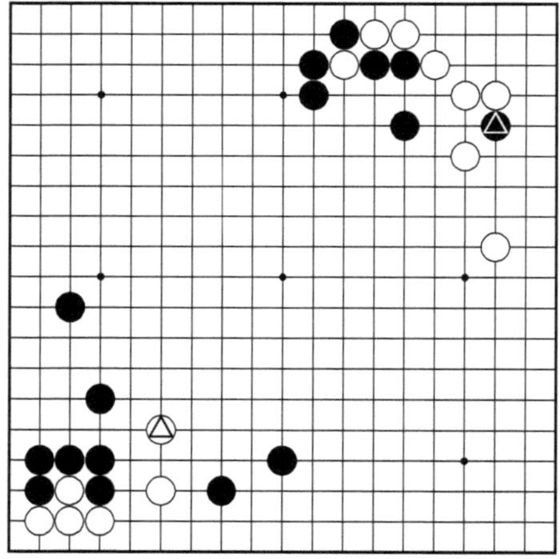

Beispiel 4: Schwarz am Zug
예4: 흑차례

Bekannte Stellungen aus realen Partien.
Rechts oben: Nutzen Sie den markierten schwarzen Stein bestmöglichst aus!
Links unten: Wie kann Schwarz den markierten weißen Stein abschneiden?

실전에 자주 등장하는 형태.
좌하귀: △ 한점을 차단하는 최선의 방법은?
우상귀: ▲ 한점을 이용한 눈부신 맥점을 찾아보자.

DIA. 10

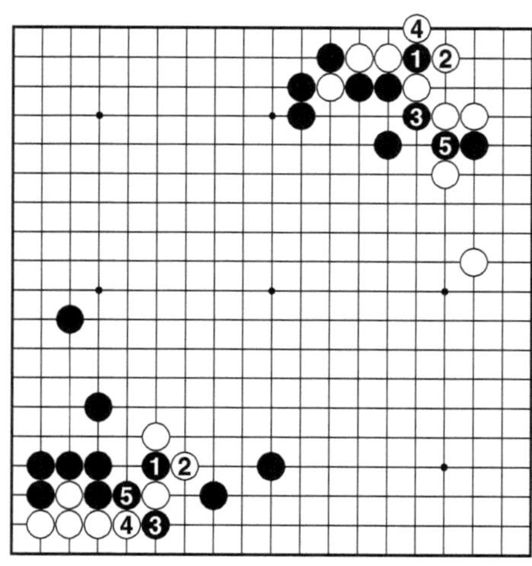

Richtige Antwort
정답

Rechts oben: Schwarz 1 ist ein exzellenter Testzug. Antwortet Weiß mit 2, dann schneidet Schwarz auf 3 und 5.
Links unten: Schwarz 1 und 3 sind die richtige Kombination. Nach Schwarz 5 sind die weißen Gruppen getrennt.

좌하귀: 흑1로 먼저 끼우고 백2때 흑3의 붙임이 최선의 차단책.
우상귀: 흑1에 끊어 응수를 물어보는 것이 통렬한 맥. 백2로 한점을 잡으면 흑5로 백집이 관통된다.

DIA. 11

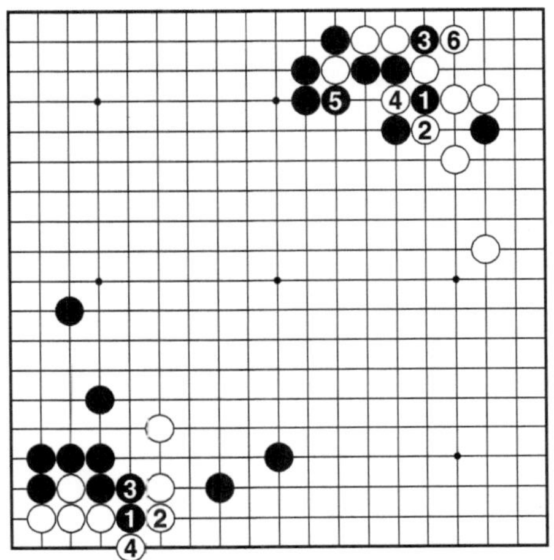

Fehler
실패

Rechts oben: Schwarz 1 ist zu optimistisch. Weiß 2 und 4 leisten gute Gegenwehr.
Links unten: Schwarz 1 ist ein Fehler, denn Weiß verbindet mit 2 und 4.

좌하귀: 흑1의 젖힘은 백2로 넘어가 차단 실패.
우상귀: 흑1의 젖음은 한발 느린 수. 흑3때 백4로 바로 단수가 되기 때문이다.

DIA. 12

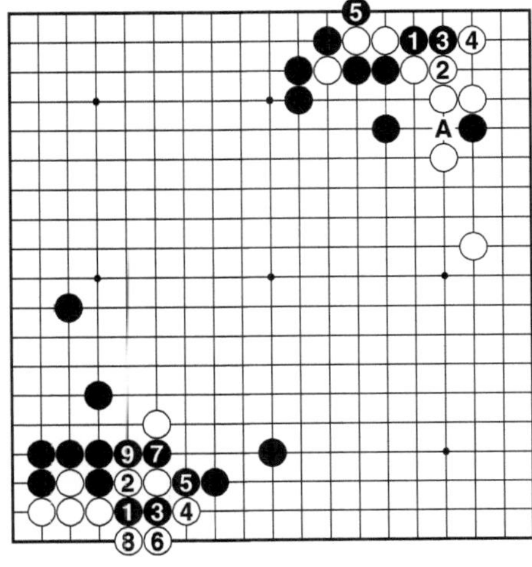

Variante
변화도

Rechts oben: Streckt Weiß auf 2, dann sind Schwarz 3 und 5 gut genug, denn die Schwäche auf A bleibt immer noch zurück.
Links unten: Schneidet Weiß auf 2, dann fängt Weiß zwei Steine, aber das weiße Gebiet ist nur sehr klein.

좌하귀: 흑1 젖힘에 백2로 끊으면 흑도 3,5로 백을 차단 할 수 있으나 실리적 손해를 감수해야 한다.
우상귀: 흑1에 관통이 싫어 백2로 웅크리면 흑3,5로 백 두점을 잡아 만족. 여전히 흑 A의 맛이 남아있어 괴럽다.

C4. ÜBUNG (트레이닝)

VERBINDEN

연결

Grundstellung

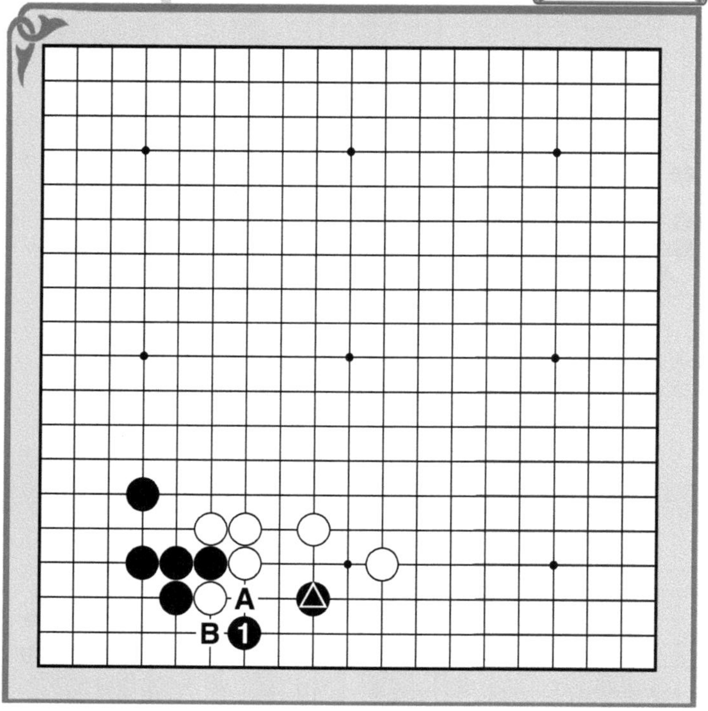

A
B
1

Es gibt verschiedene Arten des Verbindens: die einfache Verbindung, das Anbinden toter Steine, Verbindungen zum Angriff, zur Verteidigung oder zur Reduktion.
Der schwarze Rösselsprung auf 1 ist die korrekte Verbindung in dieser Situation. Je nachdem, ob Weiß A oder B spielt, verbindet Schwarz auf dem jeweils anderen Punkt (Matbogi).

연결만 잘해도 쉽게 무너지지 않는다. 연결에는 단순한 이음뿐 아니라, 사석을 이용한 연결 수비를 위한 연결, 삭감을 위한 연결 등 여러 가지가 있다.
▲ 한점이 고립되어 있는 상황에서 흑1 날일자가 연결의 맥. A와 B를 맞보고 있다.

DIA. 01

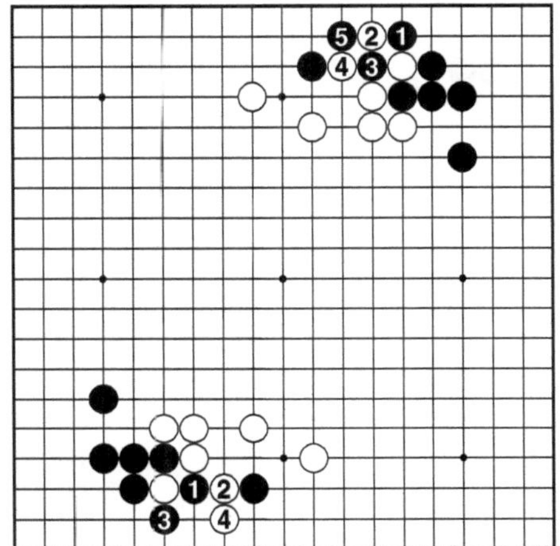

Fehler
실패

Rechts oben: Schwarz 1 reicht nicht zum Verbinden, denn Weiß 2 und 4 erzwingen ein Pae. Links unten: Schwarz 1 ist zu einfach gedacht. Weiß opfert einen Stein.

좌하귀 (실패도1): 흑1로 끊으면 백2로 몰아 연결이 불가능하다.
우상귀 (실패도2-패): 흑1은 백이 이어주길 기대한 수. 하지만 백에겐 2의 반발 수단이 있어 패가 난다.

DIA. 02

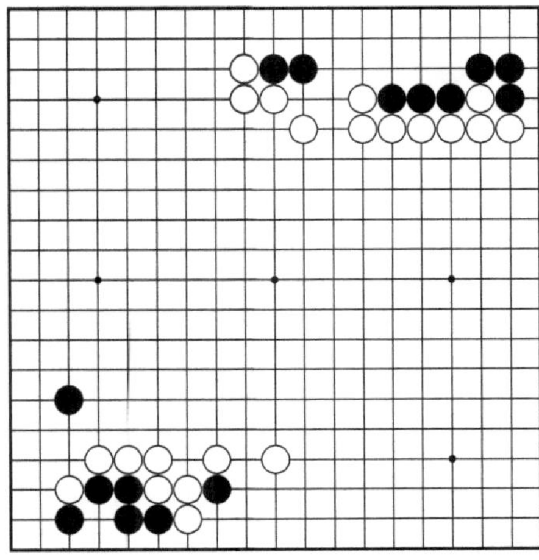

Beispiel 1: Schwarz am Zug
예1: 흑차례

Beide Stellungen haben das gleiche Grundmuster. Wie kann Schwarz jeweils verbinden?

비슷한 유형의 문제. 연결이 위태로워 보이지만 가능하다.

DIA. 03

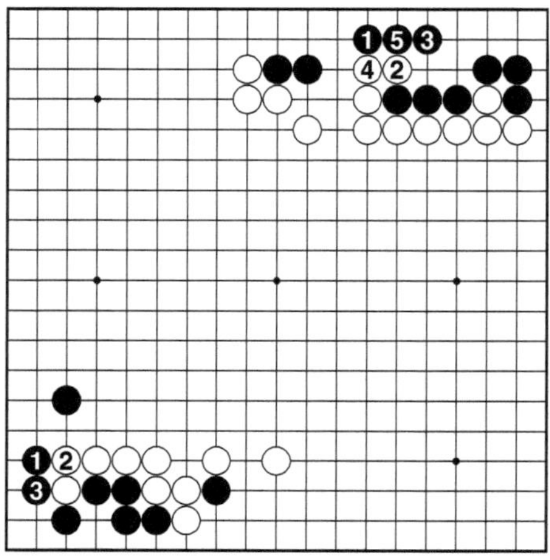

Richtig: Rösselsprung
정답: 날일자

Rechts oben: Schwarz 1 ist eine einzigartige Lösung in dieser Situation. Schwarz 3 ist Maek. Links unten: Schwarz 1 ist richtig. Es folgen Weiß 2 und Schwarz 3.

좌하귀: 흑1 날일자가 정답. 백2에 흑3으로 쉽게 연결.
우상귀: 흑1이 유일한 연결수단으로 백2때 흑3이 정확한 연결수.

DIA. 04

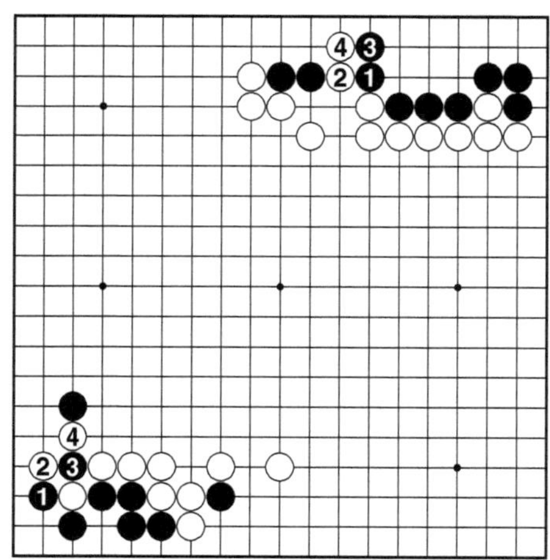

Fehler
실패

Rechts oben: Schwarz 1 ist nicht richtig, denn auf Weiß 2 muss er mit 3 nachgeben.
Links unten: Auf Schwarz 1 hier spielt Weiß wieder ein Pae mit 2 und 4.

좌하귀: 흑1에는 백2가 준비되어 있다. 연결을 위해서는 패를 감행해야 한다.
우상귀: 흑1은 고지식한 수. 백2의 끼움이 통렬해 연결이 힘들다.

DIA. 05

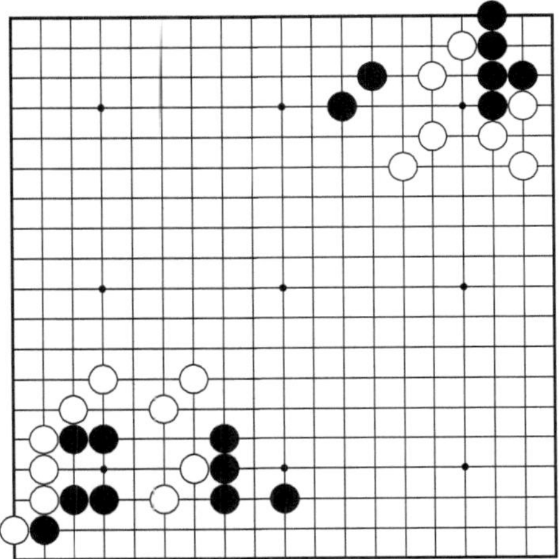

Beispiel 2: Schwarz am Zug

예2: 흑차례

Hier geht es um das Anbinden toter Steine. Wie soll Schwarz seine Gruppen verbinden?

사석활용: 정상적인 방법으로는 연결이 힘들다. 사석을 활용해 연결을 꾀해보자.

DIA. 06

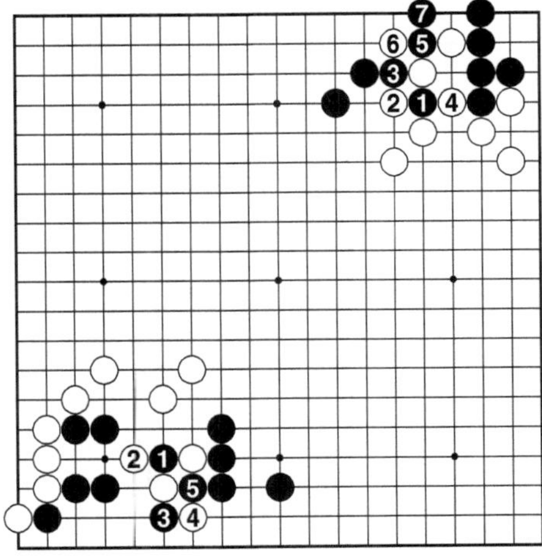

Richtige Antwort

정답

Rechts oben: Schwarz 1 und 3 sind die richtige Kombination, worauf Schwarz mit 5 und 7 verbindet.
Links unten: Das opfern mit Schwarz 1 ist der richtig Anfang, denn Schwarz 3 und 5 bringen danach die Verbindung.

좌하귀: 흑1로 미끼를 던지는 것이 현명책. 백2때 흑3으로 껴붙이는 것이 좋아 연결 성공.
우상귀: 흑1에 끼우고 백2로 받을 때 흑3의 끊음이 넘는 것과 끊는 것을 맞보는 수.

DIA. 07

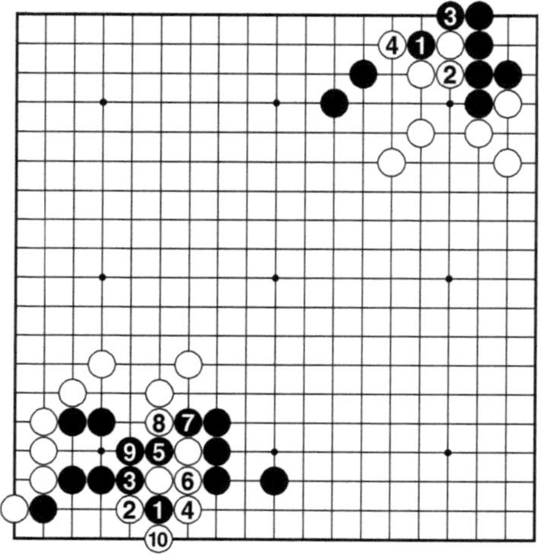

Fehler
실패

Rechts oben: Schwarz 1 ist ein Fehler. Weiß antwortet auf 2 und das Verbinden ist nicht mehr möglich.
Links unten: Schwarz 1 sieht hier richtig aus, ist aber falsch. Weiß wird zwar abgeschnitten, kann aber am Rand leben.

좌하귀: 흑1이 일반적인 착상이나, 백10까지 안에서 살아버려서는 흑이 곤란하다.
우상귀: 흑1에는 백2의 이음이 호착. 연결이 불가능하다.

DIA. 08

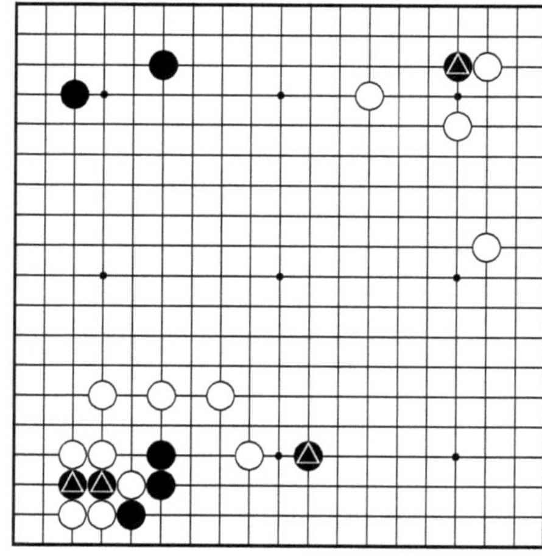

Beispiel 3: Schwarz am Zug
예3: 흑차례

Potenzial (Mat) ausnutzen.
Rechts oben: Wie kann Schwarz den markierten Stein in Bewegung setzen?
Links unten: Die zwei toten Steine in der Ecke ausnutzend, kann Schwarz zum markierten Stein außen anbinden.

맛을 이용
좌하귀: 귀의 ▲ 사석을 이용해 변의 ▲ 와 연결할 수 있다.
우상귀: ▲ 한점을 움직이려 한다. 가볍게 탈출하는 방법은?

DIA. 09

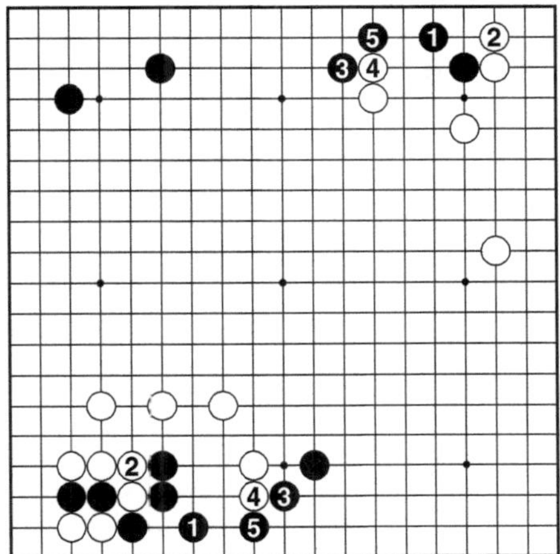

Richtig: Der Diagonalzug
정답: 마늘모

Rechts oben: Der Diagonalzug auf 1 ist richtig. Spielt Weiß 2, dann entkommt Schwarz auf 3.
Links unten: Schwarz 1 ist gut. Deckt Weiß auf 2, dann verbindet Schwarz mit 3.

좌하귀: 흑1 마늘모가 양쪽을 맞보는 수. 백2에 이을 때 흑3으로 연결해 만족이다.
우상귀: 흑1이 가벼운 행마로 백2로 귀를 지키면 흑 3,5 로 변과의 연결을 꾀할 수 있다.

DIA. 10

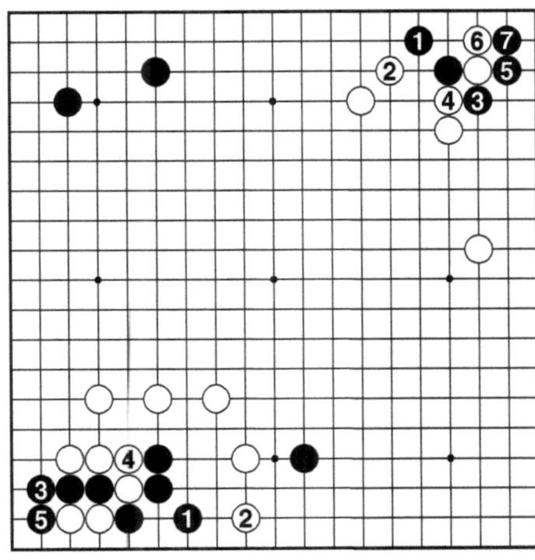

Variante
변화도

Rechts oben: Blockt Weiß den Fluchtweg auf 2, dann fängt Schwarz mit 3 bis 7 zwei weiße Steine.
Links unten: Unterbindet Weiß die Verbindung, dann nutzt Schwarz mit 3 und 5 das Mat in der Ecke aus.

좌하귀: 흑1에 백2의 차단은 무리. 흑3이 들어 백 두넘이 잡혀 손시리 크다.
우상귀: 백2로 공격해 오면 흑3으로 젖혀 쉽게 안정할 수 있다.

DIA. 11

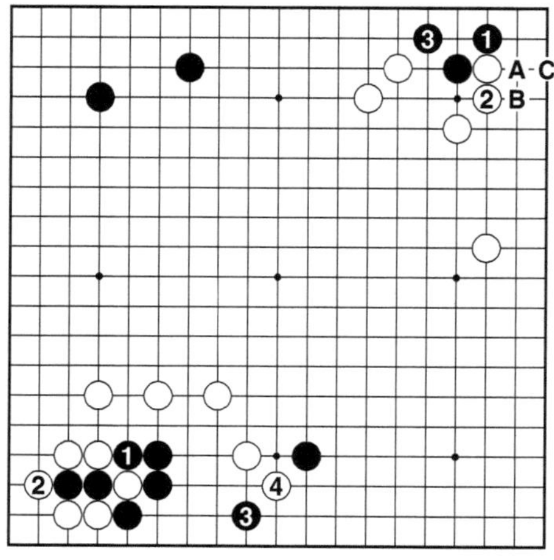

Fehler
실패

Rechts oben: Schwarz 1 und 3 sind nicht gut. Auch wenn Schwarz mit A, Weiß B und Schwarz C leben kann, so ist das Ergebnis nicht gut genug.
Links unten: Schwarz 1 ist ein Fehler. Nach Weiß 4 steckt die schwarze Gruppe in der Klemme.

좌하귀: 흑1은무책임한 방법. 살기위해서는흑3으로 달려야하는데백4로갈라 괴롭다.
우상귀: 흑1,3은 귀에서 살고자 할 때 쓰는 수법. 백4에는 A-C의 수순으로 살 수 있다. 하지만 바람직한 결과라고 보기 어렵다.

DIA. 12

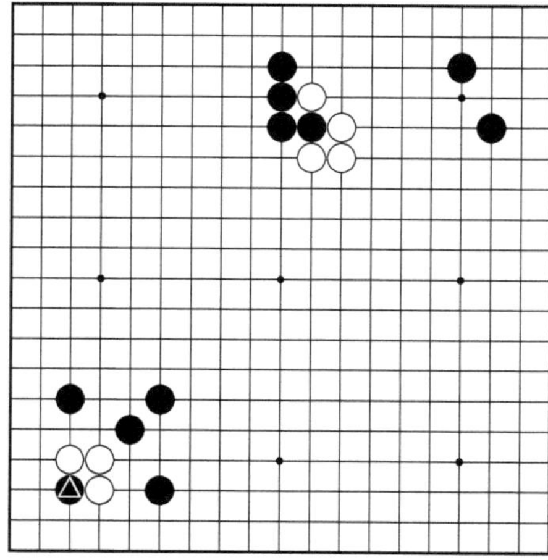

Beispiel 4: Schwarz am Zug
예4: 흑차례

Rechts oben: Wie kann Schwarz die beiden Gruppen verbinden?
Links unten: Wie kann Schwarz den markierten Stein anbinden?

좌하귀: ▲ 한점을 움직여 어느 한쪽과 연결할 수 있다. 좌우동형의 급소는?
우상귀: 변과 귀의 흑이 연결하는 자리는 어디쯤이 좋을까?

DIA. 13

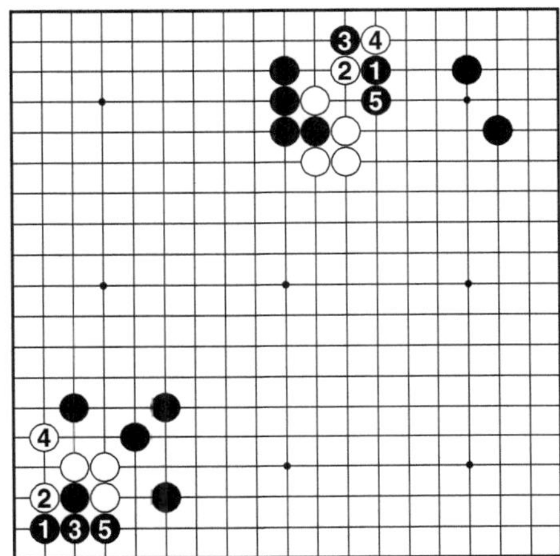

Richtige Antwort
정답

Rechts oben: Schwarz 1 ist richtig. Spielt Weiß 2 und 4, dann antwortet Schwarz mit 3 und 5.
Links unten: Schwarz 1 ist der Schlüsselpunkt zum Verbinden.

좌하쉬: 좌우동형은 중앙이 급소. 흑1로써 양쪽을 맞봐 건너 갈 수 있다.
우상귀: 중간지점인 흑1이 변의 흑과 귀의 흑을 연결하는 자리. 백4는 흑5로 그만.

DIA. 14

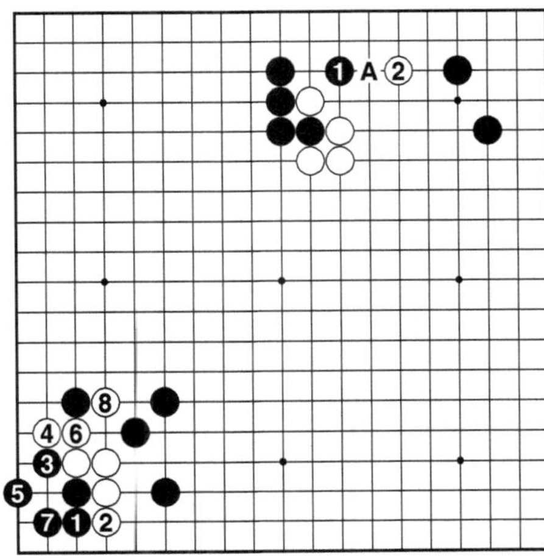

Fehler
실패

Rechts oben: Schwarz 1 hinterläßt Schwächen, denn Weiß 2 oder A sind unangenehm für Schwarz.
Links unten: Schwarz lebt mit 1 bis 7 in der Ecke, aber das ist nicht gut. Das Ergebnis nach Weiß 8 ist gut für Weiß.

좌하귀: 흑1의 뻗음은 귀에서 살 수 있지만 백도 바깥으로 쉽게 진출할 수 있다.
우상귀: 흑1은 맛이 나쁘다. 백2로 침입하거나 A로 붙여오는 수 등이 신경쓰인다.

DIA. 15

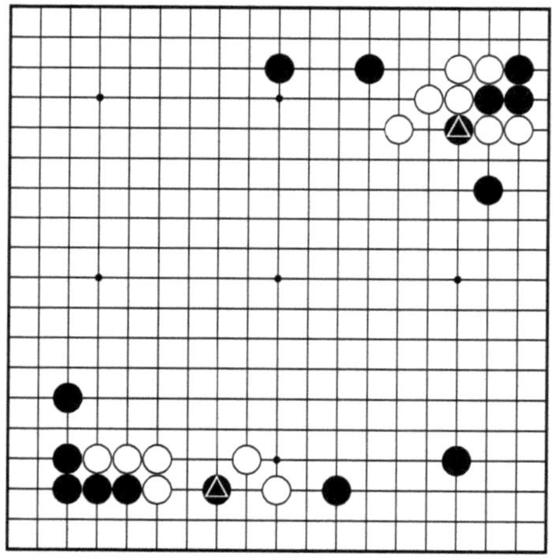

Beispiel 5: Schwarz am Zug
예5: 흑차례

Rechts oben: Wie kann Schwarz den markierten Stein ausnutzen, um seine Gruppen zu verbinden.
Links unten: Wie entkommt der markierte schwarze Stein?

좌하귀: 백진에 침입한 ▲ 한점의 연결고리를 찾아보자.
우상귀: 소목정석 과정에서 나온 형태. 귀의 흑 석점을 살리기 위해서는 ▲ 한점을 이용해야 한다.

DIA. 16

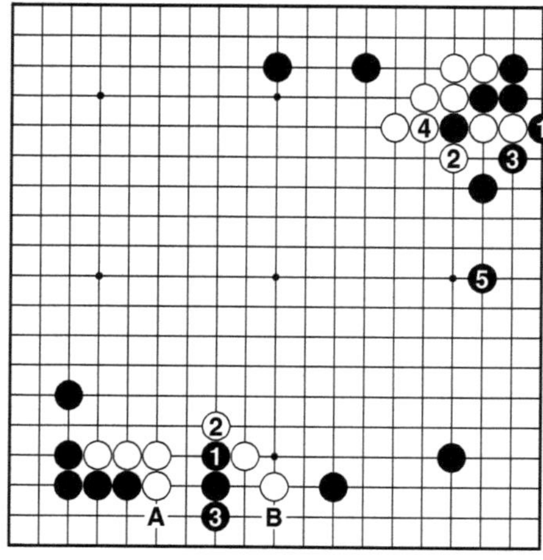

Richtige Antwort
정답

Rechts oben: Im Umbiegen auf Schwarz 1 steckt der Trick. Die Fortsetzung bis Schwarz 5 ist ein altes Jeongseok.
Links unten: Schwarz 1 und 3 sind gut hier. Danach kann Schwarz entweder auf A oder B verbinden.

좌하귀: 흑1로 밀어 흠집을 남긴 후 3에 쭉 빠지는 것이 A와 B의 연결을 맞보는 수.
우상귀: 1선의 젖힘이 유일한 연결수단. 흑5까지 구형정석으로 흑이 약간 좋다.

DIA. 17

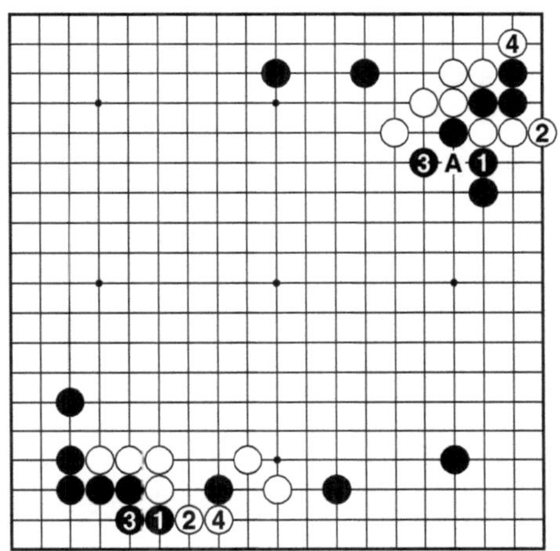

Fehler
실패

Rechts oben: Schwarz 1 hofft auf Weiß A, aber Weiß 2 ist ruhig und richtig.
Links unten: Schwarz 1 und 3 sind schlechte Züge.

좌하귀: 흑1,3은 맛을 없애는 대악수.
우상귀: 흑1에는 백A에 끊는 것이 아니라 백2의 뻗음이 통렬하다. 흑3으로 지킬 때 백4로 잡아 대만족.

DIA. 18

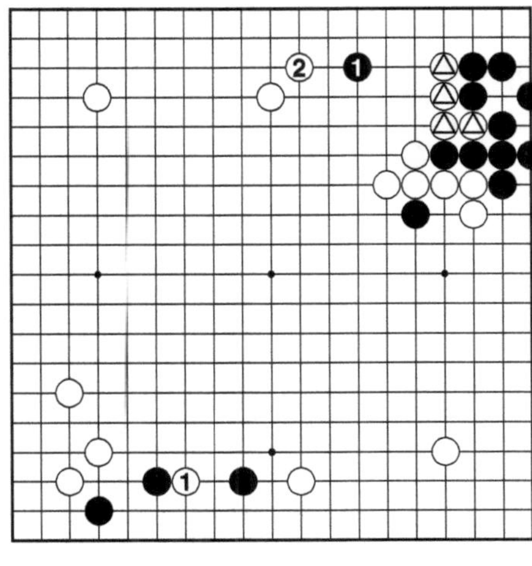

Beispiel 6: Schwarz am Zug
예6: 흑차례

Nach dem Jeongseok.
Rechts oben: Schwarz 1 und 2 wurden ausgetauscht. Wie kann Schwarz die Schwäche der markierten weißen Steine am besten ausnutzen?
Links unten: Wie soll Schwarz auf Weiß 1 antworten?

정석 이후에…
좌하귀: 백1로 흑을 차단하고자 한다. 연결하는 수단은? (행마편 1권에 자세히^^)
우상귀: 흑1로 침입하자 백2로 공격해온 장면. △의 약점을 이용해 귀와 연결을 도모해 보자.

DIA. 19

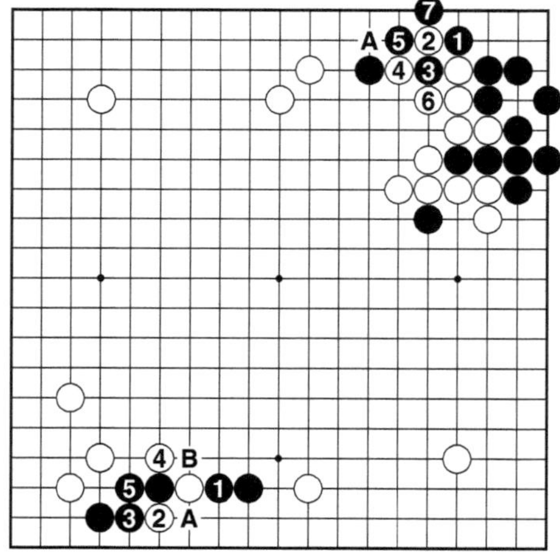

Richtige Antwort
정답

Rechts oben: Das Umbiegen und Schneiden mit Schwarz 1 und 3 ist eine kraftvolle Kombination. Weiß kann das Pae nicht auf A beginnen.
Links unten: Das Anlegen mit Schwarz 1 ist richtig hier. Nach Weiß 4 kann Weiß nur einen der beiden Punkte A und B besetzen.

좌하귀: 흑1로치받아연결할수있다. 백2에는흑3이올바른응수. A, B를맞봐연결 가능.
우상귀: 흑1, 3으로 젖혀 끊는 것이 강수. 이후 백은 A로 패를 할 수 있으나 부담이 커 결행하기가 쉽지 않다.

DIA. 20

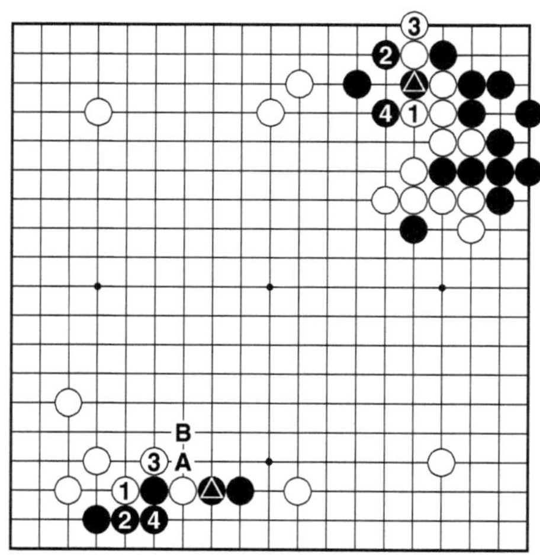

Variante 1
변화도 1

Rechts oben: Spielt Weiß 1 auf den markierten Stein, dann führen Schwarz 2 und 4 zum Pae.
Links unten: Weiß 1 und 3 sind das Beste für Weiß. Später sind Weiß A oder B Vorhand.

좌하귀: ▲에 치받을 때 백은 1, 3으로 처리하고 손을 빼는 것이 최선. 이후 A나 B를 선수로 활용할 수 있다.
우상쉬: ▲에 끊을 때 백1로 단수치면흑2, 4가멋진수순으로패가나 백이 좋지 않다.

DIA. 21

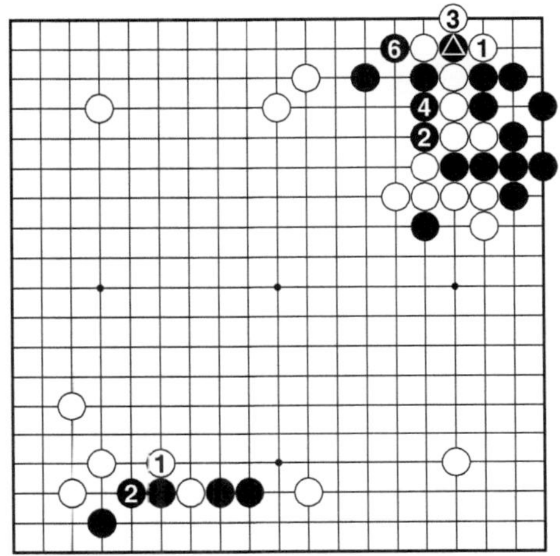

Variante 2
변화도 2

Rechts oben: Weiß 1 ist übertrieben, denn nach Schwarz 6 sind die weißen Steine tot.
Links unten: Schwarz 2 ist eine ruhige Antwort auf Weiß 1.

좌하귀: 백1에는 흑2로 가만히 늘어 아무 이상 없다.
우상귀: 백1은 무리수. 흑6으로 막혀 백 전멸. 5…▲

DIA. 22

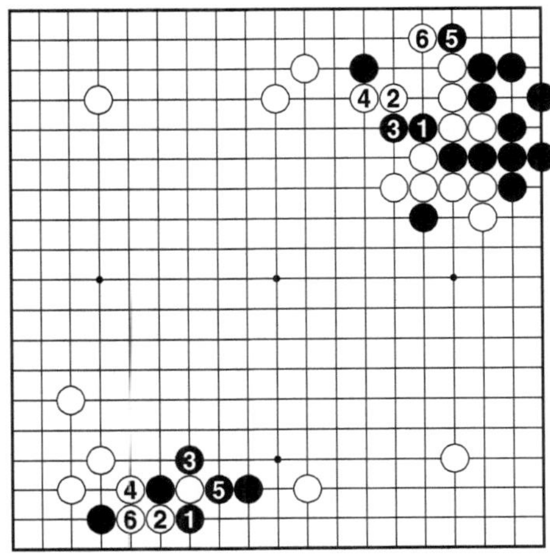

Fehler
실패

Rechts oben: Schwarz 1 ist ein Fehler. Weiß antwortet mit 2 und das Ergebnis nach Weiß 6 ist schlecht für Schwarz.
Links unten: Schwarz 1 ist schlecht, denn Weiß fängt mit 2 bis 6 geschickt einen Stein.

좌하귀: 흑1은 백의주문에걸려든수. 백2의 맞끊음이 날카로워 백6까지 실리가 크다.
우상귀: 흑1로 백 넉점을 끊는 것은 백2로 별무신텅. 오히려 보태준 꼴만 되었다.

C5. ÜBUNG (트레이닝)

MAGIE DER ECKE

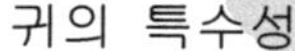
귀의 특수성

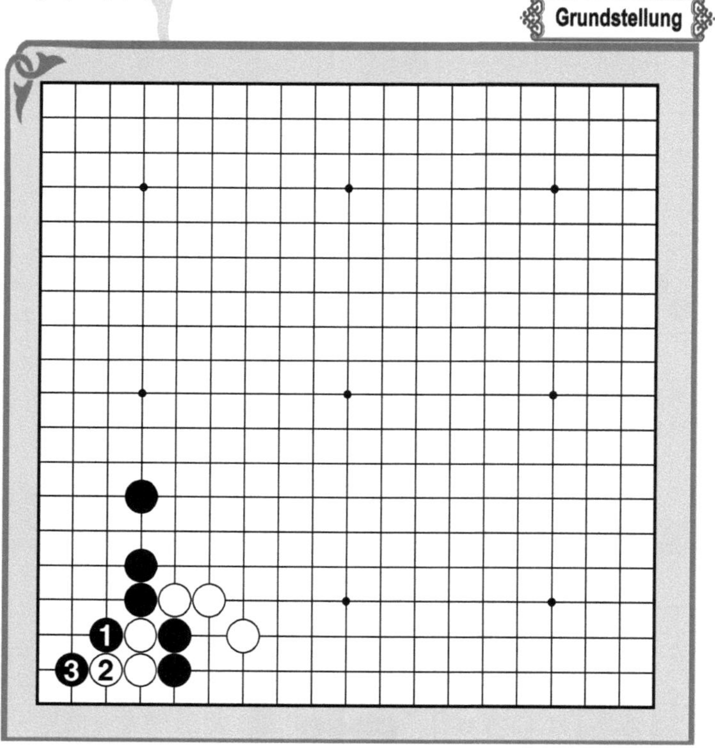

In der Ecke ist alles möglich. Ein schönes Beispiel zeigt die Technik der "Drei Freiheiten in der Ecke", die ihren Namen dem Umstand verdankt, dass die weißen Steine nie mehr als drei Freiheiten haben. Schwarz 1 und 3 leiten die Sequenz zum Fangen der weißen Steine ein.

귀는 특수한 성격이 있어서 변이나 중앙에서 안 되는 수가 성립하는 경우가 많다. 대표적으로 귀삼수를 들 수 있는데, 귀삼수란 3수 이상으로 늘어나지 않는다는 뜻이다.
흑1, 3 이 귀삼수로 이끄는 과정이다.

DIA. 01

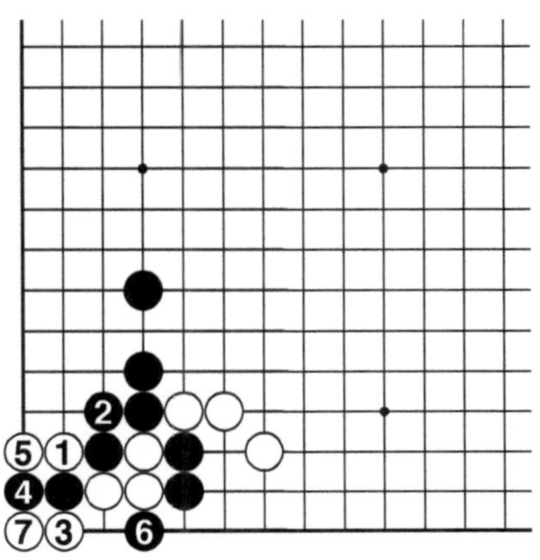

Richtig: Opfern
정답: 키워서 죽인다

Das Strecken mit Schwarz 4 ist der Schlüssel.

백1에 흑2로 이은 다음 흑4로 키워 죽이는 것이 요령. 계속해서….

DIA. 02

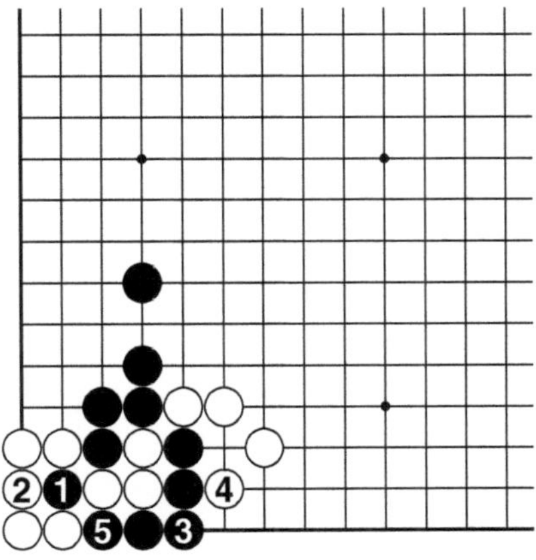

Fortsetzung
1도 계속….

Das Einwerfen mit Schwarz 1 ist wichtig. In der Zugfolge bis Schwarz 5 gewinnt Schwarz den Wettlauf mit einer Freiheit.

흑1 먹여침이 빼놓을 수 없는 수순. 흑5까지 흑이 한 수 빠르다.

DIA. 03

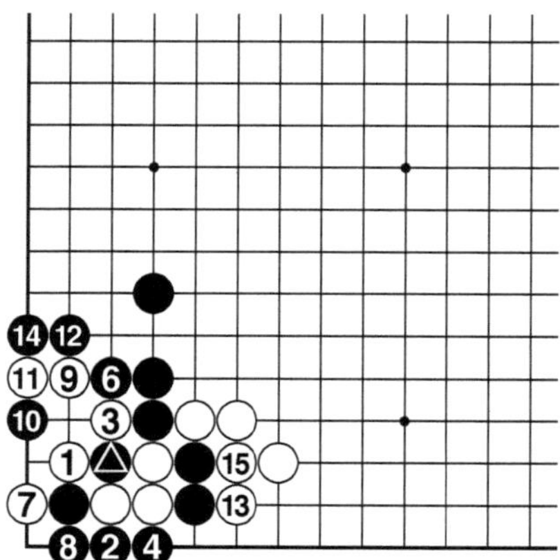

Fehler
실패

Schwarz 2 und 4 führen hier nicht zum Erfolg. In der Abfolge bis Weiß 15 gewinnt Weiß den Wettlauf um Freiheiten (Weiß 5 deckt).

백1로 끊어 왔을 때 흑2, 4로 넘는 것은 위험한 발상. 흑10 치중에 백 11이 정교한 수로 흑이 잡히고 만다. 5…▲

DIA. 04

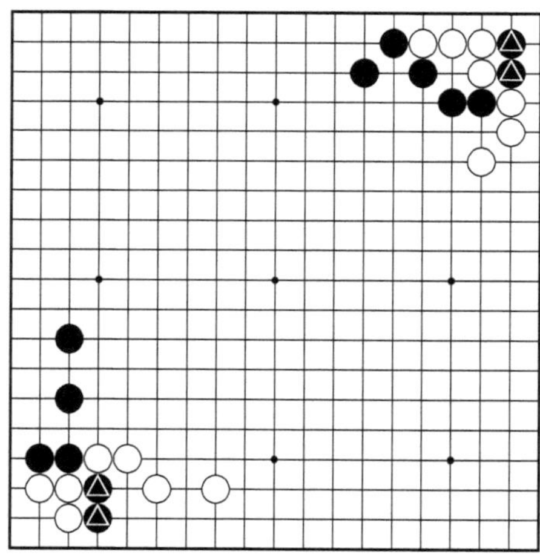

Beispiel 1: Schwarz am Zug
예1: 흑차례

Retten Sie die markierten schwarzen Steine!

갇혀 있는 ▲ 두점을 귀의 특수성을 이용해 살려보자.

DIA. 05

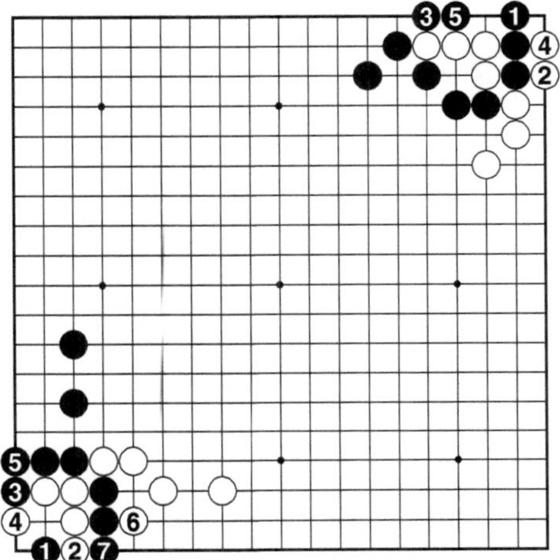

Richtige Antwort
정답

Rechts oben: Schwarz 1 ist richtig und in der Folge bis Schwarz 5 fängt Schwarz vier weiße Steine. Links unten: Schwarz 1 ist der Schlüsselpunkt und nach Schwarz 7 ist Weiß tot.

좌하귀: 흑1의 치중이 모양의 급소. 백2로 차단하면 흑3에 젖혀 백이 수부족.
우상귀: 귀의 수상전에서는 흑1의 내려빠짐이 정수인 경우가 대부분이다. 백2, 4로 수를 조여 와도 흑3, 5로 그만이다.

DIA. 06

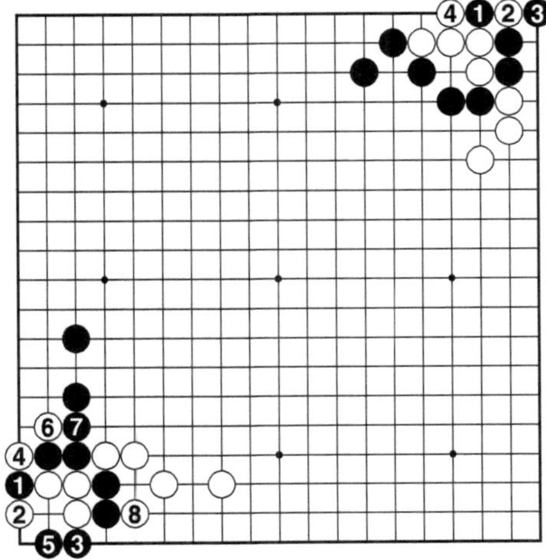

Fehler
실패

Rechts oben: Schwarz 1 ist ein Fehler, denn Weiß wirft auf 2 ein. Links unten: Schwarz 1 und 3 fangen Weiß nicht, denn Weiß leistet mit 6 und 8 erfolgreich Gegenwehr.

좌하귀: 흑1,3으로급하게수를메워오는것은백6을선수한다음 8로메워백이한수 빠름.
우상귀: 흑1의 젖힘은 경솔하다. 백2의 먹여침을 당해 패가 된다.

DIA. 07

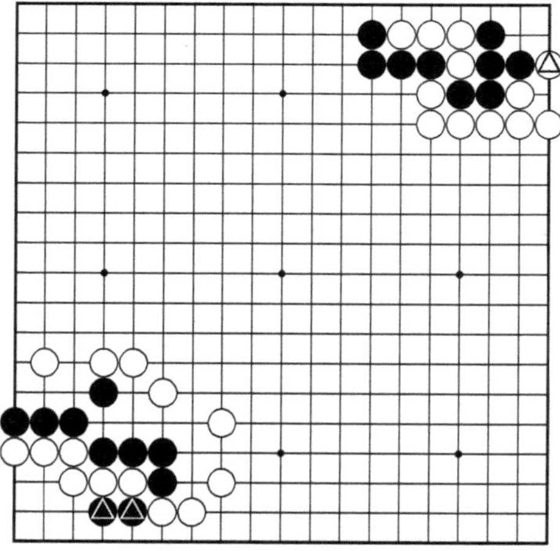

Beispiel 2: Schwarz am Zug
예2: 흑차례

Rechts oben: Weiß hat soeben den markierten Stein gespielt. Wie kann Schwarz seine Steine ohne Pae retten?
Links unten: Wie kann Schwarz seine markierten Steine retten? Hinweis: Es kommt auf den dritten Zug an.

좌하귀: 백진 안의 ▲ 두점을 부활시킬 수 있다. 3번째 수가 묘수.
우상귀: 백이 △ 로 따낸 장면이다. 패를 내지 않고 백을 잡는 것이 중요.

DIA. 08

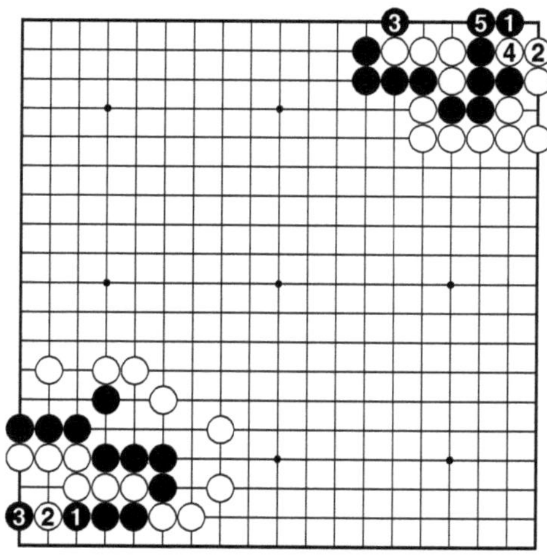

Richtige Antwort
정답

Rechts oben: Schwarz 1 ist richtig. Schwarz fängt Weiß in der Zugfolge bis 5.
Links unten: Schwarz 3 ist ein exzellenter Zug.

좌하귀: 흑1로 밀고 난 후 3으로 붙이는 것이 묘수. 백이 꼼짝 할 수 없다.
우상귀: 흑1 마늘모가 침착한 수. 흑5까지 백은 자충이 되어 잡혔다.

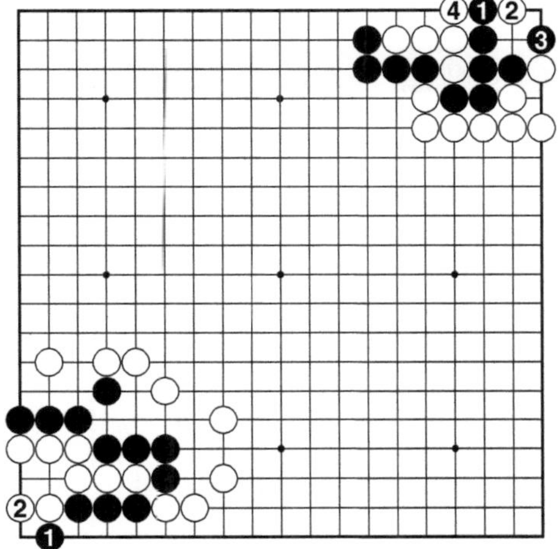

Fehler
실패

Rechts oben: Schwarz 1 ist ein Fehler. Nach Weiß 2 und 4 gibt es ein Pae.
Links oben: Schwarz 1 ist nicht richtig, denn nach Weiß 2 verliert Schwarz den Wettlauf um Freiheiten.

좌하귀: 흑1은 백2로 그만이다. 유가무가.
우상귀: 흑1의 빠짐에는 백2로 수를 메워 패가 난다.

C6. ÜBUNG (트레이닝)

CHOKCHOKSU

몰아떨구기 (촉촉수)

Grundstellung

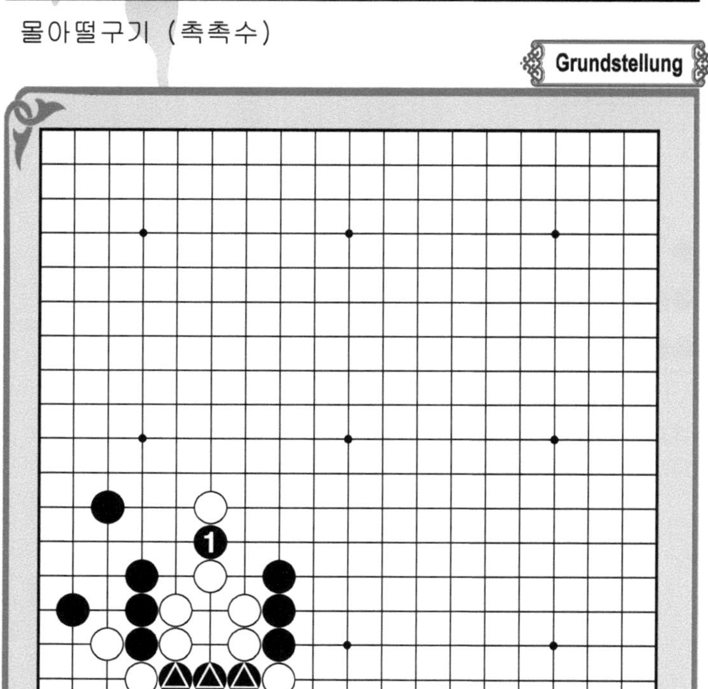

Chokchoksu nennt man das Fangen gegnerischer Steine unter Ausnutzung des Freiheitenmangels.
Schwarz 1 ist ein geschickter Zug, der die drei markierten schwarzen Steine rettet. Studieren Sie diese Technik!

몰아 떨구기 (촉촉수)- 상대방의 돌을 연단수로 만들어서 잡는것. 흑1의 끼움수가 ▲ 석점을 구할 수 있는 유일한 방법이다. 다음 어떤 수순이 예상되는가?

DIA. 01

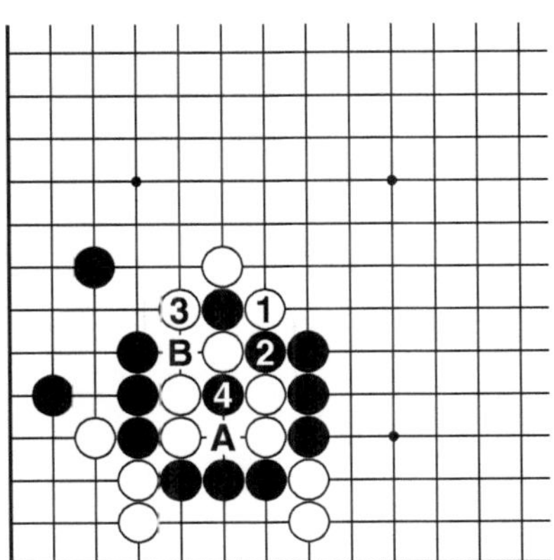

Richtig: Chokchoksu
정답: 연단수

Schwarz 2 und 4 sind die korrekte Fortsetzung. Anschließend kann Weiß die beiden Punkte A und B nicht gleichzeitig besetzen. Sie sind Matbogi.

백1 단수에 먼저 흑2로 끊고 4의 먹여침이 성립한다. 다음 A와 B가 맞보기.

DIA. 02

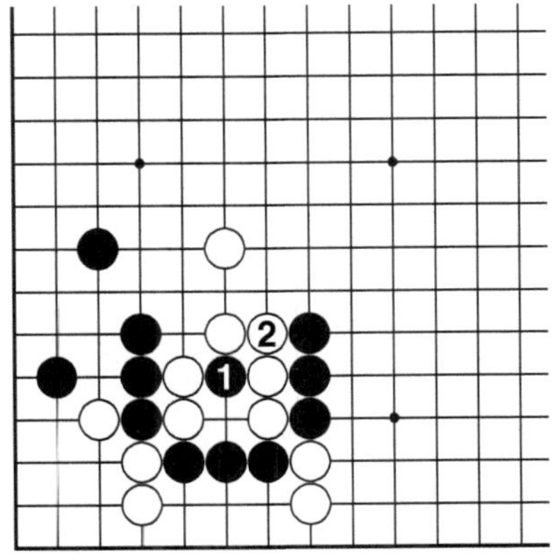

Fehler
실패

Das Einwerfen mit Schwarz 1 ist ein Fehler, denn Weiß verbindet auf 2 und die schwarzen Steine sind nicht mehr zu retten.

흑1로 먼저 먹여치는 것은 성급하다. 백2로 그만이다.

DIA. 03

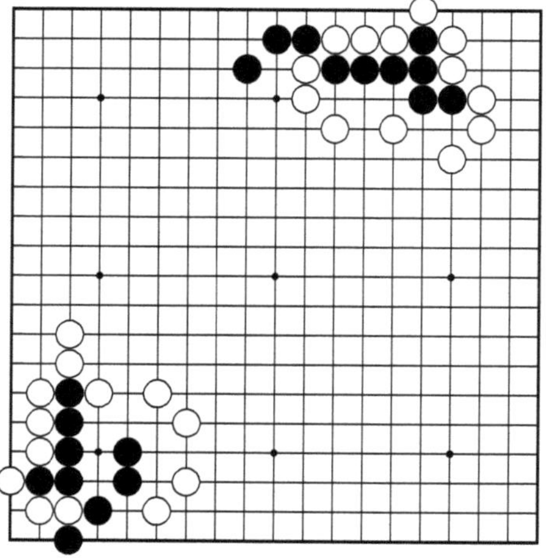

Beispiel 1: Schwarz am Zug
예1: 흑차례

Die korrekte Zugfolge ist hier wichtig. Retten Sie die schwarzen Gruppen!

갇혀있는 흑돌을 백의 약점을 이용해 살릴 수 있다. 수순에 주의하도록 하자.

DIA. 04

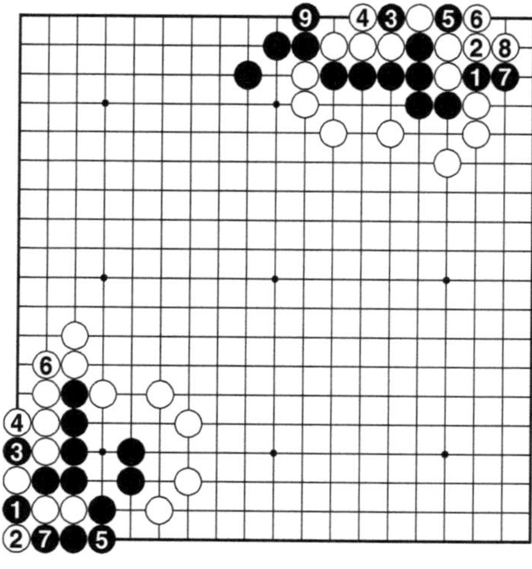

Richtige Antwort
정답

Rechts oben: Schwarz 1, 3 und 5 sind die richtige Zugfolge. Nach Schwarz 9 fängt Schwarz vier weiße Steine.
Links unten: Schwarz 1 bis 5 sind die richtige Zugfolge. Nach Schwarz 7 fängt Schwarz drei weiße Steine.

좌하귀: 흑1로먼저 먹여친다음 3으로 두는 것이 수순. 백에게약점이많아 백 석점이 떨어진다.

우상귀: 흑1,3,5 수순이 종요하다. 수순이 바뀌면 결과도 바뀐다. 흑9로 빠져 백 넉점이 잡힌 모습.

DIA. 05

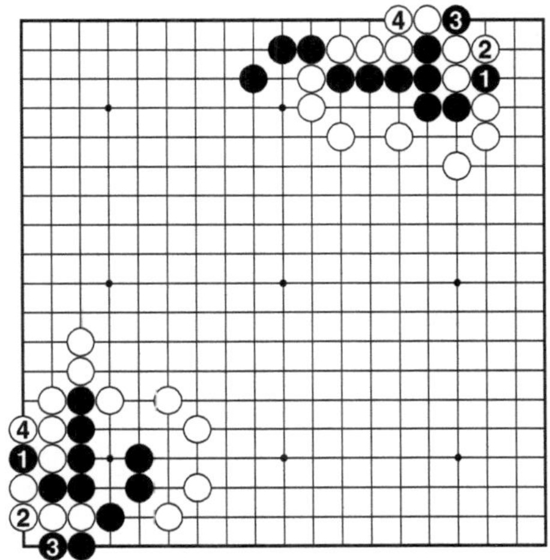

Fehler
실패

Rechts oben: Das Einwerfen mit Schwarz 3 ist nicht richtig. Nach Weiß 4 ist Schwarz verloren.
Links unten: Schwarz 1 ist ein Fehler. Nach Weiß 2 ist Weiß nicht mehr zu fangen.

좌하귀: 다른 쪽에서 먹여치면 백2로 이어 아무 수도 안 된다.
우상귀: 흑1로 끊은후흑3의먹여침은틀린수순. 흑4로 이어 연단수를만들 수가 없다.

DIA. 06

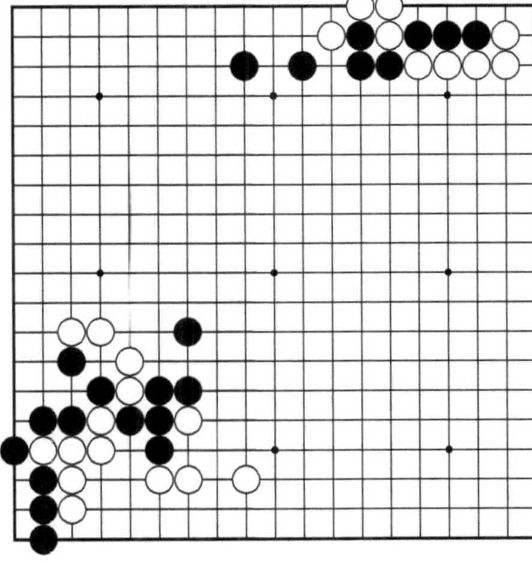

Beispiel 2: Schwarz am Zug
예2: 흑차례

Rechts oben: Schwarz hat drei Freiheiten. Wie kann er entkommen?
Links unten: Die weiße Form sieht perfekt aus. Was kann Schwarz hier erreichen?

좌하귀: 백집에서 전혀 수가 날 것 같지 않지만 무언가가 숨겨져 있다.
우상귀: 흑의 공배는 3수. 늦장 부릴 시간이 없다.

DIA. 07

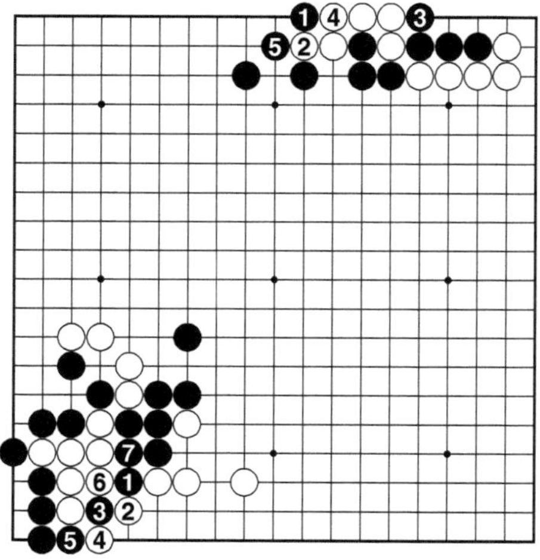

Richtige Antwort
정답

Rechts oben: Schwarz 1 ist exzellent. Nach Schwarz 5 sind sechs weiße Steine gefangen.
Links unten: Schwarz 1 und 3 sind geschickte Züge. In der Abfolge bis Schwarz 7 fängt Schwarz die weißen Steine.

좌하귀: 흑1로 젖히고 백2때 3에 숨겨져 있는 맥점. 백4로 연결을 시도해 보지만 흑 5, 7의 촉촉수로 백 사망.
우상귀: 흑1, 1 선의 치중이 속공. 백2로 찌를 때 흑3이 백의 명맥을 끊는 수.

DIA. 08

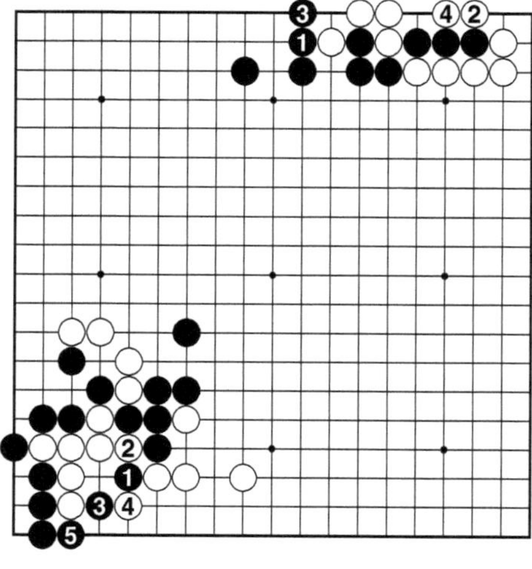

Variante
변화도

Rechts oben: Schwarz 1 ist zu langsam, denn Weiß gewinnt nun den Wettlauf um Freiheiten.
Links unten: Antwortet Weiß mit 2 hier, dann fängt Schwarz die weißen Steine in einer Mausefalle.

좌하귀: 흑1에 젖힐 때 백2로 끊는 것은 흑3으로 그만. 환격의 형태.
우상귀: 흑1은 발이 느린 수로 실패. 백2로 흑 석점을 먼저 잡게 된다.

GLOSSAR

Bik (빅)	Position, in der zwei gegnerische Gruppen leben, weil sie sich nicht fangen können; lokales Patt (jap. Seki).
Chuk (축/逐)	Treppe. Eine Technik, mit der eine Gruppe gefangen wird, die nur noch zwei Freiheiten hat. Man spielt immer wieder Dansu und treibt die Gruppe so an den Rand oder auf einen eigenen Stein zu, wo sie dann gefangen wird (jap. Shicho).
Dansu (단수/單手)	Ein Stein oder eine Gruppe von Steinen mit nur noch einer Freiheit. Er/sie können im nächsten Zug geschlagen werden (jap. Atari).
Geolchim (걸침)	Annäherungszug an einen gegnerischen Stein in der Ecke (jap. Kakari).
Jeochida (젖히다)	Diagonalzug eines Steins, der um einen gegnerischen Stein umbiegt (jap. Hane).
Jeongseok (정석)	Ein formelhaftes Abspiel. Es wird meistens in der Ecke gespielt, kann aber auch am Rand oder in der Mitte gespielt werden. Das Resultat ist normalerweise lokal ausgeglichen (jap. Joseki).
Maek (맥/脈)	Ein technisch guter Zug, der in einer lokalen Situation das Optimum darstellt. Nur dieser Zug erreicht etwas, das kein anderer Zug erreichen kann (jap. Tesuji).
Mat (맛)	Wörtlich: „Geschmack". Möglichkeiten, die in einer Stellung vorhanden sind. Bei der Ausnutzung dieser Möglichkeiten kommt es meist auf den richtigen Zeitpunkt an (jap. Aji).
Matbogi (맛보기)	Zwei gleichwertige Fortsetzungen (jap. Miai).
Moyang (모양)	Potentielle Gebietsanlage (jap. Moyo).
Narilja (날일자)	Rösselsprung (jap. Keima).
Pae (패)	Stellung, in der wiederholendes Schlagen eines einzelnen Steines möglich ist. Die Ko-Regel verbietet daher, in einem Ko sofort zurückzuschlagen (jap. Ko).
Poseok (포석)	Eröffnung (jap. Fuseki).
Samyeonseong (삼연성)	Eröffnung, in der die drei Sternpunkte eines Randes besetzt werden (jap. Sanrensei).
Somok (소목)	Der 3-4-Punkt in der Ecke (jap. Komoku).

Lehrstunden in den Grundlagen des Go

Kageyama Toshiro 7-Dan

Viele Go-Bücher versprechen, die Grundlagen des Go zu erklären; hier ist eines, das dieses Versprechen wirklich hält.

Kageyamas Themen sind das Verbinden, gute und schlechte Form, wie die Steine „laufen" sollten, der Unterschied zwischen Gebiet und Einflusssphäre, wie man dicke Positionen und Mauern nutzt, wie man seine Lesefähigkeit trainiert, wie man ein Leben-und-Tod-Problem richtig angeht – eben all jene Dinge, die so grundlegend sind, dass andere Autoren sie komplett weglassen. Kageyama geht auch auf die richtigen Lernmethoden ein, zum Beispiel wie man Josekis studiert.

„Was mich vom Amateur zum Profi gemacht hat, war das wirkliche Durchdringen der Grundlagen", schreibt Kageyama. Die Essenz von sieben Jahren als Amateur und zweiundzwanzig Jahren Wettkampferfahrung als Profi sind in dieses Buch eingeflossen. Und es ist voll von Ratschlägen, die jeder Go-Spieler nützlich finden wird.

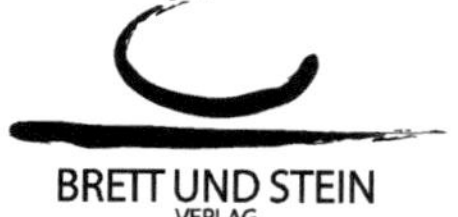

ISBN 978-3-940563-05-7